国家自然科学基金青年项目"数据驱动的生产—配送集成算法研究"（项目编号：72011142）

U0694793

按订单生产模式下的
生产调度模型及算法研究

岳 青◎著

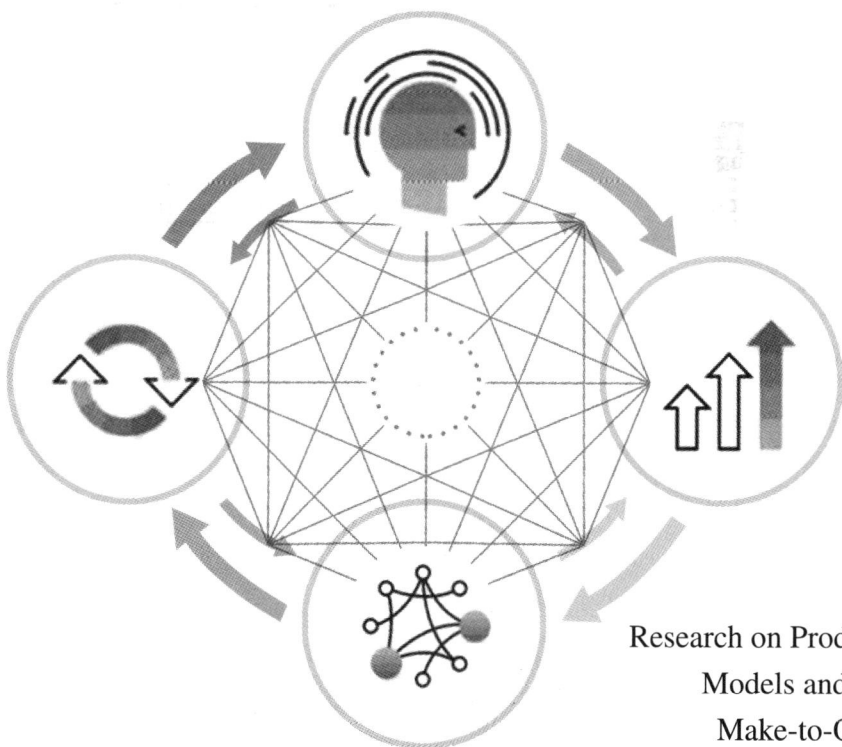

Research on Production Scheduling
Models and Algorithms under
Make-to-Order Environment

经济管理出版社
ECONOMY & MANAGEMENT PUBLISHING HOUSE

图书在版编目（CIP）数据

按订单生产模式下的生产调度模型及算法研究 ／ 岳青著． -- 北京：经济管理出版社，2024. -- ISBN 978 -7-5096-9906-5

Ⅰ．F279.23-39

中国国家版本馆 CIP 数据核字第 2024Q5X867 号

组稿编辑：郭丽娟
责任编辑：范美琴
责任印制：许　艳
责任校对：蔡晓臻

出版发行：经济管理出版社
　　　　　（北京市海淀区北蜂窝 8 号中雅大厦 A 座 11 层　100038）
网　　址：www. E-mp. com. cn
电　　话：(010) 51915602
印　　刷：唐山昊达印刷有限公司
经　　销：新华书店
开　　本：720mm×1000mm/16
印　　张：12
字　　数：220 千字
版　　次：2025 年 1 月第 1 版　　2025 年 1 月第 1 次印刷
书　　号：ISBN 978-7-5096-9906-5
定　　价：88.00 元

前　言

国民经济的快速发展深刻地影响着消费者群体，使消费者需求呈现出鲜明的个性化特征，同时使消费者关注的内容从产品价格和质量向更丰富的服务水平层面拓展。其中，及时且优质的交货时间（交货期或交货期窗口）受到消费者的青睐。在这种环境下，企业在营销策略、运营模式等方面呈现出一些新的重要趋势。其中的一个重要趋势是：企业在其运营过程中以一定程度采取按订单生产的模式迎合消费者需求的变化。

在按订单生产模式下，企业面临着有限的生产能力和动态的消费者需求双重问题，但却无库存缓冲进行改善。此时，如何采取有效的措施和工具以匹配有限生产能力与动态消费需求之间的差距成为企业提升其运营系统绩效的关键。长期的生产实践表明：合理的订单调度策略能大幅提升企业对有限生产资源的利用率，同时有效的交货时间问询能对动态消费者需求进行调节。本书结合两方面因素：①订单调度决策是企业运营过程的重要环节，且消费者对交货时间愈发关注是必然的趋势；②交货期（窗口）问询调度问题已得到了学术界的大量关注与研究，可以明确：以采取按订单生产模式的企业为研究对象，分析其在面临交货期（窗口）问询情形下的多类订单调度问题并构建调度优化模型及求解算法具有重要的现实意义。

本书内容来源于国家自然科学基金青年项目"数据驱动的生产—配送集成调度在线模型及算法研究"（72011142）的相关研究成果。本书关注交货期（窗口）类型、运营环境细节（如订单退化、资源分配等）、随机订单加工时间、制造期期限等因素给分析和优化订单调度问题带来的挑战，希望以按订单生产模式的视角切入，力求借助生产排序与调度理论、计算复杂性理论、组合优化理论、运筹学、实验设计等工具与理论更好地对现实中企业面临的多类存在交货期（窗口）问询的订单调度问题进行抽象、建模、分析和求解。在此基础上，为企业相关决策者提供新的决策思路和视角，优化其运营决策，并提升其运营绩效。

目　录

第一章 绪论

第一节 背景概述

随着经济的飞速发展和生产技术的迅速提高，消费者不再拘泥于消费市场上的产品，而是对自己的特定需求有了更加客观的认识，并且有更强烈的意识去表达对产品性能、交货时间等各方面的期望。这意味着消费者需求逐渐呈现出个性化和多样化的特点，消费者之间有更好的区分度和辨识度。面对上述消费者需求呈现出来的特点，企业不能再一味地通过提高产品生产数量去赢得消费者、占领市场份额。为了向消费者提供所需的产品以满足其个性化需求，并更加积极地参与全球市场竞争，企业采取的生产模式逐渐从按库存生产（Make-to-Stock，MTS）转向按订单生产（Make-to-Order，MTO）。

按订单生产（MTO）作为一种商业生产模式，它要求企业在消费者明确地表达需求之后做出生产决策并开始最终产品的生产。如今，MTO 生产模式已经在企业中得到了广泛运用，特别是随着电子商务的快速发展，这种生产模式将会更加普及。对于采取 MTO 生产模式的企业来说，由于面临不尽相同的消费者需求，企业必须在关注消费者订单信息的基础上做出生产决策以最大化企业效益。因此，研究采取 MTO 生产模式的企业面临的生产管理问题变得非常重要且十分必要。与按库存生产（MTS）模式相比，在 MTO 生产模式下，企业很难通过一定数量的产品库存以应对潜在的消费者需求，此时消费者需求存在动态性特征。此外，对于采取 MTO 生产模式的企业来说，它们都面临着有限的生产能力。综上可知，对于采取 MTO 生产模式的企业来说，动态的消费者需求和有限的生产能力之间没有任何库存缓冲。因此，这类企业运营成功的关键在于最小化潜在的动态消费者需求与可使用的有限生产能力之间的差异。

通常来说，对于采取 MTO 生产模式的企业，深思熟虑的订单排序与调度策略可以更有效地利用有限的生产能力，从而提高生产效率。实际上，订单的排序与调度是这类企业经常面临的一个决策问题，也是其运营过程中的一个重要环节，它直接影响到运营系统的性能和绩效。此外，实践表明，交货期问询是一种常被用于调节消费者需求的关键性措施，尤其是随着准时制（JIT 战略，Just-in-Time，要求订单尽可能在指定的交货时间完成；否则，将因提前或延迟交付而产生费用）概念在现代企业中的广泛引入，交货期问询也成为采取 MTO 生产模式的企业面临的另一种常见决策。交货期问询对消费者需求产生影响的前提在于：生产技术的不断发展使得消费者对订单送达即时性的要求不断提高。而其影响方式如下：一般来说，订单的交货时间以及企业对订单交货时间的响应时间越短，消费者购买产品的可能性就越大。此外，在运营管理文献中，Spearman 和 Zhang（1999）也指出，交货期问询在影响消费者购买决策和企业参与市场竞争的有效性方面起着越来越重要的作用。具体来看，较短的交货期对消费者来说是非常有吸引力的，但是企业通常却难以实现。此时，面对未对其实现交货期承诺的消费者，企业往往面临着延误惩罚（Slotnick 和 Sobel，2005）。而较长的交货期通常对企业来说很容易实现，但消费者却并不乐意接受，这便会导致大量的消费者流失。这意味着，严格地执行 JIT 战略，即在指定的交货时间完成产品的生产或向客户提供服务对企业来说是一项挑战。因此，当在实践中实施 JIT 战略时通常允许存在一定的容忍度，并将其修改为"在适当的时间间隔内生产适当的产品或提供适当的服务"。此时，交货期问询演变为交货期窗口问询，且该时间间隔通常被称为交货期窗口（Kramer 和 Lee，1993）。订单的交货期窗口由交货期窗口开始时间（最早交货时间）、交货期窗口结束时间（最晚交货时间）和交货期窗口大小定义。交货期窗口的大小是交货期窗口开始时间和结束时间之间的时间间隔。通常，小交货期窗口对客户有吸引力，但会降低企业的生产灵活性。然而，大交货期窗口虽然企业很容易满足，但会导致客户流失。因此，交货期窗口问询同样会直接或间接地影响消费者的购买决策并决定消费者需求。

对于采取 MTO 生产模式的企业来说，鉴于订单的排序与调度决策以及交货期（窗口）问询决策均能有效地匹配动态的消费者需求与有限的生产能力之间的差异，本书将探讨采取按订单生产模式的企业面临的多类订单生产调度与交货期（窗口）集成决策问题［也称为交货期（窗口）问询调度问题］的优化。具体来说，本书所探讨的交货期（窗口）问询调度问题包括：①考虑可控加工时间及制造期期限的交货期问询调度问题。②交货期问询影响订单提交概率的调度问题。③仅已知加工时间的均值—支持集的交货期问询调度问题。④存在线性退化效应的交货期窗口问询调度问题。⑤具有随机加工时间的交货期窗口问询调度问题。

本书关于所探讨问题的研究将对采取 MTO 生产模式的企业带来以下四个方面的实际意义:①进一步证实订单的排序与调度、交货期(窗口)问询是平衡企业有限的生产能力和潜在消费者需求之间差异的有效措施。②有助于企业意识到基于消费者的订单信息作出生产决策将对企业绩效产生重要影响。这是因为企业的生产决策直接影响消费者的选择行为,而消费者的选择行为又直接影响到企业的运营绩效。③对面临类似于本书所探讨的问题的企业提供解决这些问题的思路和方法,并且企业可以根据自身的特点对相关成果进行修正,从而集成到企业运营系统中以提高系统性能以及企业市场竞争力。④可以给那些尚未关注本书所探讨的问题的企业提供新的视角以重新认识和正视企业可能面临的潜在生产管理问题。

此外,本书对所探讨的问题的研究将产生以下几个方面的理论意义:①挖掘了采用 MTO 生产模式的企业面临的生产管理问题,并对其进行了抽象和理论分析。②从根本上来说,这些探讨丰富了生产排序与调度领域的理论研究,并为后续的相关研究提供了借鉴和参考。③由于考虑的是采取 MTO 生产模式的企业面临的生产排序与调度问题,因此这些探讨拓展了生产排序与调度理论在实践中的应用。

第二节　交货期(窗口)问询调度问题概述

交货期(窗口)问询调度问题广泛存在于现实中企业的运营实践环节。本部分将分别针对交货期问询调度问题、交货期窗口问询调度问题进行:①概要介绍问题的决策、决策环境与研究目标;②通过具体运营实例对问题进行说明和阐述。

一、交货期问询调度问题概述

基本问题概述:交货期问询调度问题的决策在于为所有订单确定一组交货期

以及一个有效的调度规则。对于交货期问询调度问题，于指定的交货期之前完成的订单（提前完工订单）通常会由于不必要的库存或延迟付款而产生成本，而于指定的交货期后完成的订单（延迟完工订单）通常将因合同违约金和商誉损失而产生成本。此外，由于交货期的长短通常与企业的生产灵活性和资源可用性相关，因此交货期问询本身也会带来相应的成本。综上所述，交货期问询调度问题的研究目标在于极小化加工所有订单所产生的相关成本。例如，极小化由提前时间、延误时间以及交货期问询产生的总成本；极小化由提前订单个数、延误订单个数以及交货期问询产生的总成本。

订单的整个加工过程可能会面临机器故障、订单退化（订单实际加工时间受其开始加工时间的影响）等情形。同时，为保障在交货期前完成相关订单，企业可能会通过额外增加人工或延长工时等方法缩短订单的实际加工时间。此外，由于在 MTO 生产模式下，企业可能没有足够的信息以事先对订单的加工时间进行准确的估计。因此，在交货期问询调度问题中，往往需要考虑上述以及其他会对企业运营系统性能产生影响的决策或因素。

问题实例 1：一家生产和销售某种产品（如水杯）的商家计划参加"双 11"活动。在"双 11"活动当天，该商家在其旗舰店中展示出该产品的价格和交货时间。假定在"双 11"活动中，产品的价格是商家无法改变的，因为"双 11"活动当天的价格是该产品平日价格的一半。因此，商家仅可以根据消费者的偏好和自身的生产能力选择性展示产品的交货时间。基于产品的价格和交货时间，消费者决定是否要购买该产品。对于消费者提交的订单，商家需确定订单的加工顺序以极大化总收益或极小化总成本并满足交货时间约束。在实际的产品销售过程中，商家可能面临交货时间约束，即交货时间为某个具体时间点。此时，商家需优化如下交货期问询调度问题：如何确定订单的交货期和加工顺序以极小化由交货期问询与订单加工排序产生的总成本？

问题实例 2：中国一家制造公司生产人造圣诞树，并接受北美客户的订单。为了满足圣诞节期间的市场需求，该公司必须在 11 月 20 日（加工截止日期）之前发货。对于海运，最好在同一天（通常的交货期），比如 10 月 10 日，将所有订单的产品作为一批货物装在集装箱中进行运输。该交货期需要由公司与客户共同协商确定或者在公司提供的多个可选择时间中由客户确定。在这种情况下，如果订单在交货期之前完成，公司必须将产品储存起来，从而产生库存成本；如果订单在交货期之后完成，则可能会产生逾期罚款。为了在截止日期前完成所有订单，以满足圣诞节期间的需求，公司可能会雇用兼职工人并增加其他资源来加快生产。此时，该制造公司的决策者需优化一个包含截止日期的交货期问询调度问题：如何同时确定订单的交货期、资源分配和调度规则，以在满足加工截止日期约束下极小化由提前时间、延误时间、资源分配以及交货期问询产生的总成本？

二、交货期窗口问询调度问题概述

基本问题概述：交货期窗口问询调度问题的决策在于为所有订单确定一组交货期窗口以及一个有效的调度规则。对于交货期窗口问询调度问题，于指定的交货期窗口内完工的订单通常不会面临任何惩罚，但于指定的交货期窗口开始时间之前完工的订单通常会由于不必要的库存或延迟付款而产生成本，而于指定的交货期窗口结束时间后完成的订单通常将因合同违约金和商誉损失而产生成本。此外，对企业来说，不同的交货期窗口大小通常意味着不同的运营复杂性和成本。综上所述，交货期窗口问询调度问题的研究目标在于极小化加工所有订单产生的相关成本。例如，极小化由提前时间、延误时间以及交货期窗口问询产生的总成本。

同样地，订单的整个加工过程可能会面临机器故障、订单退化、资源分配、随机订单加工时间等问题，因此，在交货期窗口问询调度问题中往往会在基本问题基础上考虑上述以及其他会对企业运营系统性能产生影响的因素或决策。

问题实例 3：该实例中商家面临的基本情况与问题实例 1 类似，但商家面临不同的交货时间约束：交货时间为某个具体的时间段。此时，商家需优化以下交货期窗口问询调度问题：如何确定订单的交货期窗口和加工顺序以极小化由提前时间、延误时间以及交货期窗口问询产生的总成本？

问题实例 4：考虑一家生产定制高级时装的制造公司。在该公司，运营商从消费者那里接收具有不同价值、对交货时间和设计细节有不同要求的订单。这些差异化的需求通常意味着订单具有不同的加工时间，且公司在订单完成加工之前通常无法准确获知这些时间。为了实现更好的系统性能，如极大化总利润和提高消费者满意度，公司通常会与每位消费者协商一个交货期窗口（交货时间段）。因此，消费者可以在指定的交货期窗口内领取他们订购的高级时装。很明显，提前完成的订单或延迟完成的订单都会给公司带来额外的成本。如果订单在指定的交货期窗口开始时间之前完成，则必须存储完工的服装，并进行维护以保持其干净整洁；相反，如果订单在指定的交货期窗口结束时间之后完成，消费者会提出投诉，甚至要求以折扣价格购买。此外，由于不同的交货期窗口大小意味着公司面临不同的运营灵活性和成本，因此，在上述背景描述下，该高级时装制造公司必须优化以下交货期窗口问询调度问题：如何在面临随机订单加工时间的情况下同时确定订单的交货期窗口与加工顺序以极小化由提前时间、延误时间及交货期窗口问询产生的总成本？

三、交货期（窗口）问询调度问题研究思路

生产调度与交货期（窗口）决策是相互依存和相互交互的。因此，为分析和求解交货期（窗口）调度问题，通常采用以下流程：首先，在给定订单的调度规则前提下，分析最优交货期（窗口）具有的性质，并求解最优交货期（窗口）。其次，基于给定订单调度规则下的最优交货期（窗口）具有的性质和求解结果，分析最优订单加工顺序具有的性质，并求解最优订单加工顺序。若上述两个步骤能求解获得最优交货期（窗口）和最优订单加工顺序，则可以直接得到关于问题的最优解；相反，必须在上述两个步骤基础上开发求解算法以寻找问题的最优解或近似最优解。

由于在交货期（窗口）问询调度问题中，除生产调度与交货期（窗口）问询决策以外，往往会考虑其他影响企业运营系统性能的因素以及决策，因此在上述通用分析流程中会加入对其他决策的分析和优化。

第三节　交货期问询调度问题研究现状

在传统的生产排序与调度问题中，排序对象为工件，因此本部分将使用术语"工件"。此外，交货期通常被认为是外部决策变量。对于交货期事先给定的排序与调度问题的完整综述，读者可参见文献 Baker 和 Scudder（1990）。后来，随着 JIT 概念的发展和广泛应用，以及企业对 MTO 生产模式的广泛采用，交货期问询已经成为生产排序与调度研究领域中的一个重要话题。在这个领域中，学者们探索了不同的交货期问询方法、机器加工环境等。同时，学者们在考虑生产调度、交货期问询决策基础上分析了其他会对企业运营系统性能产生影响的因素和决策。在这些因素和决策中，可控加工时间（或资源分配）被广泛研究。此外，部分学者考虑了决策者面临随机因素的情景，尤其是面临随机加工时间的情况。

由于交货期问询方法、工件加工时间是否随机、所考虑的影响运营系统性能的因素及决策均对交货期问询调度问题的分析和求解有很重要的影响，因此本部分将结合本书探讨的交货期问询调度问题，对现有的交货期问询方法进行总结和归纳，并对现有的确定性环境下的交货期问询调度问题研究、确定性环境下考虑可控加工时间的交货期问询调度问题研究、随机环境下的交货期问询调度问题研究进行回顾与梳理。

一、交货期问询方法分类

目前，已被研究的交货期问询方法包括 CON 交货期问询（Panwalkar 等，1982；Hall 和 Posner，1991；Hall 等，1991；Huynh 和 Ameur，2010；贾春福等，2001）、SLK 交货期问询（Qi 和 Tu，1998；Gordon 和 Strusevich，1999）、DIF 交货期问询（Shabtay 和 Steiner，2006；王静，2014）、TWK 交货期问询（Cheng，1984）、NOP 交货期问询（Alidaee，1992）及 PPW 交货期问询（Cheng 和 Gordon，1994）。

在 CON 交货期问询中，所有工件均被指定相同的交货时间；在 SLK 交货期问询中，工件的交货时间被定义为工件的加工时间加上一个常数；在 DIF 交货期问询中，每个工件被指定不同的交货时间；在 TWK 交货期问询中，工件的交货时间被定义为工件的加工时间乘以一个常数；在 NOP 交货期问询中，工件的交货时间被定义为工件的操作步骤数乘以一个常数；PPW 交货期问询是 SLK 交货期问询与 TWK 交货期问询的结合，此时工件的交货时间被定义为工件的加工时间乘以一个常数再加上一个常数。上述交货期问询方法的具体数学表达如表 1-1 所示。

表 1-1 交货期问询方法的数学表达

交货期问询方法	数学表达	代表文献
CON	$d_j = d$	Panwalkar 等（1982）、Hall 和 Posner（1991）、Hall 等（1991）、Huynh 和 Ameur（2010）、贾春福等（2001）
SLK	$d_j = p_j + k$	Qi 和 Tu（1998）、Gordon 和 Strusevich（1999）
DIF	d_j	Shabtay 和 Steiner（2006）
TWK	$d_j = kp_j$	Cheng（1984）
NOP	$d_j = kM_j$	Alidaee（1992）

交货期问询方法	数学表达	代表文献
PPW	$d_j = kp_j + q$	Cheng 和 Gordon（1994）

注：p_j 是工件 J_j 的加工时间，d_j 是工件 J_j 的交货期，M_j 是工件 J_j 的操作步骤数，k 和 q 是值未知的常数。

在上述交货期问询方法中，CON 交货期问询方法、SLK 交货期问询方法及 DIF 交货期问询方法是常被用来生产排序与进行调度文献研究的三种交货期问询方法，且 CON 交货期问询方法由于它的易操作性得到了最大限度地研究。

二、确定性环境下的交货期问询调度问题研究

首先，本节从整体上对现有的确定性环境下的交货期问询调度问题研究进行了回顾。其次，在此基础上，针对 CON 交货期问询方法、SLK 交货期问询方法和 DIF 交货期问询方法被广泛应用的事实，本节对现有的 CON 交货期问询调度问题、SLK 交货期问询调度问题与 DIF 交货期问询调度问题进行了细致的总结。

交货期问询调度问题最初由 Seidmann 等（1981）和 Panwalkar 等（1982）进行了研究。自此，上述问题一直是运筹学文献中的一个热门话题，其中，Yue 和 Wan（2017）提供了一个现实实例对这类型的交货期问询调度问题进行了说明。对于现有的交货期问询调度问题研究文献，本节将从机器环境、交货期问询方法、所考虑的影响运营系统绩效的因素及决策、目标函数、问题的计算复杂性或求解算法等角度进行总结。对于机器环境，现有大部分研究只考虑了单机环境（赵升华和罗成新，2014），部分研究只考虑了平行机环境（Koulamas，2011；Mosheiov 和 Sarig，2009）、流水车间（Gao 等，2017；Lv 和 Wang，2021）和作业车间（Shabtay 和 Steiner，2008；Shabtay 等，2010）。对于交货期问询方法，大部分研究都假设采用 CON 交货期问询方法确定工件的交货期，部分研究假设采用 SLK 交货期问询方法（Chen 等，2023；Lu 等，2021）和 DIF 交货期问询方法（Chen 等，2023），极少研究假设采用其他交货期问询方法。对于所考虑的影响运营系统绩效的因素及决策，早期研究仅考虑生产调度与交货期问询决策，近期研究在此基础上考虑了其他因素，包括可控加工时间（姜昆等，2018）、分批配送（Steiner 和 Zhang，2011；Yin 等，2021；王磊等，2011）、到达时间（Cheng，1988；Cheng 等，2002）、启动时间（Kim 和 Lee，2009；Li 等，2011）、退化工件（Cheng 等，2007；Liu 等，2020；余英等，2016）、学习效应（Gao 等，2017；Lu 等，2021；余英等，2017）、可变速率（Gordon 和 Tarasevich，2009；Yin 等，2014a）、分组排序（Chen 等，2023；Shabtay 等，2010）、交货期上界（Shabtay，2016）、竞争代理（Wang 等，2015；Yin 等，2021）、机器中断和维护（Xiong 等，2018；Yin 等，2017；程琦，2014）等。其中，可控加工时间在现有文献中被考虑得最多。对于目标函数，大部分研究都考虑了极小化与提前时间（提前工件个数）、延误时间（延误工件个数）以及交货期问询相关的总成本，部分研究考虑了极小化最大提前时间、最大延误时间和最大交货期三者中的最大值（Birman 和 Mosheiov，2004；Mor 等，2013）及极小化偏离交货期总和（Cheng，1988）等目标。对于问题的计算复杂性以及求解算法，大部分研究问题被证明是多项式可解的且相关研究提出了多项式时间求解算法，只有部分研究问题被证明是 NP-难题。针对这些 NP-难题，相关研究提出了启发式算法（Kim 等，2012；Xiao 和 Li，2002）、（伪多项式）动态规划算法（Koulamas，2010；Koulamas，2011）、（全多项式）近似策略（Shabtay 等，2016；Yin 等，2021）、分支定界算法（Kim 和 Lee，2009）。有关交货期问询调度问题的综述可见文献 Cheng 和 Gupta（1989）及 Gordon 等（2002a，2002b）。

对于 CON 交货期问询调度问题，Panwalkar 等（1982）最早展开了研究。他们在单机环境下分析了极小化因提前时间、延迟时间和交货期问询而产生的总成本的问题，并提出了多项式时间算法。在此基础上，后续研究者考虑了其他对企业运营系统绩效产生影响的因素和决策，包括分批配送（Chen，1996）、可控加工时间（Cheng 等，1996；Shabtay 和 Steiner，2008；Cheng 等，2004；Hsu 等，2011）、退化工件（Kuo 和 Yang，2008）、退化工件和学习效应（Kuo 和 Yang，2011）、分组排序（李中亚，2014；刘丽丽等，2017；Chen 等，2023）、分组排序和启动时间（Li 等，2011）、学习效应和可控加工时间（Lu 等，2014；Sun 等，2016）、分组排序和可控加工时间（Shabtay 等，2010），且上述问题均被证明是多项式可解的。不同于上述研究，Cheng 等（2002）考虑了工件到达时间，证明问题是 NP-难题并提出了近似算法，Gordon 和 Tarasevich（2009）考虑了变速行为并分析了最优决策具有的性质，Kim 和 Lee（2009）考虑了启动时间并提出了分支定界法和启发式算法，Xiong 等（2017）考虑了机器维护并提出了伪多项式算法和全多项式近似策略，Yin 等（2013）考虑了分批配送和可控加工时间并针对特殊情形进行了分析。除了单机环境，部分文献将 Panwalkar 等（1982）

的研究拓展到平行机环境，其中 Cheng（1989）、Xiao 和 Li（2002）提出了启发式算法，De 等（1991）证明了问题是 NP-难题，De 等（1994）提出了伪多项式动态规划算法，Mosheiov 和 Yovel（2006）与 Mosheiov 和 Sarig（2009）针对特殊情形提出了多项式时间算法，Kim 等（2012）构建了数学规划模型并提出了启发式算法。在 Cheng（1989）的基础上，Cheng 等（2007）考虑了退化工件，证明问题是 NP-难问题并提出了启发式算法。对于其他机器环境，相关研究工作较少，仅有 Gao 等（2017）、Geng 等（2019）研究了流水线环境，考虑了可控加工时间和学习效应，并提出了多项式时间算法。

对于 SLK 交货期问询排序问题，现有的研究绝大多数都是在单机环境下展开分析的，只有 Lv 和 Wang（2021）、Liu 和 Jiang（2020）考虑了流水线情形。前者目标在于极小化总流程时间，后者目标在于在面临资源分配和退化工件的情况下极小化总调度成本和资源消耗成本。上述两项研究中所涉及的问题均被证明是多项式时间可解的。对于单机环境下的 SLK 交货期问询调度问题，Cheng 等（1996）最早在加工时间可控情形下研究了极小化因提前时间、延误时间、交货期问询和资源消耗产生的总成本问题，研究结果表明，问题是多项式时间可解的。与 Cheng 等（1996）类似但具有不同目标函数的问题在 Shabtay 和 Steiner（2008）、Shabtay 和 Steiner（2008a）及 Shabtay 等（2016）的研究中进行了分析。前两项研究被证明是多项式时间可解的，后一项研究被证明是 NP-难题。此外，在 Cheng 等（1996）的基础上，后续研究者进行了拓展，考虑了其他影响企业运营系统绩效的因素及决策，包括退化工件（Gordon 和 Strusevich，1999；Hsu 等，2011；Li 等，2011a）、学习效应和资源消耗（Lu 等，2014；Liu 和 Jiang，2020；Lu 等，2021）、分组排序（Chen 等，2023）、分组排序和启动时间（Li 等，2011b）、资源消耗和退化效应（Liu 等，2020）、提前期（Mor 等，2013）、学习效应和退化效应（Qian 和 Steiner，2013）、可控加工时间和学习效应（Sun 等，2016）、退化效应和机器维护（Yang 等，2012）、退化工件和机器维护（Yin 等，2014b）、位置效应（Zhao 和 Tang，2014）。上述研究问题均被证实是多项式可解的。但 Gordon 和 Strusevich（1999）、Wang 等（2015）所研究的问题被证明是 NP-难题，前者在无延误工件约束下分析了极小化总提前成本目标，后者考虑了竞争代理并研究了极小化双目标问题。

对于 DIF 交货期问询调度问题，Seidmann 等（1981）是研究该问题的先驱之一。他们假设所有工件都有相同的可接受交货时间，研究了极小化因提前时间、延迟时间和交货期问询而产生的总非单独加权成本目标，并提出了多项式时间算法。在 Seidmann 等（1981）的基础上，Shabtay 和 Steiner（2008）考虑了可控加工时间，Li 等（2011b）考虑了分组排序和启动时间，Qian 和 Steiner（2013）考虑了学习效应和退化效应，Sun 等（2015）考虑了可控加工时间和学习效应，Chen 等（2023）考虑了可控加工时间和分组排序。不同于上述研究所考虑的目标函数，Shabtay 和 Steiner（2007b）研究了由总延误工件个数、交货期问询、制造期和资源消耗产生的总成本目标，Shabtay（2008）分析了一般化的由交货期问询与延误工件个数产生的总成本目标，Mor 等（2013）考虑了极小化最大提前时间、最大延误时间和最大提前期三者中最大值的目标，Zhao 和 Tang（2014）研究了极小化被拒绝工件、提前时间和交货期问询产生的总成本目标。上述问题都被证明是多项式时间可解的。除上述多项式时间可解问题外，部分问题被证明是 NP-难题。例如，Shabtay 和 Steiner（2006）在 Seidmann 等（1981）的研究基础上研究了总加权情形，Shabtay 和 Steiner（2008a）考虑了平行机情形并分析了极小化由提前时间、延误时间和交货期问询产生的总成本以及极小化由总延误工件个数和交货期问询产生的总成本两类成本目标，Shabtay 等（2010a）考虑了分批配送，Shabtay 等（2010b）考虑了单机、平行机、流水线、作业车间等机器环境，并在面临最大延误时间约束下分析了交货期问询成本目标，Shabtay（2016）考虑了交货期存在上界约束，Wang 等（2016）和 Yin 等（2015，2017）考虑了竞争代理及双目标问题，Yin 等（2021）考虑了竞争代理及分批配送情形。

三、确定性环境下考虑可控加工时间的交货期问询调度问题研究

由上一小节可知，在现有的交货期问询调度问题研究中，较多文献考虑了可控加工时间情形，即决策者可通过资源分配改变工件的实际加工时间。本部分将针对现有的考虑可控加工时间的交货期问询调度问题研究，从资源消耗函数的分类、国内外研究现状两个方面进行总结和回顾。

1. 资源消耗函数的分类

在现有的生产排序与调度问题研究文献中，工件的加工时间常被假定是外部给定的。但在许多实际应用中，工件的实际加工时间可通过分配额外的资源加以改变（如加班、增加人力）。因此，在生产排序与调度系统的很多场景下有必要考虑资源分配决策以改善系统效率。

在过去的几十年里，考虑可控加工时间的调度问题得到了学术界的大量关注，综述性文献可见 Shabtay 和 Steiner（2007a）。在已有的研究中，部分文献假定工件的实际加工时间是分配给该工件的资源的有界线性函数（He 等，2007；Su 和 Lien，2009；Tseng 等，2009；Choi 等，2010），部分研究假定工件的实际加工时间是分配给该工件的资源的凸函数（Monma 等，1990；Kaspi 和 Shabtay，2004；Shabtay 和 Kaspi，2006；Xu 等，2011）。线性资源消耗函数意味着：在有限的可分配资源下，分配给工件的资源越多，工件的实际加工时间越短；非线性资源消耗函数（凸函数形式）反映了边际效益递减的规律，它常在物理或经济系统中被应用。上述两种资源消耗函数的具体数学表达如表 1-2 所示。

表 1-2 资源消耗函数

资源消耗函数	数学表达	代表文献
线性函数	$p_j = \bar{p}_j - b_j u_j$ $0 \leqslant u_j \leqslant \bar{u}_j < \bar{p}_j / b_j$	He 等（2007）、Tseng 等（2009）、Su 和 Lien（2009）、Choi 等（2010）
凸函数	$p_j = \left(\dfrac{w_j}{u_j} \right)^k$	Monma 等（1990）、Kaspi 和 Shabtay（2004）、Shabtay 和 Kaspi（2006）、Xu 等（2011）

注：在式 $p_j = \bar{p}_j - b_j u_j$ 中，$\bar{p}_j$ 是工件 J_j 的正常加工时间，u_j 是分配给工件 J_j 的资源，b_j 是工件 J_j 的资源压缩率，以及 $\bar{u}_j$ 是能分配给工件 J_j 的最大资源量；在式 $p_j = \left(\dfrac{w_j}{u_j} \right)^k$ 中，w_j 是一个正参数，代表加工工件 J_j 的工作量，而 k 是一个非负常数。

2. 国内外研究现状

现有的考虑可控加工时间的交货期问询调度问题研究大部分假设采用 CON 交货期问询方法以确定工件的交货期，仅有有限的研究应用了 SLK 交货期问询方法（Cheng 等，1996；Sun 等，2016；Shabtay，2016；Liu 和 Jiang，2020；Liu 等，2020；Lu 等，2014，2021）和 DIF 交货期问询方法（Shabtay 和 Steiner，2007b，2008；Koulamas，2010；Chen 等，2023；Sun 等，2016）。因此，下面将对考虑可控加工时间的 CON 交货期问询调度问题研究进行细致的回顾。

在现有的考虑 CON 交货期问询和线性资源消耗函数的调度问题研究中，部分文献考虑了特殊的线性资源消耗函数形式。例如，Cheng 等（1996）考虑了工件的资源压缩率为 1 的情形，即 $p_j = \bar{p}_j - u_j$，并研究了极小化提前时间、延误时间、交货期问询及资源消耗产生的总成本的调度问题。Biskup 和 Jahnke（2001）考虑了资源分配函数中工件加工时间具有相同节省率的情形，即 $p_j = \bar{p}_j(1-u)$，$j = 1，\cdots，n$，并分析了极小化因提前时间、延误时间、交货期问询和资源分配产生的总成本问题，以及极小化因延误工件个数、交货期问询及资源分配产生的总成本问题。研究表明，上述两个问题是多项式时间可解的。针对上述两个目标函数，Ng 等（2003）考虑了资源压缩率相同的情形，即 $p_j = \bar{p}_j - b_j u$。研究同样证明，这两个问题都可在多项式时间内求解。更多的文献考虑了常态下的线性资源消耗函数形式，即 $p_j = \bar{p}_j - b_j u_j$。例如，Shabtay 和 Steiner（2007b）研究了最小化加权延误订单个数、交货期问询、制造期及资源消耗总成本的排序问题。研究表明，上述问题是多项式时间可解的。Shabtay 和 Steiner（2008）对上述研究进行了拓展，研究了最小化因提前时间、延误时间、交货期问询、制造期以及资源消耗产生的总成本问题。研究同样表明，上述问题是多项式时间可解的。Leyvand 等（2010）分析了双目标问题，包括最小化加权资源消耗成本，以及最小化加权延误订单个数和交货期问询产生的总成本。研究表明，只有最小化加权资源消耗、加权延误订单个数及交货期问询产生的总成本问题是多项式时间可解的，而其他问题则是 NP-难题。Yedidsion 等（2011）同样研究了双目标问题（极小化资源成本，以及最小化提前时间、延误时间、交货期问询和制造期产生的总成本），结果表明，只有极小化资源消耗、提前时间、延误时间、交货期问询和制造期产生的总成本的问题是多项式时间可解的，而其他问题则是 NP-hard 问题。不同于上述研究，后续研究者考虑了影响运营系统绩效的其他因素和决策，包括分组排序（Shabtay 等，2010）、分批配送（Yin 等，2013）、学习效应（Lu 等，2014；Gao 等，2017），且证实相关研究问题是多项式时间可解的。

除线性资源消耗函数外，部分研究考虑了凸函数形式的资源消耗函数。例如，Shabtay 等（2010）考虑了分组排序，分析了极小化总提前时间、延误时间、交货期问询、制造期、资源消耗产生的总成本问题，并提出了多项式时间算法；Yin 等（2013）考虑了分批配送，分析了极小化总提前时间、延误时间、交货期问询、资源消耗成本、库存成本及分批配送成本目标，并提出了动态规划算法；Yin 等（2013）考虑了分批配送，分析了极小化总提前时间、延误工件个数、交货期问询、资源消耗成本、库存成本及分批配送成本目标，并提出了多项式时间算法；Sun 等（2015）考虑了学习效应，分析了极小化总提前时间、延误时间、交货期问询以及资源消耗成本目标，并提出了多项式时间算法；Shabtay 等（2016a）分析了极小化总延误工件个数、交货期问询、资源消耗产生的总成本问题，证明了问题是 NP-难题，并提出了伪多项式时间算法和全多项式近似策略；Liu 和 Jiang（2020）考虑了学习效应并分析了双目标问题；Liu 等（2020）考虑了退化工件并分析了双目标问题。不同于上述问题，Geng 等（2019）、Liu 和Jiang（2020）考虑了流水线环境。

四、随机环境下的交货期问询调度问题研究

现有的交货期问询调度问题研究大部分是在确定性环境下展开的，其中工件的加工时间是给定的。然而，在许多实际情况下，决策者不能在完成工件加工之前准确地了解工件的加工时间。这在一定程度上是因为现实中存在各种不确定性。例如，估计随机加工时间时出现不可避免的错误、意外的机器故障。此外，有时决策者没有足够的关于随机加工时间的数据或信息（Mak 等，2014；Yue 和Zhou，2021）。因此，部分学者开始关注随机环境下的交货期问询调度问题。本部分将对现有的随机加工时间建模方法进行总结和归纳，在此基础上对现有的随机环境下的交货期问询调度问题研究进行回顾。

1. 随机加工时间的建模方法

根据可利用的历史数据或有关随机加工时间的相关信息，决策者经常面临三种情况：①丰富的历史数据；②有限的历史数据；③没有历史数据。对于每种情况，本部分将归纳出文献或实践中对随机加工时间建模的方法。

在第一种情况下，决策者有足够的历史数据，他们通常可以描述随机加工时间的具体分布模式。对于这种情况，在生产调度文献中，不同的替代方案已被使用以对加工时间的不确定性进行建模。这些替代方案包括正态分布（Soroush，2007；Elyasi 和 Salmasi，2013）、指数分布（Salch 等，2013）、伽马分布（van den Akker 和 Hoopeveen，2008；Elyasi 和 Salmasi，2013）和一般概率分布（Salch 等，2013）。在第二种情况下，决策者的历史数据有限，他们无法获得随机加工时间的精确分布模式。然而，基于有限的历史数据，决策者可以估计一些随机加工时间的分布信息以描述随机加工时间。例如，情景（Daniels 和 Carrillo，1997）、平均值和方差（Xia 等，2008）以及支持集（或区间）（Sotskov 等，2009；Pereira，2016）。在第三种情况下，决策者没有历史数据，既不能确定特定的分布模式，也不能获得关于随机加工时间的分布信息。然而，当决策者生产和加工一批新订单或一些长尾产品时，第三种情况很常见（Wang 和 Ning，2017；Alipouri 等，2020）。为了对第三种情况下的随机加工时间进行建模，在实践中决

策者经常使用一些定性分析方法（Milkovich 等，1972；Wilson，2013）对随机加工时间进行预估，如头脑风暴法、德尔菲法等。通过这些方法，在最有可能情况下的实际加工时间（平均值）、在最好情况和最坏情况下的实际加工时间（支持集）通常可以根据专家的经验和讨论进行有效估计。事实上，上述预测随机加工时间的方法常用于项目管理中。在项目管理中，决策者通常在项目开始前估计任务的预期加工时间（平均值）、最短加工时间和最长加工时间（支持集）。

2. 国内外研究现状

对于具有随机加工时间的交货期问询调度问题，Cheng（1986）首次进行了研究。此后，上述研究引起了学术界的广泛关注。然而，由于分析这类问题的难度较大且较复杂，研究成果有限。在现有文献中，大多数研究是在单机环境中展开分析的，只有 Portougal 和 Trietsch（2006）以及 Elyasi 和 Salmasi（2013）考虑了流水车间环境。对于交货期问询方法，大多数研究采用了 DIF 交货期问询方法，只有 Cai 和 Tu（1996）以及 Baker 和 Trietsch（2009）采用了 CON 交货期问询方法。对于目标函数，大多数研究考虑了与提前时间、延迟时间和交货期问询相关的总期望（加权）成本，只有 Baker 和 Trietsch（2009）以及 Baker（2014a，2014b）的研究目标是在给定服务水平约束下极小化所有工件的交货期总和或最大交货期。对于求解算法，大多数研究基于已发现的性质提出了启发式算法，但 Cai 和 Tu（1996）提出了动态规划算法，Xia 等（2008）使用所提出的上下界的平均值进行近似并开发了一种启发式算法来求解近似问题，Baker 和 Trietsch（2009）以及 Baker（2014a，2014b）提出了分支定界算法。

对于随机加工时间，在上述有限的文献中，一些研究考察了决策者有足够的历史数据的第一种情况，并在此基础上假设了加工时间的具体分布模式。具体而言，Baker 和 Trietsch（2009）假设加工时间服从一般分布，研究了两个目标函数，包括极小化总交货期，以及极小化总交货期加上总期望延迟时间，并为一些特殊情况提出了渐近最优启发式算法。Elyasi 和 Salmasi（2013）假设加工时间服从一般分布，极小化最大交货期，并找到了最优调度策略和最优交货期问询的一些性质。Baker（2014a）假设加工时间服从正态分布，极小化总交货期并提出了分支定界算法和一些启发式算法。Soroush（1999）、Portougal 和 Trietsch（2006）、Baker（2014b）、Lemos 和 Ronconi（2015）假设加工时间服从正态分布，研究了极小化总期望（单独）加权提前时间和延迟时间目标，并分析了最优交货期问询具有的性质。然而，这些文献提出了不同的方案以寻找最优调度策略。具体而言，Soroush（1999）应用了枚举方法并提出了两个候选规则，Portougal 和 Trietsch（2006）提出了近似算法，Baker（2014b）提出了分支定界算法，Lemos 和 Ronconi（2015）提出了两个有效的基于插入的构造启发式算法。此外，Baker 和 Trietsch（2014）研究了极小化交货期问询和期望延迟时间产生的总成本目标。他们假设加工时间服从正态分布，并提出了分支定界算法。

在具有随机加工时间的交货期问询调度问题的相关研究中，目前只有两篇文献（Xia 等，2008；Iranpoor 等，2013）考虑了决策者面临有限历史数据的第二种情况。Xia 等（2008）研究了极小化与提前时间、延迟时间和交货期问询相关的总加权期望成本目标。他们假设仅已知加工时间的平均值和方差，并使用识别出的下界和上界的平均值来近似所研究的目标函数。在此基础上，他们构建了近似问题，并提出了启发式方法来求解近似问题。Iranpoor 等（2013）研究了极小化总交货期问询成本以及交货期的平方偏差预期目标。他们对随机加工时间的假设与 Xia 等（2008）相同，并提出了元启发式方法寻求近似最优解。

五、研究小结

通过回顾上述文献可知，现有的交货期问询调度问题研究具有以下特征与不足：

第一，大部分研究是在确定性环境下展开分析的，仅有有限的研究考虑了随机环境，尤其是针对工件的加工时间，大部分研究假设工件的加工时间是外部事先给定的。而针对交货期问询方法，被研究得最多的是 CON 交货期问询方法、SLK 交货期问询方法和 DIF 交货期问询方法。

第二，在确定性环境下的交货期问询调度问题的现有研究中，大部分研究针对单机环境展开了分析，而较少考虑平行机、流水线和作业车间等机器环境。同时，现有研究较多地考虑了可控加工时间这一对运营系统绩效会产生影响的因素，对其他因素研究得略少。

第三，在确定性环境下考虑可控加工时间的交货期问询调度问题的现有研究中，大部分文献采用了线性资源消耗函数，较少文献采用了凸函数形式的资源消耗函数。此外，尚未有文献考虑所有工件必须在某一期限前完工这一情形。但在某些实际情形下，所有工件须在某一期限前完工，这可能是来自消费者的要求或企业自身生产周期的需要。因此，在交货期问询调度问题中考虑制造期期限约束十分必要。

第四，现有的随机环境下的交货期问询调度问题研究均考虑了决策者关于工件加工时间的充足历史数据或有限历史数据的情形，并假设工件的随机加工时间服从正态分布、一般分布或已知均值和方差的非特定分布。但目前较少有研究考虑用支持集、均值等方式对随机加工时间进行建模。

第四节　交货期窗口问询调度问题研究现状

当交货期问询在实践中实施时，通常允许一定的容忍度，即交货期问询演变为交货期窗口问询。因此，在交货期问询调度问题成为研究热点的同时，交货期窗口问询调度问题也被大量学者关注。对于交货期窗口问询调度问题，交货期窗口问询方法同样对问题分析和求解有很重要的影响。此外，由于目前较少有研究分析随机环境下的交货期窗口问询调度问题，因此本部分将结合本书所探讨的问题，首先对现有的交货期窗口问询方法进行归纳和总结，然后对确定性环境下的交货期窗口问询调度问题研究、考虑退化工件的交货期窗口问询调度问题研究进行回顾。

一、交货期窗口问询方法分类

在现有的交货期窗口问询调度问题研究文献中，交货期窗口问询方法几乎都是从交货期问询方法衍生而来。这也意味着，在现有的交货期窗口问询调度问题研究中，CON 交货期窗口、SLK 交货期窗口和 DIF 交货期窗口是被应用得较多的交货期窗口问询方法。除上述几种类型的交货期窗口问询方法外，部分学者考虑了交货期窗口可取离散值的情形（赵崴羽和罗成新，2017）。

CON 交货期窗口问询，作为 CON 交货期问询方法的延伸，它要求所有工件有相同的窗口位置以及交货期窗口大小。根据交货期窗口的大小是否提前给定可将 CON 交货期窗口问询方法分为两类：一类是提前给定交货期窗口大小，此时决策变量为窗口的位置（Kramer 和 Lee，1993；Azizoglu 和 Webster，1997；Yeung 等，2001a，2001b；Wan，2007）；另一类是具有可变的交货期窗口大小，此时决策变量为窗口的位置以及交货期窗口的大小（Liman 等，1998；Janiak 和 Winczaszek，2004；Janiak 等，2009）。由 SLK 交货期问询延伸而来的交货期窗口问询首次在 Janiak（2004）中进行了考虑，该方法假定所有工件有相同的交货期窗口大小，但每个工件的交货期窗口位置依赖于每个工件。具体来说，工件 J_j 的交货期窗口由交货期窗口开始时间 e_j 以及交货期窗口结束时间 d_j 定义，其中 $e_j = p_j + q_1$、$d_j = p_j + q_2$（$q_2 \geqslant q_1$），q_1、q_2 是两个决策变量，此时公共的交货期窗口大小为 $D = q_2 - q_1$。由 DIF 交货期问询延伸而来的交货期窗口问询在 Wang 等（2013）中进行了考虑，该方法假定每个工件的交货期窗口开始时间 e_j 以及交货期窗口结束时间 d_j 各不相同且均为决策变量。上述交货期窗口问询方法的具体数学表达如表 1-3 所示。

表 1-3　交货期窗口问询方法

交货期窗口问询	数学表达	代表文献
CON	$e_j = e$，$d_j = d$ $d-e$ 是常数，e 是变量	Kramer 和 Lee（1993）、Azizoglu 和 Webster（1997）、Yeung 等（2001a，2001b）、Wan（2007）
	e，d 是决策变量	Liman 等（1998）、Janiak 和 Winczaszek（2004）、Janiak 等（2009）、黄德才等（2001）、韩国勇等（2012）、骆思雯等（2021）
SLK	$e_j = p_j + q_1$， $d_j = p_j + q_2$ q_1，q_2 是决策变量	Janiak（2004）、Mosheiov 和 Oron（2010）、陈东和赵传立（2013）、赵传立和张蕾（2016）、范雁鹏和赵传立（2013）、张蕾和赵传立（2017）
DIF	e_j，d_j	方保镕和徐汉忠（2001）、Wang 等（2013）

注：e_j 是工件 J_j 的交货期窗口开始时间，d_j 是工件 J_j 的交货期窗口结束时间，p_j 是工件 J_j 的加工时间。

二、确定性环境下的交货期窗口问询调度问题研究

关于交货期窗口问询调度问题研究的综述文章，可参见文献 Janiak 等（2013，2015）及 Rolim 和 Nagano（2020）。本部分从交货期窗口问询方法角度对现有确定性环境下的交货期窗口问询调度问题研究进行回顾。

对于 CON 交货期窗口问询方法的应用，存在两种情况：①交货期窗口的大小事先给定；②交货期窗口的大小是决策变量。第一种情况在该领域的早期研究中得到了一定程度的分析。早期的相关研究大部分考虑了单机环境，仅有部分研究考虑了平行机和流水线环境（Kramer 和 Lee，1993）。同时，大部分研究被证实是 NP-难题，仅有部分研究被证明是多项式可解的。第二种情况在该领域中得

到了最大限度地研究，机器环境涉及单机、平行机、流水线，被研究的目标函数主要包括：①极小化由提前时间、延误时间以及交货期窗口问询产生的总成本；②极小化最大提前时间、最大延误时间和最大交货期窗口三者中的最大值。近期研究除考虑交货期窗口问询与生产调度决策外，还考虑了退化工件（Huang 等，2020；岳青和万国华，2015）、竞争代理（Mor，2018）、可控加工时间（Mor，2019）、机器变速行为（Wang 等，2020）、学习效应（Li 等，2015）、分批配送（张玉忠和张龙，2016）等。第二种情况下的大部分问题被证实为多项式时间可解。

由 SLK 交货期问询衍生而来的 SLK 交货期窗口问询首次由 Janiak（2004）进行了研究。问题的目标在于确定交货期窗口开始时间、窗口的大小以及工件加工顺序以极小化由提前成本、延误成本以及交货期窗口问询产生的成本三者之中最大值。自此，SLK 交货期窗口问询调度问题被广泛研究。早期研究主要由 Janiak 以及合作者在单机环境下展开了分析，且这些研究以极小化最大提前时间、延误时间、交货期窗口大小三者之中最大值或极小化因提前时间、延误时间和交货期窗口问询产生的总成本为目标（Janiak 等，2007）。在上述文献基础上，其他学者考虑了平行机及其他机器环境（Mor 和 Morsheiov，2012；Sun 等，2020），考虑了其他对运营系统产生影响的因素，包括资源分配（Wang 等，2017）、退化工件（Yue 和 Wan，2016）等。同样地，现有的 SLK 交货期窗口问询调度问题大部分被证实为多项式时间可解的。

由 DIF 交货期问询衍生而来的 DIF 交货期窗口问询在早前研究中得到了较少的关注，但近年来部分研究者在单机环境下展开了相关分析。其中，Wang 等（2013）考虑了退化工件以及学习效应。此外，Yang 等（2014）、Li 和 Zhao（2015）研究了有多个可选交货期窗口的分组排序问题。Yue 和 Wan（2016）考虑了退化工件，目标在于极小化因提前时间（提前工件个数）、延误时间（延误工件个数）以及交货期窗口问询产生的总成本，并提出了多项式时间算法。Rosa 等（2016）考虑了工件到达时间，目标在于极小化加权提前时间和延误时间产生的总成本，并提出了枚举算法和领域搜索算法。Wang 和 Li（2019）考虑了可控加工时间，分析了双目标问题，证明了部分问题是多项式可解的，而部分问题是 NP-难题。Yue 和 Zhou（2021）考虑了随机加工时间，目标在于极小化由提前时间、延误时间和交货期窗口问询产生的总期望成本，并提出了近似算法。

三、考虑退化工件的交货期窗口问询调度问题研究

由上节可知，在现有的交货期窗口问询调度问题研究中，较多文献考虑了退化工件情形，即工件的实际加工时间受到其开始加工时间的影响。本部分首先对工件退化表示方式进行总结，其次对考虑退化工件的交货期窗口问询调度问题的现有研究进行回顾。

1. 工件退化的数学表示

Gupta 等（1987）、Gupta 和 Gupta（1988）以及 Browne 和 Yechiali（1990）率先在生产排序与调度问题中考虑了工件退化的情况。他们的研究假定工件的实际加工时间是工件的开始加工时间的线性函数且所有的工件具有相同的退化率，即 $p_j=a_j+bt_j$，其中 a_j 是工件 J_j 的正常加工时间，b 是工件的退化率，t_j 是工件 J_j 的开始加工时间。

Mosheiov（1994）考虑了一个简单的模型，模型中工件 J_j 的退化率依赖于每个工件，工件 J_j 的实际加工时间被定义为 $p_j=b_jt_j(t_j>0)$。该研究考虑了多种不同类型的目标函数，包括制造期、流程时间（flow time）、延误时间产生的成本以及延误工件个数产生的成本。研究表明，所有的问题都可以在多项式时间内求解。Liu 和 Min（2010）对 Mosheiov（1994）的研究进行了拓展，考虑了公共交货期问询，并提出了 $O(n\log n)$ 时间的算法以极小化因提前时间、延误时间和交货期问询产生的总成本。上述两种在文献中被考虑的工件退化类型的具体数学表达式如表 1-4 所示。除了上述两类退化函数，刘璐（2018）还考虑了具有分段特点的退化函数。

表 1-4　工件退化表达式

工件退化类型	数学表达	代表文献
工件退化率相同	$p_j=a_j+bt_j$	Gupta 等（1987）、Gupta 和 Gupta（1988）以及 Browne 和 Yechiali（1990）
工件退化率不同	$p_j=b_jt_j$	Mosheiov（1994）、Liu 和 Min（2010）

注：p_j 是工件 J_j 的实际加工时间，a_j 是工件 J_j 的正常加工时间，b_j 是工件 J_j 的退化率，t_j 是工件 J_j 的开始加工时间，b 是常数且表示工件的退化率。

2. 国内外研究现状

现有的考虑交货期窗口问询调度问题的研究常常假定工件的加工时间是外部

变量，但在实际生产中，工件的加工时间可能会因受到许多外界因素的影响而发生改变，如工件的退化（Pinedo，2016）。自此，考虑退化工件排序问题的研究得到了大量学者的关注。

近年来，由于交货期窗口问询的广泛应用以及工件退化情况的普遍存在，综合考虑交货期窗口问询和退化工件的生产排序与调度问题的研究吸引了大量学者的关注。关于考虑退化工件的生产排序与调度问题的综述文章，可参见文献Cheng 等（2004）。在现有文献中，大多数研究都考察了 CON 交货期窗口问询方法，且大部分文献假定所有工件具有相同的退化率，即假定工件的实际加工时间为 $p_j = a_j + bt_j$（Cheng 等，2010；Wang 和 Wang，2011；Wang 等，2013）。而只有 Liu 等（2013）考虑了 Mosheiov（1994）中的退化模型。该文章假设 CON 交货期窗口问询中交货期窗口大小是事先给定的，问题的目标是最小化由提前时间、延误时间以及交货期窗口问询产生的总成本。研究表明，该问题可在 $O\ (n^2\log n)$ 时间内求解。

目前，考虑 SLK/DIF 交货期窗口问询模型和退化工件的生产调度问题在几篇论文中进行了研究。其中，Zhao 和 Tang（2015）研究了 SLK 交货期窗口问询模型。他们考虑了位置效应和退化效应，并将工件的实际加工时间定义为 $p_j = (a_j + bt_j)g(r)$，$j = 1$，$\cdots$，n，其中 r 是工件 J_j 的位置，$g(r)$ 是位置效应。Wang 等（2013）和 Yang 等（2014）同时研究了 SLK 和 DIF 交货期窗口问询模型。其中，Wang 等（2013）考虑了最小化因提前时间、延迟时间、窗口开始时间、窗口大小和完工时间产生的总成本的单机调度问题。他们同时考虑了退化效应与学习效应，并定义了 $p_j = (a_j + bt_j)r^\alpha$，$r = 1$，$\cdots$，$n$，$j = 1$，$\cdots$，$n$，其中 r 是工件 J_j 的位置，$\alpha \leqslant 0$ 是学习效应。在这项研究之后，Yang 等（2014）指出了 Wang 等（2013）对于 SLK 交货期窗口问询模型解决方法的不正确之处，并进行了修正。

四、研究小结

经过上述文献回顾可以发现，现有的交货期窗口问询调度问题研究具有以下特征与不足：

第一，现有研究几乎均是在确定性环境下展开分析的，仅有非常有限的文献考虑了随机环境。而针对交货期窗口问询方法，被研究得最多的是 CON 交货期窗口问询方法。在实际中，决策者时常会面临随机情形或者无法拥有关于工件加工时间的完美信息，因此，考虑随机环境下的交货期窗口问询调度问题十分必要。

第二，在现有的确定性环境下的交货期窗口问询调度问题研究中，大部分文献针对单机环境展开了分析，而较少考虑平行机、流水线和作业车间等机器环境。

第三，对于同时考虑交货期窗口问询和退化工件的调度问题研究，只有极少的文献考虑了 Mosheiov（1994）提出的退化模型。而在 Mosheiov（1994）提出的模型基础上考虑交货期窗口问询的调度问题研究中，尚未有文献考虑具有可变的交货期窗口大小的 CON 交货期窗口问询以及 SLK/DIF 交货期窗口问询方法。

第五节　本书内容概述

通过对现有相关研究的梳理与总结，可以发现交货期（窗口）问询调度问题研究是运筹学中的研究热点，学者们得出了许多有意义的研究结论。这些前述研究是本书研究的基础，但随着消费者个性化需求的不断增加、企业对 MTO 生产模式的广泛采用，交货期（窗口）问询调度问题研究仍面临诸多机遇与挑战。例如，企业采用不同的交货期（窗口）问询方法跟消费者协商交货时间以满足不同类型消费者对交货时间的偏好；企业为满足消费者多样化的需求不断开发新的产品，因此企业很难拥有关于订单加工时间的充分信息，不得不在随机环境下展开交货期（窗口）问询与生产调度决策的集成优化。

针对采取 MTO 生产模式的企业面临的诸多机遇与挑战，本书在已有研究的基础上，综合运用生产排序与调度理论、组合优化理论、计算复杂性理论、实验设计理论探讨和分析多类交货期（窗口）问询调度问题。本书的章节安排与研究内容具体如下：

第一章是绪论。绪论部分首先介绍了交货期（窗口）问询调度问题的研究背景与意义。其次概要说明交货期问询调度问题、交货期窗口问询调度问题的特征、决策变量和研究目标，并系统梳理和回顾了上述两类问题的国内外研究现状。最后在已有研究的基础上，提出了本书的研究内容并介绍本书的篇章结构。

第二章是考虑可控加工时间及制造期期限的交货期问询调度问题。首先，本章描述了研究问题并构建数学模型。其次，基于数学模型分析问题的计算复杂性寻求可在多项式时间内求解的问题特例。在此基础上，提出了分支定界算法和禁忌搜索算法，并展开了一系列计算实验以验证禁忌搜索算法的性能。最后，通过考虑其他目标函数对问题进行了拓展，并对本章研究内容和结论进行了总结。

第三章是交货期问询影响订单提交概率的调度问题。该章首先利用传统的生产排序与调度语言对三个具有不同调度目标的子问题进行了描述。其次，针对各个子问题，分析了订单之间的空闲时间、最优交货期问询以及订单加工顺序具有的性质，并提出了多项式时间求解算法。最后，对本章研究内容和结论进行了总结，并指出了未来可行的研究方向。

第四章是仅已知加工时间的均值—支持集的交货期问询调度问题。首先，本章针对研究问题构建了相应的调度模型。其次，提出了目标函数的下界并利用鲁棒优化方法提出了上界，采用上界和下界的线性函数近似原问题的目标函数并构建了近似问题。在此基础上，提出了分支定界算法以寻找近似问题的最优解，并运行了计算实验以验证分支定界算法的效率。最后，对本章研究内容和结论进行了总结，并指出了未来可行的研究方向。

第五章是存在线性退化效应的交货期窗口问询调度问题。首先，本章针对三类不同的交货期窗口问询方法、两类目标函数，利用传统的生产排序与调度语言对研究问题进行了描述并构建了相应的调度模型。其次，分别在各类交货期窗口问询方法下分析了各研究问题中最优交货期窗口问询和最优订单加工顺序具有的性质，并在此基础上针对各研究问题提出了多项式时间算法。最后，对本章研究内容和结论进行了总结，并指出了未来可行的研究方向。

第六章是具有随机加工时间的交货期窗口问询调度问题。首先，本章对两类拥有不同加工时间分布信息的交货期窗口问询调度问题进行了描述和建模。其次，针对第一类已知加工时间服从正态分布的问题分析了最优交货期窗口具有的性质并提出了分支定界法以寻找最优解；针对第二类仅已知加工时间的均值和方差的问题构建了近似问题并提出了分支定界法以寻找近似问题的最优解。在此基础上，运行了系列计算实验验证提出算法的性能。最后，对本章研究内容和结论进行总结，并指出了未来可行的研究方向。

第二章　考虑可控加工时间及制造期期限的交货期问询调度问题

在 MTO 生产模式下，制造商需要经常与消费者协商确定交货期。由于在订单排序与调度问题中，问询合适的交货期是一件具有挑战性的事情，因此研究采用 MTO 生产模式的企业面临的交货期问询调度问题具有重要的意义。在订单排序与调度问题中，制造商可通过多种方法改变订单的实际加工时间，如将订单部分或全部加工任务外包给第三方（Beicourt，2006），或者分配额外的资源（如额外的人力）加快订单的加工过程。综上可知，在调度问题中同时考虑交货期问询和可控加工时间可进一步改善制造商的运营绩效（Ng 等，2003）。此外，在实际生产过程中，制造商不仅需要确定交货期、资源分配与调度规则以极小化生产排序与调度以及资源消耗产生的相关成本，而且需要满足消费者所要求的服务水平，如对延误订单数量的限制、对总完工时间的约束以及对制造期的约束。基于上述事实，本章考虑制造商在生产过程中面临制造期约束的情况，即要求所有订单必须在给定的时间期限之前完工。制造期约束产生的原因可能来自制造商自身的生产周期或会计周期的要求，也可能是来自消费者的要求。例如，消费者提交一系列订单并要求所有订单在给定的时间期限前完工。

综上所述，本章考虑采用按订单生产模式（MTO）的制造商经常会面临的一类订单调度问题。在该类问题中，制造商跟消费者协商确定交货期，通过资源分配或者生产外包改变消费者订单的实际加工时间，并按要求须在给定的期限之前完成所有消费者订单的加工。问题的决策目标在于同时确定订单的交货期、资源分配和调度策略以极小化因提前时间、延误时间、交货期问询以及资源分配产生的总成本。从第一章可知，公共交货期问询（CON 交货期问询）由于其简单易操作性得到了最大限度的应用。CON 交货期问询意味着所有订单有相同的交货期。例如，在一个装配系统中，一个产品的零部件要求在同一个时刻准备好，那么该时刻即为公共交货期。同时，从第一章可知，线性资源消耗函数同样是被研究得最多的一种资源消耗形式。因此，本章假设制造商采用 CON 交货期问询方法确定订单的交货期，并应用线性资源消耗函数以对资源进行合理的分配。

当制造期期限等于问询的交货期时，这意味着该交货期等同于可靠的交货期问询，即所有的订单必须在问询的交货期前完工。Kaminsky 和 Lee（2002，2008）研究了具有可靠交货期的在线调度问题，并提出了有效的在线算法。与他们的研究不同，本章考虑的是一般情况，即给定的制造期期限与问询的公共交货期不同。考虑制造期期限约束的调度问题在有限的文献中进行了研究，这些研究分别侧重于不同的机器环境，包括流水线（Janiak，1989）、平行机（Nowicki 和 Zdrzalka，1995）、工作车间（Jansen 等，2005）以及开放车间（Cheng 和 Sha-khlevich，2007）。但是，上述文献都未考虑交货期问询决策。在现有研究中，与本章研究问题最相关的是 Shabtay（2008）的研究。本章通过考虑所有订单都必须在给定的交货期期限前完工对这项研究进行了拓展。

本章的后续内容安排如下：第一节正式描述本章的研究问题并建立问题的数学模型；第二节分析问题的计算复杂度并识别出可以在多项式时间内求解的问题特例；第三节提出求解问题的启发式算法（包括分支定界法和禁忌搜索算法），并运行计算实验用于评估启发式算法的性能；第四节对问题进行扩展，考虑新的目标函数并分析问题的计算复杂度；第五节对本章的研究内容和结论进行总结并提出未来的研究方向。

第一节　问题描述及模型建立

本节首先对研究问题进行详细的描述，其次利用传统的生产排序与调度理论中的符号对研究问题进行表示，最后基于与该研究问题相关的已有研究结论对该问题进行建模。

一、问题描述

制造商 A 收到来自消费者的订单集合 $J = \{1, \cdots, n\}$，订单在零时刻到达，且所有订单必须在给定的期限 K 之前完工。订单到达后，制造商必须向所有消费者确定一个公共交货期 d，即 $d_j = d$，$j = 1, \cdots, n$。确定公共交货期后，制造商利用其单个生产机器对所有订单进行加工。在订单的加工过程中，制造商 A 可通过分配额外的资源或将订单外包来改变订单的实际加工时间，且每个订单必须无间断地进行加工。此外，不失一般性地，假定制造商 A 的单个生产机器在同一时间只能加工一个订单。

在上述研究问题中，考虑如下的线性资源消耗函数形式：

$$p_j = \bar{p}_j - b_j u_j, \quad j = 1, \cdots, n, \quad 0 \leq u_j \leq \bar{u}_j < \bar{p}_j / b_j \tag{2.1}$$

式（2.1）中，p_j 是订单 J_j 的实际加工时间，$\bar{p}_j$ 是订单 J_j 的正常加工时间，b_j 是订单 J_j 的资源压缩率，u_j 是分配给订单 J_j 的资源数量，$\bar{u}_j$ 是可分配给订单 J_j 的最大资源数量。

结合上述资源消耗函数，在本章的研究问题中，假定加工期限 K 满足以下不等式约束：

$$\sum_{j=1}^{n} (\bar{p}_j - b_j \bar{u}_j) \leq K \leq \sum_{j=1}^{n} \bar{p}_j$$

问题的决策目标在于确定最优的订单加工顺序 $\boldsymbol{\sigma}$、公共交货期 $\boldsymbol{d}^*$ 以及资源分配 $\boldsymbol{u}^* = \{u_1, \cdots, u_n\}$ 以极小化因订单提前时间、延误时间、交货期问询以及资源分配产生的总成本。令 C_j 是订单 J_j 在加工顺序 $\boldsymbol{\sigma}$ 下的完工时间，则具体的目标函数定义如下：

$$z(\boldsymbol{\sigma}, \boldsymbol{d}, \boldsymbol{u}) = \alpha \sum_{j=1}^{n} E_j + \beta \sum_{j=1}^{n} T_j + \gamma \sum_{j=1}^{n} d_j + \sum_{j=1}^{n} v_j u_j \tag{2.2}$$

式（2.2）中，$E_j = \max(0, d_j - C_j)$ 是订单 J_j 的提前时间；$T_j = \max(0, C_j - d_j)$ 是订单 J_j 的延误时间；v_j 是订单 J_j 的单位资源消耗成本；α、β、γ 是非负参数，分别表示单位提前时间成本、单位延误时间成本以及单位交货期问询成本。令 $C_{\max} = \max\limits_{j=1,\cdots,n} C_j$ 表示最大的订单完工时间，即制造期。用经典的生产排序与调度语言，则本章的研究问题可以表示为：

$$(P) \quad 1 \mid \boldsymbol{d}, \boldsymbol{u}, C_{\max} \leq K \mid \alpha \sum_{j=1}^{n} E_j + \beta \sum_{j=1}^{n} T_j + \gamma \sum_{j=1}^{n} d_j + \sum_{j=1}^{n} v_j u_j \tag{2.3}$$

二、模型建立

给定可行的资源分配 $\boldsymbol{u}$，本章的研究问题可简化为：确定订单加工顺序 $\boldsymbol{\sigma}$ 和公共交货期 $\boldsymbol{d}$ 以极小化 $z(\boldsymbol{\sigma}, \boldsymbol{d}) = \alpha \sum_{j=1}^{n} E_j + \beta \sum_{j=1}^{n} T_j + \gamma \sum_{j=1}^{n} d_j$。该问题在文献 Panwalkar 等（1982）中进行了研究，且研究表明，问题可在 $O(n\log n)$ 时间内求解。本章将 Panwalkar 等（1982）提出的求解算法称为算法 Pan。下面给出 Panwalkar 等（1982）中的部分研究结论，这些结论也适用于本章的研究问题。由于这些结论均可通过查阅文章 Panwalkar 等（1982）获知，因此本节省略详细的证明过程。

引理 2.1 若 $\gamma \geq \beta$，则 $d^* = 0$，且 SPT（Shortest Processing Time）规则是最优的订单加工顺序。

引理 2.2 最优的订单加工顺序中不包含任何空闲时间（Idle Time）。

本章不考虑引理 2.1 中涉及的问题特例，即本章在后续的研究分析中假设 $\gamma < \beta$。令 $[j]$ 表示排列在位置 j 上的订单，从引理 2.2 可知，$C_{[j]} = \sum_{i=1}^{j} p_{[i]}$。

引理 2.3 最优的公共交货期 d^* 等于订单加工顺序 $\boldsymbol{\sigma}$ 中某个订单的完工时间 $C_{[l^*]}$，其中 l^* 不小于 $n(\beta-\gamma)/(\alpha+\beta)$。

由引理 2.3 可知，l^* 的值不依赖于订单的加工时间，因此可知：$d^* = \sum_{j=1}^{l^*} p_{[j]}$，$E_{[j]} = \sum_{i=j+1}^{l^*} p_{[i]}$，$j = 1$，$\cdots$，$l^* - 1$，$E_{[l^*]} = 0$ 以及 $T_{[j]} = \sum_{i=l^*+1}^{j} p_{[i]}$，$j = l^* + 1$，$\cdots$，$n$。将 d^*、$E_{[j]}$、$T_{[j]}$ 代入式（2.2），得到如下新的目标函数表达式：

$$z(\boldsymbol{\sigma}, \boldsymbol{d}, \boldsymbol{u}) = \sum_{i=1}^{l^*} (\alpha(i-1) + \gamma n) p_{[i]} + \sum_{i=l^*+1}^{n} \beta(n-i+1) p_{[i]} + \sum_{i=1}^{n} v_{[i]} u_{[i]}$$

$$(2.4)$$

令 w_i 表示位置 i 对应的权重，具体如下：

$$w_i = \begin{cases} \alpha(i-1) + \gamma n, & i = 1, \cdots, l^* \\ \beta(n-i+1), & i = l^*+1, \cdots, n \end{cases}$$

将式（2.1）代入式（2.4），本章的研究问题（P）可以转化为如下形式：

（P1）$\min z(\boldsymbol{\sigma}, \boldsymbol{d}, \boldsymbol{u}) = \sum_{i=1}^{n} w_i(\bar{p}_{[i]} - b_{[i]} u_{[i]}) + \sum_{i=1}^{n} v_{[i]} u_{[i]}$

s. t. $\quad \sum_{i=1}^{n} b_{[i]} u_{[i]} \geq \sum_{i=1}^{n} \bar{p}_{[i]} - K$

$0 \leq u_{[i]} \leq \bar{u}_{[i]}$，$i = 1, \cdots, n$

在问题（P1）中，$\sum_{i=1}^{n} \bar{p}_{[i]} - K$ 是常数。令 $\boldsymbol{p} = \{p_1, \cdots, p_n\}$ 表示所有订单的实际加工时间的集合，利用 $u_{[i]} = (\bar{p}_{[i]} - p_{[i]})/b_{[i]}$，则本章研究问题可转化为另一种形式：

$$(\text{P2}) \ \min z(\boldsymbol{\sigma}, \boldsymbol{d}, \boldsymbol{p}) = \sum_{i=1}^{n} \left(w_i - \frac{v_{[i]}}{b_{[i]}} \right) p_{[i]} + \sum_{i=1}^{n} \frac{v_{[i]}}{b_{[i]}} \bar{p}_{[i]}$$

$$\text{s. t.} \quad \sum_{i=1}^{n} p_{[i]} \leqslant K$$

$$\bar{p}_{[i]} - b_{[i]} \bar{u}_{[i]} \leqslant p_{[i]} \leqslant \bar{p}_{[i]}, \quad i = 1, \cdots, n$$

在问题（P2）中，$\sum_{i=1}^{n} \frac{v_{[i]}}{b_{[i]}} \bar{p}_{[i]}$ 和 $\bar{p}_{[i]} - b_{[i]} \bar{u}_{[i]} (i = 1, \cdots, n)$ 都是常数。

第二节　计算复杂度及问题特例

本节首先以问题（P1）为基础分析本章研究问题（P）的计算复杂性，研究表明：本章的研究问题（P）是 NP-难题。问题的计算复杂性是利用经典的 NP-难题——划分问题（Partition Problem）进行归约来证明的。在获知问题的计算复杂性后，本节以问题（P1）和问题（P2）为基础识别出两个可在多项式时间内求解的问题特例，并提出相应的多项式时间算法。

一、计算复杂度

本部分通过分析问题（P1）的计算复杂度以确定本章研究问题（P）的计算复杂度。对于问题（P1），寻找该问题的最优订单加工顺序相当于将每个订单与每个位置进行匹配。令 $Q = \sum_{i=1}^{n} \bar{p}_{[i]} - K$，并令 $\varphi(k)$ 表示权重为 w_k 的位置对应的订单序号，则问题（P1）等价于：

$$(\text{P1.1}) \ \min z(\boldsymbol{\sigma}, \boldsymbol{d}, \boldsymbol{u}) = \sum_{k=1}^{n} w_k (\bar{p}_{\varphi(k)} - b_{\varphi(k)} u_{\varphi(k)}) + \sum_{k=1}^{n} v_{\varphi(k)} u_{\varphi(k)}$$

$$\text{s. t.} \quad \sum_{k=1}^{n} b_{\varphi(k)} u_{\varphi(k)} \geqslant Q$$

$$0 \leqslant u_{\varphi(k)} \leqslant \bar{u}_{\varphi(k)}, \quad k = 1, \cdots, n$$

给定二划分问题（Partition Problem）和原问题（Primal Problem），接下来，利用二划分问题进行归约来证明本章的研究问题（P）是 NP-难题。

二划分问题（Partition Problem）：给定具有有限个整数元素的集合 $A = \{a_1, \cdots, a_h\}$，以及 $\sum_{j=1}^{h} a_j = B$，问集合 A 是否能被划分为两个不相交子集 A_1 和

A_2 使得 $\sum\limits_{j \in A_1} a_j = \sum\limits_{j \in A_2} a_j = \dfrac{B}{2}$?

原问题（Primal Problem）：给定公式 $p_j = \bar{p}_j - b_j u_j$ 和约束 $0 \leqslant u_j \leqslant \bar{u}_j < \bar{p}_j / b_j$ 的分配问题，问：是否存在可行的资源分配满足 $\sum\limits_{k=1}^{n} b_{\varphi(k)} u_{\varphi(k)} \geqslant Q$ 及 $\sum\limits_{k=1}^{n} w_k (\bar{p}_{\varphi(k)} - b_{\varphi(k)} u_{\varphi(k)}) + \sum\limits_{k=1}^{n} v_{\varphi(k)} u_{\varphi(k)} \leqslant R$?

定理 2.1 问题 $1 \mid d, u, C_{\max} \leqslant K \mid \alpha \sum\limits_{j=1}^{n} E_j + \beta \sum\limits_{j=1}^{n} T_j + \gamma \sum\limits_{j=1}^{n} d_j + \sum\limits_{j=1}^{n} v_j u_j$，其中 $p_j = \bar{p}_j - b_j u_j$ 及 $0 \leqslant u_j \leqslant \bar{u}_j < \bar{p}_j / b_j$，$j = 1, \cdots, n$，是 NP-难题，即使 $v_1 = \cdots = v_n$。

证明：令 $n = 2h$。假定 $w_1 > \cdots > w_n > 0$ 以及 $v_1 = \cdots = v_n = \dfrac{1}{2}$。此外，令：

$0 \leqslant u_j = u_{j+h} \leqslant a_j$，$j = 1, \cdots, h$;

$b_j = \dfrac{2}{w_{2j-1} + w_{2j}}$，$b_{j+h} = \dfrac{1}{w_{2j-1} + w_{2j}}$，$j = 1, \cdots, h$;

$\bar{p}_j = \dfrac{jB}{w_{2h}} + \dfrac{a_j}{w_{2j-1} + w_{2j}}$，$\bar{p}_{j+h} = \dfrac{jB}{w_{2h}} + \dfrac{\frac{1}{2} a_j}{w_{2j-1} + w_{2j}}$，$j = 1, \cdots, h$;

$Q = \dfrac{3B}{4 w_1}$，$R = \sum\limits_{j=1}^{h} (w_{2j} \bar{p}_j + w_{2j-1} \bar{p}_{j+h}) - \dfrac{B}{4}$。

由上述定义可知：

$$p_j(u_j) = \dfrac{jB}{w_{2h}} + \dfrac{a_j - 2 u_j}{w_{2j-1} + w_{2j}}, \quad p_{j+h}(u_{j+h}) = \dfrac{jB}{w_{2h}} + \dfrac{\frac{1}{2} a_j - u_{j+h}}{w_{2j-1} + w_{2j}}, \quad j = 1, \cdots, h$$

对 $1 \leqslant j < l \leqslant h$，有以下不等式成立：

$$\max(p_j(u_j), p_{j+h}(u_{j+h})) \leqslant p_j(0) = \dfrac{jB}{w_{2h}} + \dfrac{a_j}{w_{2j-1} + w_{2j}} \leqslant \dfrac{jB + 0.5 a_j}{w_{2h}}$$

$$\leqslant \dfrac{(l - 0.5) B}{w_{2h}} < \dfrac{lB}{w_{2h}} - \dfrac{a_l}{w_{2l-1} + w_{2l}} = p_l(a_l)$$

因为 $p_l(a_l) \leqslant p_l(u_l)$，$p_l(a_l) < p_{l+h}(u_{l+h})$，所以：

$$\max(p_j(u_j), p_{j+h}(u_{j+h})) \leqslant \min(p_l(u_l), p_{l+h}(u_{l+h}))$$

上面的不等式意味着：对任何 $j = 1, \cdots, h$，不等式 $p_l(u_l) \geqslant p_j(u_j)$，$p_l(u_l) \geqslant p_{j+h}(u_{j+h})$，以及 $p_{l+h}(u_{l+h}) \geqslant p_{j+h}(u_{j+h})$ 均成立。

根据 Hardy 等（1934）有关线性几何中最小化两个向量乘积的研究，原问题中最优的订单序号与位置的匹配如下：位置权重 w_{2j-1} 和 w_{2j} 分别与订单 J_j 和 J_{j+h} 匹配，$j=1$，$\cdots$，h。由于 $p_j\left(\dfrac{a_j}{2}\right)=p_{j+h}\left(\dfrac{a_j}{2}\right)$，且 $p_j(u_j)$、$p_{j+h}(u_{j+h})$ 是 u_j、u_{j+h} 的非递增函数，因此：若 $0\leqslant u_j\leqslant \dfrac{a_j}{2}$，则 $\varphi(2j)=j$ 且 $\varphi(2j-1)=j+h$；若 $\dfrac{a_j}{2}<u_j\leqslant a_j$，则 $\varphi(2j-1)=j$ 且 $\varphi(2j)=j+h$。

结合二划分问题，构建如下的订单与位置的匹配实例：若 $j\in A_1$，则 $\varphi(2j-1)=j$ 且 $\varphi(2j)=j+h$；若 $j\in A_2$，则 $\varphi(2j)=j$ 且 $\varphi(2j-1)=j+h$。同时给出如下资源分配实例：

$$u_j=u_{j+h}=\begin{cases}a_j, & j\in A_1 \\ 0, & \text{否则}\end{cases}$$

根据上述构建的实例，本节用两步证明定理 2.1。第一步证明：当二划分问题的回答为"是"时，$\displaystyle\sum_{k=1}^{n}b_{\varphi(k)}u_{\varphi(k)}\geqslant Q$ 及 $\displaystyle\sum_{k=1}^{n}w_k\left(\bar{p}_{\varphi(k)}-b_{\varphi(k)}u_{\varphi(k)}\right)+\sum_{j=1}^{n}v_{\varphi(k)}u_{\varphi(k)}\leqslant R$ 成立。第二步证明：当二划分问题的回答为"否"时，问题不存在可行的订单序号与位置匹配使得 $\displaystyle\sum_{k=1}^{n}w_k\left(\bar{p}_{\varphi(k)}-b_{\varphi(k)}u_{\varphi(k)}\right)+\sum_{j=1}^{n}v_{\varphi(k)}u_{\varphi(k)}\leqslant R$ 以及 $\displaystyle\sum_{k=1}^{n}b_{\varphi(k)}u_{\varphi(k)}\geqslant Q$ 成立。

（1）若二划分问题的回答为"是"，则 $\displaystyle\sum_{j\in A_1}a_j=\sum_{j\in A_2}a_j=\dfrac{B}{2}$。那么，

$$\sum_{k=1}^{n}b_{\varphi(k)}u_{\varphi(k)}=\sum_{j=1}^{n}b_ju_j=\sum_{j=1}^{h}\left(b_ju_j+b_{j+h}u_{j+h}\right)$$

$$=\sum_{j=1}^{h}\frac{3u_j}{w_{2j-1}+w_{2j}}\geqslant\sum_{j=1}^{h}\frac{3u_j}{2w_1}=\sum_{j\in A_1}\frac{3a_j}{2w_1}=\frac{3B}{4w_1}=Q$$

令 g_{NR} 表示无资源分配情况下的最优解对应的总成本，g_P 表示考虑资源分配情况下的最优解对应的总成本，则 $g_{NR}=\displaystyle\sum_{j=1}^{h}\left(w_{2j}\bar{p}_j+w_{2j-1}\bar{p}_{j+h}\right)$。令 Δg_j 为上述两种资源分配情况下的总成本之差，$j=1$，$\cdots$，h。显然，对于订单序号 $j\in A_2$，上述两种资源分配情况下的总成本没有任何差异，即 $\Delta g_j=0$。对于订单序号 $j\in A_1$，上述两种资源分配情况下的总成本差异为：

$$\Delta g_j = w_{2j}\bar{p}_j + w_{2j-1}\bar{p}_{j+h} - w_{2j}p_{j+h}(a_j) - w_{2j-1}p_j(a_j) - a_j$$

$$= \frac{\frac{3}{2}w_{2j}a_j}{w_{2j-1}+w_{2j}} + \frac{\frac{3}{2}w_{2j-1}a_j}{w_{2j-1}+w_{2j}} - a_j$$

$$= \frac{1}{2}a_j$$

因此，$g_{NR} - g_P = \sum\limits_{j=1}^{h} \Delta g_j = \sum\limits_{j \in A_1} \frac{1}{2}a_j = \frac{B}{4}$。那么，

$$g_P = g_{NR} - \frac{B}{4} = \sum_{j=1}^{h}(w_{2j}\bar{p}_j + w_{2j-1}\bar{p}_{j+h}) - \frac{B}{4}$$

（2）假定问题存在可行的订单序号与位置匹配使得 $\sum\limits_{j=1}^{n} b_j u_j \geqslant Q = \frac{3B}{4w_1}$ 以及

$\sum\limits_{k=1}^{n} w_k(\bar{p}_{\varphi(k)} - b_{\varphi(k)}u_{\varphi(k)}) + \sum\limits_{j=1}^{n} v_{\varphi(k)}u_{\varphi(k)} \leqslant R$ 成立。

由于 $\sum\limits_{j=1}^{n} b_j u_j = \sum\limits_{j=1}^{h} \frac{3u_j}{w_{2j-1}+w_{2j}} \geqslant \sum\limits_{j=1}^{h} \frac{3u_j}{2w_1} = \frac{3}{2w_1}\sum\limits_{j=1}^{h} u_j = \frac{3}{4w_1}\sum\limits_{j=1}^{n} u_j$，不失一般性

地，假定 $\sum\limits_{j=1}^{n} u_j = B$。由于 $u_j = u_{j+h}$，令 s_1 为满足 $u_j(u_{j+h}) = 0$ 的订单序号集合，s_2 为满足 $0 < u_j(u_{j+h}) < a_j$ 的订单序号集合以及 s_3 为满足 $u_j(u_{j+h}) = a_j$ 的订单序号集合。由于二划分问题的答案为"否"，因此集合 s_2 至少包含一个元素。若订单序号 $j \in s_1$，利用第一步中定义的符号 Δg_j，显然，$\Delta g_j = 0$；若订单序号 $j \in s_3$，$\Delta g_j = \frac{1}{2}u_j = \frac{1}{2}a_j$。但若订单序号 $j \in s_2$，有以下两种情形需要考虑：

情形 1：在最优的订单序号与位置匹配中，如果 $0 < u_j \leqslant \frac{1}{2}a_j$，则 $\varphi(2j) = j$，$\varphi(2j-1) = j+h$。因此：

$$\Delta g_j = w_{2j}\bar{p}_j + w_{2j-1}\bar{p}_{j+h} - w_{2j}p_j(u_j) - w_{2j-1}p_{j+h}(u_{j+h}) - u_j$$

$$= w_{2j}\frac{2u_j}{w_{2j-1}+w_{2j}} + w_{2j-1}\frac{u_j}{w_{2j-1}+w_{2j}} - u_j$$

$$= w_{2j}\frac{u_j}{w_{2j-1}+w_{2j}} < \frac{1}{2}u_j$$

情形 2：在最优的订单序号与位置匹配中，若 $\frac{1}{2}a_j < u_j < a_j$，则 $\varphi(2j-1) = j$，

$\varphi(2j)=j+h$。因此：

$$\Delta g_j = w_{2j}\bar{p}_j + w_{2j-1}\bar{p}_{j+h} - w_{2j}p_{j+h}(u_{j+h}) - w_{2j-1}p_j(u_j) - u_j$$

$$= \left(u_j + \frac{1}{2}a_j\right)\frac{w_{2j}}{w_{2j-1}+w_{2j}} + \left(2u_j - \frac{1}{2}a_j\right)\frac{w_{2j-1}}{w_{2j-1}+w_{2j}} - u_j$$

$$= \frac{1}{2}a_j - \frac{w_{2j-1}}{w_{2j-1}+w_{2j}}(a_j - u_j)$$

$$< \frac{1}{2}u_j$$

综合上述两种情形，可知：

$$g_{NR} - g_P = \sum_{j \in S_1}\Delta g_j + \sum_{j \in S_2}\Delta g_j + \sum_{j \in S_3}\Delta g_j < \sum_{j=1}^{h}\frac{1}{2}u_j = \frac{1}{4}\sum_{j=1}^{n}u_j = \frac{B}{4}。$$

因此，$g_P > g_{NR} - \dfrac{B}{4} = \displaystyle\sum_{j=1}^{h}\left(w_{2j}\bar{p}_j + w_{2j-1}\bar{p}_{j+h}\right) - \dfrac{B}{4}$。这与第二步中的假设相违

背，即不存在订单序号与位置的匹配使得 $\displaystyle\sum_{j=1}^{n}b_j u_j \geqslant Q$ 及 $\displaystyle\sum_{k=1}^{n}w_k\left(\bar{p}_{\varphi(k)} - b_{\varphi(k)}u_{\varphi(k)}\right) +$

$\displaystyle\sum_{j=1}^{n}v_{\varphi(k)}u_{\varphi(k)} \leqslant R$ 成立。证毕。

二、多项式时间可解的问题特例

1. 给定订单加工顺序

当订单加工顺序给定时，则已知订单 J_j 所对应的位置权重 w_i。令 θ_j 为订单

J_j 对应的位置权重且 $\xi_j = \theta_j - \dfrac{v_j}{b_j}$。利用上述两个符号，可得到问题（P2）的一个

新的表达：

（P2.1）$\min z(\boldsymbol{\sigma}, \boldsymbol{d}, \boldsymbol{p}) = \displaystyle\sum_{j=1}^{n}\xi_j p_j + \sum_{j=1}^{n}\frac{v_j}{b_j}\bar{p}_j$

s.t. $\displaystyle\sum_{j=1}^{n}p_j \leqslant K$

$\bar{p}_j - b_j\bar{u}_j \leqslant p_j \leqslant \bar{p}_j,\ j = 1,\ \cdots,\ n。$

在问题（P2.1）中，$\displaystyle\sum_{j=1}^{n}\frac{v_j}{b_j}\bar{p}_j$ 是常数。显然，可通过贪婪算法计算最优的订

单实际加工时间。具体来说，在约束 $\displaystyle\sum_{j=1}^{n}p_j \leqslant K$ 下，使 $\xi_j < 0$ 的订单的实际加工时

间 p_j 尽可能地等于 $\bar{p}_j$，而使 $\xi_j \geq 0$ 的订单的实际加工时间 p_j 尽可能地等于 $\bar{p}_j - b_j$ $\bar{u}_j$。下面给出求解问题特例（P2.1）的具体过程。

算法 2.1

步骤 1：计算 ξ_1，$\cdots$，ξ_n，并按照 ξ_j 的非递减顺序排列所有订单，即 $\xi_1 \leq \cdots \leq \xi_n$。令 h 为上述位置权重排序中首个位置权重大于 0（$\xi_h > 0$）的位置序号。

步骤 2：令 $p_j = \bar{p}_j - b_j \bar{u}_j$，$j = 1$，$\cdots$，$n$ 且 $sum = \sum_{j=1}^{n} p_j$，并令 $i = 0$。

步骤 3：令 $i = i + 1$。

步骤 4：若 $i < h$ 且 $sum - p_j + \bar{p}_j \leq K$，则令 $p_j^* = \bar{p}_j$，并转向步骤 3；若 $i < h$ 且 $sum - p_j + \bar{p}_j > K$，则令 $p_j^* = K - sum + p_j$，并转向步骤 3；若 $i \geq h$，则转向步骤 5。

步骤 5：在给定的订单加工顺序下，计算 $l^* = \left\lceil \dfrac{n(\beta - \gamma)}{(\alpha + \beta)} \right\rceil$，$u_j^* = (\bar{p}_j - p_j^*)/b_j$，$j = 1$，$\cdots$，$n$ 以及 $\boldsymbol{d}^* = \sum_{i=1}^{l^*} p_{[i]}^*$。程序终止并输出最优的交货期问询与资源分配策略。

在算法 2.1 中，步骤 1 是在给定的订单加工顺序下计算位置权重并根据位置权重的大小对订单进行重新排列，步骤 2 是初始化，步骤 3 和步骤 4 在于确定最优的订单实际加工时间，步骤 5 在于求解最优的资源分配以及最优的交货期问询策略。

定理 2.2 当订单的加工顺序给定时，算法 2.1 在 $O(n\log n)$ 时间内为问题 $1 \mid \boldsymbol{d}$，$\boldsymbol{u}$，$C_{\max} \leq K \mid \alpha \sum_{j=1}^{n} E_j + \beta \sum_{j=1}^{n} T_j + \gamma \sum_{j=1}^{n} d_j + \sum_{j=1}^{n} v_j u_j$ 找到最优解。

证明： 根据前面的分析，很容易验证算法 2.1 的正确性。为了估计算法 2.1 的计算复杂性，可计算算法 2.1 中每个步骤所需要的计算时间。具体来看，步骤 1 至多需要 $O(n\log n)$ 时间完成对 ξ_1，$\cdots$，ξ_n 的排序，步骤 2 到步骤 5 都可以在常数时间内完成。因此，算法 2.1 的计算复杂度为 $O(n\log n)$。证毕。

从算法 2.1 的具体流程可知：在本章研究问题（P）的最优解中，订单的实际加工时间满足以下推论。

推论 2.1 对于最优的订单实际加工时间，至多有一个订单的实际加工时间满足 $\bar{p}_j - b_j \bar{u}_j \leq p_j \leq \bar{p}_j$，而其他订单的实际加工时间则满足 $p_j = \bar{p}_j - b_j \bar{u}_j$ 或 $p_j = \bar{p}_j$。

2. 订单有相同的可分配资源及实际分配资源

利用本章中定义的符号，可知该问题特例意味着：$u_j = u$ 且 $\bar{u}_j = \bar{u}(j = 1, \cdots,$ n)。当上述条件成立时，问题（P1）中的约束 $\sum\limits_{i=1}^{n} b_{[i]} u_{[i]} \geqslant \sum\limits_{i=1}^{n} \bar{p}_{[i]} - K$ 等价于 $u \geqslant \left(\sum\limits_{i=1}^{n} \bar{p}_{[i]} - K \right) \Big/ \sum\limits_{i=1}^{n} b_{[i]}$。令 $\underline{u} = \left(\sum\limits_{i=1}^{n} \bar{p}_{[i]} - K \right) \Big/ \sum\limits_{i=1}^{n} b_{[i]}$，则问题（P2）可化简为：

$$(\text{P2.2}) \quad \min z(\boldsymbol{\sigma}, \boldsymbol{d}, \boldsymbol{p}) = \sum_{i=1}^{n} \left(w_i - \frac{v_{[i]}}{b_{[i]}} \right) p_{[i]} + \sum_{i=1}^{n} \frac{v_{[i]}}{b_{[i]}} \bar{p}_{[i]}$$

s.t. $\quad \bar{p}_{[i]} - b_{[i]} \bar{u} \leqslant p_{[i]} \leqslant \bar{p}_{[i]} - b_{[i]} \underline{u}, \ i = 1, \cdots, n$。

在问题（P2.2）中，$\sum\limits_{i=1}^{n} \frac{v_{[i]}}{b_{[i]}} \bar{p}_{[i]}$ 是常数。由问题（P2.2）可知，位置 i 上的订单的最优实际加工时间满足等式（2.5）：

$$p_{[i]} = \begin{cases} \bar{p}_{[i]} - b_{[i]} \bar{u}, & \text{若 } w_i - \dfrac{v_{[i]}}{b_{[i]}} > 0 \\[2ex] \bar{p}_{[i]} - b_{[i]} \underline{u}, & \text{若 } w_i - \dfrac{v_{[i]}}{b_{[i]}} < 0 \\[2ex] [\bar{p}_{[i]} - b_{[i]} \bar{u}, \ \bar{p}_{[i]} - b_{[i]} \underline{u}], & \text{若 } w_i - \dfrac{v_{[i]}}{b_{[i]}} = 0 \end{cases} \qquad (2.5)$$

令 $x_{ij} = 1$ 表示订单 J_j 被安排在位置 i 上，否则 $x_{ij} = 0$。利用上述定义的符号，最优的订单加工顺序可通过求解下面的指派问题得到：

$$\min \sum_{i=1}^{n} \sum_{j=1}^{n} c_{ij} x_{ij}$$

s.t. $\quad \sum\limits_{i=1}^{n} x_{ij} = 1, \ j = 1, \cdots, n$

$\sum\limits_{j=1}^{n} x_{ij} = 1, \ i = 1, \cdots, n$。

其中，$c_{ij} = \left(w_i - \dfrac{v_{[i]}}{b_{[i]}} \right) p_{[i]}$。当最优的订单加工顺序确定后，每个订单的最优实际加工时间可通过式（2.5）进行计算。下面给出求解问题特例（P2.2）的具体过程。

算法 2.2

步骤 1：根据式（2.5）为订单的实际加工时间 $p_{[i]}$ 赋值，$i = 1, \cdots, n$。

步骤 2：求解指派问题以确定最优的订单加工顺序。

步骤 3：在最优的订单加工顺序下，确定订单的最优实际加工时间，并计算

$$l^* = \left\lceil \frac{n(\beta - \gamma)}{(\alpha + \beta)} \right\rceil, \quad d^* = \sum_{i=1}^{l^*} p_{[i]}^* \text{ 以及 } u_j^* = (\bar{p}_j - p_j^*)/b_j, \quad j = 1, \cdots, n。\text{程序终止并}$$

输出最优的交货期问询、资源分配策略以及订单加工顺序。

在算法 2.2 中，步骤 1 是在未确定订单加工顺序的情况下对订单的实际加工时间赋值，步骤 2 是确定最优的订单加工顺序，步骤 3 是计算最优的公共交货期问询以及资源分配策略。

定理 2.3 若资源分配函数满足 $u_j = u$ 且 $\bar{u}_j = \bar{u}$，$j = 1, \cdots, n$，算法 2.2 在 $O(n^3)$ 时间内为问题 $1 \mid d, u, C_{\max} \leq K \mid \alpha \sum\limits_{j=1}^{n} E_j + \beta \sum\limits_{j=1}^{n} T_j + \gamma \sum\limits_{j=1}^{n} d_j + \sum\limits_{j=1}^{n} v_j u_j$ 找到最优解。

证明：由上面的分析很容易验证算法 2.2 的正确性。为了估计算法 2.2 的计算复杂度，可计算算法 2.2 中每个步骤所需要的计算时间。在算法 2.2 中，由于步骤 1 需要考虑 n 个位置以及 n 个订单，因此需要 $O(n^2)$ 时间，步骤 2 求解指派问题需要 $O(n^3)$ 时间，而步骤 3 可在常数时间内完成。因此，算法 2.2 的计算复杂度为 $O(n^3)$。证毕。

第三节　求解算法及计算实验

本节首先提出两种有效求解本章研究问题的算法，包括分支定界算法与禁忌搜索算法。然后通过计算实验对提出的求解算法进行对比，并验证求解算法的计算性能和计算有效性。

一、求解算法

1. 分支定界算法

对于分支定界算法，初始化、分支和定界是三个主要过程（胡运权，2012）。初始化在于寻找问题的可行初始解，该初始解将作为问题的上界（UB），直到更

好的解被找到。初始化有助于消除那些下界甚至比初始解还糟的解。对于本章的研究问题，在分支定界算法中，按以下过程给出初始解：将最大可能分配的资源数量分配给每个订单，即 $p_j^* = \bar{p}_j - b_j \bar{u}_j$，$j = 1$，$\cdots$，$n$，然后利用算法 Pan 对所有订单进行加工排序。

在分支过程中，利用搜索策略在每个节点形成更小的子问题。本节提出的分支定界算法采用如下的分支策略：位于搜索树 $h(h < n)$ 层的节点对应于一个部分序列（Partial Sequence），在该部分序列中，前 h 个位置上的订单被确定；在 $h(h < n)$ 层的节点至多产生 $n - h$ 个子节点，并且新的节点意味着在当前的部分序列中又有一个位置上的订单被确定。

定界过程在于利用某个程序计算每个节点的下界。这有助于消除需要进一步分支的节点，减少计算量。若某个分支的下界比目前得到的最好的解更差，则该分支不再在后续的分支过程中被考虑。对于本章的研究问题，显然，在每一个节点，当不考虑制造期约束时，问题有最小的总成本。因此，在分支定界算法中用原问题的松弛问题定义每一个分支节点的下界。具体来说，本章的研究问题对应的松弛问题（不考虑制造期约束）为：

$$1 \mid \boldsymbol{d}, \boldsymbol{u} \mid \alpha \sum_{j=1}^{n} E_j + \beta \sum_{j=1}^{n} T_j + \gamma \sum_{j=1}^{n} d_j + \sum_{j=1}^{n} v_j u_j \tag{2.6}$$

式（2.6）中涉及的问题与 Shabtay 和 Steiner（2008）研究的问题 $1 \mid \boldsymbol{d}$，$\boldsymbol{u} \mid \alpha \sum_{j=1}^{n} E_j + \beta \sum_{j=1}^{n} T_j + \gamma \sum_{j=1}^{n} d_j + \delta C_{\max} + \sum_{j=1}^{n} v_j u_j$ 类似，差异仅在于 Shabtay 和 Steiner（2008）考虑了调度成本 $C_{\max}$。由于考虑 $C_{\max}$ 对问题没有本质影响，因此对 Shabtay 和 Steiner（2008）中的求解算法进行修正后可最优求解式（2.6）涉及的问题。令修正后的算法为算法 S。下面给出分支定界算法的具体步骤和过程。

步骤 1：输入订单信息（最大可分配资源、资源分配率等）、参数信息。给所有的订单分配最大可能分配的资源数量，用算法 Pan 对所有订单进行加工排序，并计算目标函数值将其作为上界。

步骤 2：分支。对给定的部分序列，将新的订单分配到一个尚未分配订单的位置以构成新的部分序列，形成新的节点。

步骤 3：对于步骤 2 中产生的新节点，利用算法 S 计算下界，并与上界进行比较以确定是否不再继续考虑该节点。

步骤 4：重复步骤 2 和步骤 3 直到发现最优的订单加工顺序，输出问题的解并终止。

2. 禁忌搜索算法

禁忌搜索算法（TS）在实际问题中的成功应用是本节提出禁忌搜索算法的主要动力。典型的禁忌搜索算法包含四个主要部分：可行初始解、领域的产生、禁忌表、藐视准则（Aspiration Criteria）与终止规则（李士勇等，2012）。

禁忌搜索算法（TS）中的初始解的产生采用与分支定界算法同样的方法，即首先将最大可能分配的资源数量分配给每个订单，然后利用算法 P 对所有订单进行加工排序。领域的产生采用三种方法：相邻订单交换（Pairwise Interchange）、交换并插入前方位置（Forward-shifted Reinsertion）、交换并插入后方位置（Backward-shifted Reinsertion）（Glover，1990）。本节分别称这三种方法对应的禁忌搜索算法（TS）为算法 $Tabu_1$、算法 $Tabu_2$ 以及算法 $Tabu_3$。在这三种禁忌搜索算法中，禁忌表用于存储在领域产生过程中进行位置交换的订单序号。三种禁忌算法采用同样的终止规则，即算法在给定的迭代步数内终止，而对于藐视准则（Aspiration Criteria），如下的准则被采用：①若某一个处于禁忌状态的交换所对应的解优于目前找到的最优解，则这个处于禁忌状态的交换是被允许的；②若所有领域产生的交换都处于禁忌状态，且这些交换都不满足条件①，则在禁忌表中停留时间最长的交换是被允许的。

二、计算实验

本节运行一系列计算实验用于评价分支定界算法和三种禁忌搜索算法的性能。计算实验采用 C++ 语言，在 2.50 GHz Intel Core（i5-2450M）和 4.0 GB RAM 的个人计算机上运行。由于分支定界算法可处理的订单个数是有限的，因此计算实验包含两个部分。第一部分计算实验考虑的是小规模问题，实验以相同的计算实例比较禁忌搜索算法产生的解与分支定界算法产生的解的差异以评估三种禁忌搜索算法的性能。第二部分的计算实验考虑的是大规模问题，实验以相同的计算实例比较三种禁忌搜索算法产生的解的差异以评估三种禁忌搜索算法之间的优劣性。

1. 数据产生

本节以随机产生的实例为基础评估禁忌搜索算法的性能。以下产生的参数服从离散均匀分布：单位提前时间成本 α、单位延误时间成本 β、单位交货期问询

成本 γ、单位资源分配成本 v_j、压缩率 b_j 以及最大可分配资源量 $\bar{u}_j$ 服从均匀分布 $U[1, 10]$；而订单正常加工时间 $\bar{p}_j$ 服从均匀分布 $U[b_j\bar{u}_j+1, b_j\bar{u}_j+20]$。制造期期限满足：$K = \sum_{j=1}^{n} \underline{p}_j + \tau\left(\sum_{j=1}^{n} \bar{p}_j - \sum_{j=1}^{n} \underline{p}_j\right)$，其中 $\underline{p}_j = \bar{p}_j - b_j\bar{u}_j$，$\tau$ 是一个因子，该因子可取 5 个不同的值：0.1、0.2、0.4、0.6 和 0.8。除制造期期限以外，所有的参数都是整数。在第一部分计算实验中，分别考虑订单个数 $n = 10$，12，14，16；而在第二部分计算实验中，分别考虑订单个数 $n = 40$，60，80，100。对每一个 n 和 τ 的组合，计算实验随机产生 30 个问题实例，因此在每一部分计算实验中总共有 600 个问题实例。

2. 禁忌搜索算法设计

在三种禁忌搜索算法中，需要确定禁忌表的长度及算法终止规则（刘广远等，2014；李明，2011）。禁忌表的长度影响搜索的过程并有助于避免循环，比如，当禁忌表的长度增加时，更多的位置交换会被限制且算法产生的领域也不断减小。终止规则能告知算法结束的条件。对于禁忌表的长度，针对每一种可能的订单个数，计算实验分别考虑三种不同的值：$\lceil n/4 \rceil$、$\lceil n/2 \rceil$、$\lceil 3n/4 \rceil$。根据测试实验，对于算法 $Tabu_1$ 和算法 $Tabu_2$，最佳的禁忌表长度为 $\lceil 3n/4 \rceil$，而对于算法 $Tabu_3$，最佳的禁忌表长度为 $\lceil n/2 \rceil$。因此，三种禁忌搜索算法中禁忌表的长度按此结果进行设置。对于终止规则，实验设定最大的迭代次数为 $times = 10000$。

3. 计算实验结果

第一部分计算实验将三种禁忌搜索算法得到的解与分支定界算法得到的解比较以评估禁忌搜索算法的性能。在实验中，订单的个数分别设置为 $n = 10$，12，14，16，且制造期期限因子所取的值分别设置为 0.1、0.2、0.4、0.6 和 0.8。为评估三种禁忌搜索算法的性能，实验记录禁忌搜索算法得到的目标函数值与分支定界算法得到的目标函数值，并计算两者之间的平均偏移百分比。每种禁忌搜索算法的平均偏移百分比可根据式（2.7）进行计算：

$$r_i = \frac{TSV_i - OPT}{OPT} \times 100\%, \quad i = 1, 2, 3 \qquad (2.7)$$

在式（2.7）中，TSV_i 是当最大的迭代次数设置为 10000 时，算法 $Tabu_i$ 得到的目标函数值，而 OPT 是分支定界算法得到的目标函数值。表 2-1 列出了第一部分计算实验的实验结果。

表 2-1　禁忌搜索算法的性能 (1) ($n=10$, 12, 14, 16)

n	τ	偏移百分比 (r) (%)		
		Tabu$_1$	Tabu$_2$	Tabu$_3$
10	0.1	4.33	7.07	6.78
	0.2	3.08	8.92	4.48
	0.4	2.97	4.60	3.63
	0.6	4.35	7.72	4.76
	0.8	3.55	8.49	3.53
12	0.1	2.33	8.74	4.68
	0.2	2.55	8.88	4.55
	0.4	3.05	8.55	3.18
	0.6	3.28	8.44	3.72
	0.8	4.08	8.48	3.47
14	0.1	3.07	7.23	2.65
	0.2	3.34	8.63	2.59
	0.4	2.33	7.79	3.28
	0.6	2.87	7.16	3.19
	0.8	2.60	7.44	2.98
16	0.1	2.63	7.90	2.97
	0.2	2.44	8.90	3.10
	0.4	2.01	8.48	3.16
	0.6	2.30	7.63	2.75
	0.8	3.42	6.94	2.80

从表 2-1 可以看出，平均来讲，算法 Tabu$_1$ 和算法 Tabu$_3$ 优于算法 Tabu$_2$，但算法 Tabu$_1$ 和算法 Tabu$_3$ 的计算性能差异取决于具体的计算实例。此外，从表 2-1 还可以看出，算法 Tabu$_1$ 和算法 Tabu$_3$ 的平均偏移百分比基本保持在 2% ~ 4%。这意味着算法 Tabu$_1$ 和算法 Tabu$_3$ 得到的目标函数值与分支定界算法得到的最优解非常接近。

第二部分计算实验基于相同的计算实例比较三种禁忌搜索算法之间的性能差异。在第二部分计算实验中，订单的个数分别设置为 $n=40$，60，80，100 且制造期期限因子的取值分别设置为 0.1、0.2、0.4、0.6 和 0.8。为比较三种禁忌搜索算法之间的性能差异，实验记录各禁忌搜索算法的目标函数值和 CPU 时间，并计算平均偏移百分比、平均 CPU 时间。每种禁忌搜索算法的平均偏移百分比根据式（2.8）进行计算：

$$r_i = \frac{TSV_i - TSV^*}{TSV^*} \times 100\%, \quad i = 1, 2, 3 \tag{2.8}$$

在式（2.8）中，TSV_i 是当最大迭代次数设置为 10000 时算法 Tabu$_i$ 得到的目标函数值，且 $TSV^* = \min_{1 \leqslant i \leqslant 3} TSV_i$ 表示在相同的计算实例下三种禁忌搜索算法得到的最小目标函数值。表 2-2 中列出了第二部分计算实验的实验结果。

表 2-2　禁忌搜索算法的性能（2）（$n=40$，60，80，100）

n	τ	Tabu$_1$		Tabu$_2$		Tabu$_3$	
		r（%）	CPU	r（%）	CPU	r（%）	CPU
40	0.1	0.28	1.792	8.70	1.771	2.29	1.767
	0.2	0.15	1.870	7.28	1.817	2.83	1.823
	0.4	0.56	1.865	6.49	1.801	1.70	1.809
	0.6	0.31	1.821	7.67	1.778	1.54	1.752
	0.8	0.28	1.886	5.02	1.841	1.93	1.827
60	0.1	0.10	5.560	7.57	5.515	2.85	5.477
	0.2	0.40	5.670	9.44	5.532	2.26	5.520
	0.4	0.03	5.761	9.09	5.647	1.67	5.670
	0.6	0.09	5.541	7.75	5.502	2.01	5.449
	0.8	0.13	5.392	9.66	5.294	2.16	5.319
80	0.1	0.00	13.017	8.43	12.473	2.54	12.917
	0.2	0.18	12.827	6.85	12.563	3.49	12.626
	0.4	0.01	12.670	8.04	12.463	2.34	12.465
	0.6	0.23	12.827	7.70	12.563	2.38	12.626
	0.8	0.45	12.803	7.70	12.486	2.41	12.571
100	0.1	0.01	24.658	7.30	24.426	1.74	24.331
	0.2	0.02	23.522	7.34	24.566	2.06	24.556
	0.4	0.00	25.671	6.92	25.344	2.44	25.381
	0.6	0.12	24.230	6.59	23.848	2.35	23.923
	0.8	0.05	24.485	7.92	24.171	2.03	24.102

由表 2-2 可知，在三种禁忌搜索算法中，算法 Tabu$_1$ 和算法 Tabu$_3$ 得到的目标函数值小于算法 Tabu$_2$ 得到的目标函数值，即算法 Tabu$_1$ 和算法 Tabu$_3$ 优于算法 Tabu$_2$，这个结果与第一部分计算实验得到的结果相同。但是，相对于算法 Tabu$_2$，算法 Tabu$_1$ 算法 Tabu$_3$ 却要花费更多的 CPU 时间。从表 2-2 还可以看出，任何一种禁忌搜索算法的 CPU 时间都随着订单个数的增加而增长，但三种禁忌搜索算法之间的性能比较与订单个数以及其他参数之间却没有明显的关联。

综合上述两部分计算实验，可以得到如下结论：若以计算性能（目标函数值平均偏移百分比）为评价标准，算法 Tabu$_1$ 或算法 Tabu$_3$ 应被选择；而若以 CPU 时间为评价标准，则算法 Tabu$_2$ 应被选择。总之，在实际应用中，制造商应在解的质量以及 CPU 时间之间做出权衡以选择最合适的禁忌搜索算法。

第四节　问题拓展

上述研究问题的目标在于极小化由订单提前时间、延误时间、资源分配以及公共交货期问询产生的总成本。本节将在同样的问题研究背景下考虑一个具有不同研究目标的新问题，并分析该问题的计算复杂度。在该问题中，制造商面临着与上述问题相同的决策以及约束。但与上述研究问题不同的是，本节研究问题的决策目标在于极小化由订单延误个数、资源分配以及公共交货期问询产生的总成本。

一、问题描述

由于本节的研究问题只与上述研究问题存在目标函数上的差异。因此，接下来仅具体表示出该问题的目标函数。本节研究问题的决策目标是确定最优的订单加工顺序 $\boldsymbol{\sigma}$、最优公共交货期 d^* 以及最优的资源分配 $\boldsymbol{u}^* = \{u_1, \cdots, u_n\}$ 以极小化由订单延迟个数、交货期问询以及资源分配产生的总成本。令 C_j 是订单 J_j 在加工顺序 $\boldsymbol{\sigma}$ 中的完工时间，则具体的目标函数定义如下：

$$z(\boldsymbol{\sigma}, \boldsymbol{d}, \boldsymbol{u}) = \sum_{j=1}^{n} \alpha_j U_j + \gamma \sum_{j=1}^{n} d_j + \sum_{j=1}^{n} v_j u_j \qquad (2.9)$$

式（2.9）中，若 $C_j > d_j$，$U_j = 1$；若 $C_j \leqslant d_j$，$U_j = 0$。v_j 是订单 J_j 的单位资源消耗成本。α_j、γ 是非负参数，分别表示订单 J_j 延误产生的成本以及单位交货期

问询成本。令 $C_{\max} = \max\limits_{j=1,\cdots,n} C_j$ 表示最大的订单完工时间，即制造期。用传统的生产排序与调度语言，本节的研究问题可以表示为：

$$(P3) \quad 1 \mid \boldsymbol{d}, \ \boldsymbol{u}, \ C_{\max} \leqslant K \mid \sum_{j=1}^{n} \alpha_j U_j + \gamma \sum_{j=1}^{n} d_j + \sum_{j=1}^{n} v_j u_j \qquad (2.10)$$

二、计算复杂度

根据式（2.10），本节的研究问题（P3）可转化为如下形式：

$$(P3.1) \quad \min z(\boldsymbol{\sigma}, \ \boldsymbol{d}, \ \boldsymbol{u}) = \sum_{i=1}^{n} \alpha_j U_j + \gamma n d + \sum_{i=1}^{n} v_{[i]} u_{[i]}$$

$$\text{s. t.} \quad \sum_{i=1}^{n} b_{[i]} u_{[i]} \geqslant Q$$

$$0 \leqslant u_{[i]} \leqslant \overline{u}_{[i]}, \ i = 1, \ \cdots, \ n_\circ$$

在问题（P3.1）中，$Q = \sum\limits_{i=1}^{n} \overline{p}_{[i]} - K$ 是常数。

给定二划分问题（Partition Problem）和原问题（Primal Problem），接下来利用二划分问题进行归约来证明本节的研究问题（P3）是 NP-难题。

二划分问题（Partition Problem）：给定具有有限个整数元素的集合 $A = \{a_1, \ \cdots, \ a_h\}$，以及 $\sum\limits_{j=1}^{h} a_j = B$，问：集合 A 是否能被划分为两个不相交子集 A_1 和 A_2，使得 $\sum\limits_{j \in A_1} a_j = \sum\limits_{j \in A_2} a_j = \dfrac{B}{2}$？

原问题（Primal Problem）：给定公式 $p_j = \overline{p}_j - b_j u_j$ 及约束 $0 \leqslant u_j \leqslant \overline{u}_j < \overline{p}_j / b_j$ 的分配问题，是否存在可行的资源分配满足 $\sum\limits_{k=1}^{n} b_{[k]} u_{[k]} \geqslant Q$ 及 $\sum\limits_{i=1}^{n} \alpha_j U_j + \gamma n d + \sum\limits_{i=1}^{n} v_{[i]} u_{[i]} \leqslant R$？

定理 2.4 问题 $1 \mid \boldsymbol{d}, \ \boldsymbol{u}, \ C_{\max} \leqslant K \mid \sum\limits_{j=1}^{n} \alpha_j U_j + \gamma \sum\limits_{j=1}^{n} d_j + \sum\limits_{j=1}^{n} v_j u_j$，其中 $p_j = \overline{p}_j - b_j u_j$ 及 $0 \leqslant u_j \leqslant \overline{u}_j < \overline{p}_j / b_j$，$j = 1, \ \cdots, \ n$，是 NP-难题，即使 $v_j = 1$，$b_j = 1$，$j = 1, \ \cdots, \ n_\circ$

证明：令 $\overline{p}_j = a_j + 1$，$j = 1, \ \cdots, \ n$；

$\gamma > 1$；

$\overline{u}_j = a_j$，$b_j = 1$，$v_j = 1$，$j = 1, \ \cdots, \ n$；

$$\alpha_j = a_j + \gamma n, \quad j = 1, \cdots, n;$$

$$Q = \frac{B}{2}, \quad R = B + \gamma n^2$$

由上述定义可知：

$$p_j(u_j) = a_j + 1 - u_j, \quad j = 1, \cdots, n。$$

结合二划分问题，构建如下的订单序号与位置的匹配实例：令 E 为提前完工的订单集合，订单的下标对应于二划分问题中集合 A_1 中元素的下标；而令 T 为延迟完工的订单集合，订单的下标对应于二划分问题中集合 A_2 中元素的下标。然后构建如下资源分配实例：

$$u_j = \begin{cases} a_j, & j \in E \\ 0, & \text{否则} \end{cases}$$

根据上述构建的实例，本节用两步证明定理 2.4。第一步证明当二划分问题的回答为"是"时，不等式 $\sum\limits_{k=1}^{n} u_{[k]} \geqslant Q$ 及 $\sum\limits_{i=1}^{n} \alpha_j U_j + \gamma nd + \sum\limits_{i=1}^{n} u_{[i]} \leqslant R$ 成立。第二步证明当二划分问题的回答为"否"时，问题不存在可行的订单序号与位置匹配使得 $\sum\limits_{k=1}^{n} u_{[k]} \geqslant Q$ 及 $\sum\limits_{i=1}^{n} \alpha_j U_j + \gamma nd + \sum\limits_{i=1}^{n} u_{[i]} \leqslant R$ 成立。

（1）若二划分问题的回答为"是"，则 $\sum\limits_{j \in A_1} a_j = \sum\limits_{j \in A_2} a_j = \dfrac{B}{2}$。那么，

$$\sum_{k=1}^{n} u_{[k]} = \sum_{j=1}^{n} u_j = \sum_{j \in E} u_j = \frac{B}{2} = Q;$$

$$\sum_{i=1}^{n} \alpha_j U_j + \gamma nd + \sum_{i=1}^{n} u_{[i]} = \sum_{j \in T} (a_j + \gamma n) + \gamma nd + \sum_{j \in E} a_j$$
$$= B + \gamma n |T| + \gamma nd$$

由于此时 $d = \sum\limits_{j \in E} p_j = \sum\limits_{j \in E} (a_j + 1 - a_j) = |E|$，因此：

$$\sum_{i=1}^{n} \alpha_j U_j + \gamma nd + \sum_{i=1}^{n} u_{[i]} = B + \gamma n(|T| + |E|)$$
$$= B + \gamma n^2 = R$$

（2）假定问题存在可行的资源分配与位置匹配使得 $\sum\limits_{j=1}^{n} u_j \geqslant Q = \dfrac{B}{2}$ 以及

$$\sum_{i=1}^{n} \alpha_j U_j + \gamma nd + \sum_{i=1}^{n} u_{[i]} \leqslant R$$ 成立。

令 E、T 分别表示提前完工和延迟完工的订单序号集合。由于二划分问题的答案为"否",因此 $\sum\limits_{j \in E} a_j > \dfrac{B}{2}$ 或 $\sum\limits_{j \in E} a_j < \dfrac{B}{2}$。接下来分别考虑这两种情形。

情形 1: $\sum\limits_{j \in E} a_j > \dfrac{B}{2}$

若 $\sum\limits_{j \in E} a_j > \dfrac{B}{2}$,则令 $\Delta = \sum\limits_{j \in E} a_j - \dfrac{B}{2} > 0$。此时:

$$
\begin{aligned}
\sum_{i=1}^{n} \alpha_j U_j + \gamma n d + \sum_{i=1}^{n} u_{[i]} &= \sum_{j \in T} (a_j + \gamma n) + \gamma n d + \sum_{j \in E} u_j \\
&= B - \sum_{j \in E} a_j + \frac{B}{2} + \gamma n |T| + \gamma n d \\
&= B - \Delta + \gamma n |T| + \gamma n d
\end{aligned}
$$

由于此时 $d = \sum\limits_{j \in E} p_j = \sum\limits_{j \in E} (a_j + 1 - u_j) = |E| + \Delta$,因此:

$$
\begin{aligned}
\sum_{i=1}^{n} \alpha_j U_j + \gamma n d + \sum_{i=1}^{n} u_{[i]} &= B - \Delta + \gamma n |T| + \gamma n (|E| + \Delta) \\
&= B + (\gamma n - 1)\Delta + \gamma n^2 \\
&> B + \gamma n^2 > R
\end{aligned}
$$

情形 2: $\sum\limits_{j \in E} a_j < \dfrac{B}{2}$

若 $\sum\limits_{j \in E} a_j > \dfrac{B}{2}$,则:

$$
\begin{aligned}
\sum_{i=1}^{n} \alpha_j U_j + \gamma n d + \sum_{i=1}^{n} u_{[i]} &= \sum_{j \in T} (a_j + \gamma n) + \gamma n d + \sum_{j \in E} u_j \\
&> B + \gamma n |T| + \gamma n d
\end{aligned}
$$

由于此时 $d = \sum\limits_{j \in E} p_j = \sum\limits_{j \in E} (a_j + 1 - u_j) \geqslant |E|$。那么:

$$
\begin{aligned}
\sum_{i=1}^{n} \alpha_j U_j + \gamma n d + \sum_{i=1}^{n} u_{[i]} &> B + \gamma n |T| + \gamma n d \\
&> B + \gamma n^2 > R
\end{aligned}
$$

这与第二步中的假设相违背,即不存在资源分配与位置匹配使得 $\sum\limits_{j=1}^{n} u_j \geqslant Q = \dfrac{B}{2}$ 以及 $\sum\limits_{i=1}^{n} \alpha_j U_j + \gamma n d + \sum\limits_{i=1}^{n} u_{[i]} \leqslant R$ 成立。证毕。

第五节　本章小结

本章研究了存在可控加工时间以及制造期期限的 CON 交货期问询调度问题，问题的决策目标在于确定最优的订单加工顺序、公共交货期问询以及资源分配以极小化由订单提前时间、延误时间、交货期问询及资源分配产生的总成本。该问题是许多采用 MTO 生产模式的制造商经常会面临的运营管理实践问题。

针对上述研究问题，首先，本章利用传统的生产排序与调度语言对问题进行了表述，并基于已有的相关研究结论建立了数学模型。其次，结合该数学模型，本章分析了问题的计算复杂度，研究结果表明，研究问题是 NP-难题。在此基础上，本章识别出了两个可以在多项式时间内求解的问题特例。接下来，为有效地求解研究问题，本章提出了分支定界算法和禁忌搜索算法，并针对不同的问题规模，运行了一系列计算实验以评估禁忌搜索算法的性能。最后，本章对研究问题进行了拓展，考虑了新的目标函数（极小化由延误订单个数、交货期问询与资源分配产生的总成本）并分析了问题的计算复杂度。研究表明，该问题同样是 NP-难题。

在后续研究中，一方面可以考虑不同的交货期问询方法和资源消耗函数形式以对问题进行扩展，如 SLK/DIF 交货期问询、非线性资源消耗函数；另一方面可以考虑更复杂的机器环境以及其他对制造商运营系统绩效产生影响的因素以对本章的研究内容进行深化。

第三章 交货期问询影响订单提交
概率的调度问题

在第二章的研究问题中，存在这样一个潜在的假设：无论订单被问询的交货期有多长，消费者都会提交订单给制造商进行加工。但在实际生产环境中，制造商确定的交货期的长短有时会直接影响消费者提交订单的意愿，即消费者会基于制造商确定的交货期的长短决定是否要提交订单（Duenyas，1995）。而消费者提交订单的意愿又会直接影响制造商面临的总体消费者需求，进行影响其运营系统的绩效。因此，从消费者的角度考虑制造商的生产决策对其运营系统绩效的影响就变得十分重要且十分必要。此外，由第一章可知，在已有的交货期问询调度问题研究中，大部分文献都没有考虑制造商在工件加工过程中会面临来自消费者的服务要求的情况。但在实际生产中，制造商有时必须接受来自消费者的服务要求（Hopp 和 Sturgis，2000），如无延误订单（Burns，1976）。此时，对于消费者来说，交货期是可信任的（可靠的）。

鉴于上述从消费者视角分析制造商决策的重要性以及制造商在许多场景下必须面临消费者服务要求的现实，本章考虑如下类型的订单调度问题：在 MTO 生产模式下，消费者到达后，制造商向其问询交货期，而交货期的长短影响消费者提交订单的概率。对于消费者提交的订单，制造商确定最优的加工顺序对其进行加工，加工消费者提交的订单会给制造商带来一定的收益，但消费者提交的订单需要在所问询的交货期前完成加工。本章考虑三种不同的调度目标并分析对应的订单调度问题，问题的决策目标均是极大化总期望利润（总期望收益减去总调度成本）。在第一个问题中，调度目标为提交订单的制造期，制造期常常被用于测量机器的使用率以及生产能力的使用率（Pinedo，2016）；在第二个问题中，调度目标为提交订单的总完工时间，总完工时间通常被用于测量在库订单产生的成本；在第三个问题中，调度目标为总提前时间，总提前时间表示提前订单的库存成本。在上述三个子问题中，决策者均采用 SLK 交货期问询方法。

在现有的生产排序与调度问题研究中，大部分文献都是从制造商的角度进行分析的，仅有少量的文献从消费者的角度展开研究。其中，Liu 等（2012）以及 Lu 等（2013）考虑了制造商问询的价格影响消费者提交订单概率的情形，问题的决策目标在于同时确定价格和排序规则以极大化总期望收益减去期望调度成本。上述两篇文献的差异在于：Liu 等（2012）假定订单的提交概率是问询价格的线性函数，而 Lu 等（2013）假定了一般性的函数形式。不同于上述两篇文献中制造商向消费者问询价格，在本章的研究问题中，制造商需要向消费者问询交货期。Duenyas 和 Hopp（1995）以及 Duenyas（1995）对考虑问询的交货期影响订单提交概率的调度问题进行了研究。其中，Duenyas 和 Hopp（1995）在排队论系统中考虑了以下调度问题：制造商向单个类型的消费者问询交货期并确定订单加工顺序以极大化长期总收益减去延误成本。问题假定订单的提交概率是问询的交货期的递减函数。Duenyas（1995）对 Duenyas 和 Hopp（1995）的研究进行了拓展，考虑了多类型消费者的情形。上述两篇文献与本章的研究问题主要有三个方面的不同：①在本章的研究问题中，所有提交的订单必须在问询的交货期前完工，而上述两篇文献允许延误订单的存在；②上述两篇文献考虑的是 DIF 交货期问询方法，而本章考虑的是 SLK 交货期问询方法；③上述两篇文献是在排队论的框架下展开研究，而本章的研究没有类似的情景假设。此外，这几篇文献都考虑了具有可靠交货期的调度问题，且均假定交货期是事先给定的。Burns（1976）研究了极小化总加权完工时间的单机调度问题。Chand 和 Schneeberger（1988）研究了类似的调度问题，但考虑了不同的目标函数—极小化总加权提前成本。研究表明：上述两个问题都是 NP - 难题。Pathumnakul 和 Egbelu（2005）对 Chand 和 Schneeberger（1988）的研究进行了拓展，提出了更加有效的启发式算法。本章的研究与上述三篇文献相似的是：所有的提交订单都需要在交货期前完工。但不同的是，在本章的研究问题中，交货期不是外部变量，而是决策变量。而研究带有可靠交货期问询的调度问题的文献数量非常有限。Qi 和 Tu（1998）考虑了极小化总提前成本的单机调度问题，问题中订单的交货期根据 SLK 交货期问询方法进行确定。Kaminsky 和 Lee（2001，2002，2008）研究了带有可靠交货期问询的在线调度问题。问题的目标是极小化平均问询交货期。Çelik 和 Maglaras（2008）在排队论系统中研究了如下问题：制造商为到达的消费者动态地确定可靠的交货期、价格、订单加工加速策略以及加工排序规则以最大化长期平均利润。上述几篇文献的一个共同的特点是：无论问询的交货期有多长，消费者都会提交订单。不同于上述研究,本章的研究假定制造商问询的交货期长短直接影响消费者是否愿意提交订单。Keskinocak 等(2001)考虑了带有可靠交货期问询的极大化总收益的单机调度问题。文献中预先给定了一个交货期,若制造商向消费者问询的交货期大于给定的值,则表示制造商拒绝接收该工件。本章的研究与Keskinocak 等(2001)的研究的一个主要区别在于:本章是从消费者的角度考虑制造商的决策对运营系统性能带来的影响,而不是从制造商的角度进行思考。

本章的后续研究安排如下:第一节对本章研究的三个子问题进行描述并用传统的生产排序与调度语言表示各问题;第二节、第三节和第四节针对三个子问题分别分析各问题的最优交货期问询和订单加工顺序具有的性质,并提出求解各问题的多项式时间算法;第五节对本章的研究内容和结论进行总结,并提出可行的未来研究方向。

第一节　问题描述及基本结论

一、问题描述

制造商接收来自多个独立消费者的订单,接收的订单用集合 $N = \{1, \cdots, n\}$ 表示。假定所有的订单在零时刻到达。对于订单 J_j, $j = 1, \cdots, n$,制造商向持有该订单的消费者问询交货期 d_j。基于问询的交货期 d_j,消费者决定是否提交订单。对于消费者提交的订单,制造商利用其单个生产线进行加工,加工订单 J_j 需要花费 p_j 单位时间,但可以获得 R_j 的加工收益。

假定所有到达订单的交货期根据 SLK 交货期问询方法进行确定。具体来讲,订单 $J_j (j = 1, \cdots, n)$ 的交货期 d_j 等于订单的加工时间 p_j 加上公有决策变量 q,即 $d_j = p_j + q$。对于消费者是否提交订单的决策,假定它们是 n 个独立变量,且变量服从离散分布,分布的具体形式受到问询的交货期 d_j 的影响。令指示变量 x_j 表示订单 J_j 是否提交,若订单 J_j 提交,则 $x_j = 1$;否则,$x_j = 0$。此外,令 $\pi_j(d_j)$ 表示订单 J_j 的提交概率。为了符号的简洁性,将其简化为 π_j。综上可知,变量 x_j 的分布可表示为:

$$\begin{cases} prob(x_j = 1) = \pi_j \\ prob(x_j = 0) = 1 - \pi_j \end{cases}$$

假定订单 J_j 的提交概率 π_j 是问询的交货期 d_j 的确定性函数，并且它随着 q 值的增加而严格减少，而随着加工时间 p_j 的增加而严格递增。上述假定具有一定的实际意义：一方面，给定某个消费者，q 的值越大（交货期 d_j 越大），则消费者越不愿意提交订单，即消费者提交订单的概率越小，反之亦然；另一方面，给定 q 值，订单的加工时间越长，则消费者越愿意提交订单，即消费者提交订单的概率越大。具体来说，订单 J_j 的问询交货期 d_j 与提交概率 π_j 之间的关系可以用式（3.1）表示：

$$\pi_j = ap_j + bq \tag{3.1}$$

其中，$a>0$，$b<0$，$0 \leq \pi_j \leq 1$。

对于订单 J_j，若 $q = \dfrac{1}{b} - \dfrac{a}{b}p_j$，则 $\pi_j = 1$；若 $q = -\dfrac{a}{b}p_j$，则 $\pi_j = 0$。值 $\dfrac{1}{b} - \dfrac{a}{b}p_j$ 和 $-\dfrac{a}{b}p_j$ 分别表示订单 J_j 的问询交货期 d_j 中 q 值的上界和下界，这意味着：若 $q \leq \dfrac{1}{b} - \dfrac{a}{b}p_j$，则消费者提交订单 J_j；若 $q \geq -\dfrac{a}{b}p_j$，则消费者不提交订单 J_j，即若 $q < \dfrac{1}{b} - \dfrac{a}{b}p_j$，则 $\pi_j = 1$；若 $q > -\dfrac{a}{b}p_j$，则 $\pi_j = 0$。将 $\dfrac{1}{b} - \dfrac{a}{b}p_j$，$-\dfrac{a}{b}p_j (j=1, \cdots, n)$ 按非递减顺序排列，且用 $\mu_1 \leq \cdots \leq \mu_{2n}$ 表示排序后的结果。令 $\mu_0 = 0$，$\mu_{2n+1} = \infty$，则可知：$\mu_0 < \mu_1 \leq \cdots \leq \mu_{2n} < \mu_{2n+1}$。

本章研究三个子问题，这三个子问题的相同点是：对于提交的订单，制造商必须在问询的交货期前完工，并且问题的目标均是极大化总期望利润。但这三个问题的不同点是：它们分别考虑了不同的调度目标。具体来说，在第一个问题（P1）中，制造商考虑的调度目标为制造期，问题的决策目标是：①确定所有到达订单的交货期 $d = \{d_1, \cdots, d_n\}$；②确定提交订单的加工顺序 σ，以极大化总期望收益减去制造期产生的总期望成本。在第二个问题（P2）中，制造商考虑的调度目标为总完工时间，问题的决策目标是：①确定所有到达订单的交货期 $d = \{d_1, \cdots, d_n\}$；②确定提交订单的加工顺序 σ，以极大化总期望利润减去总完工时间产生的总期望成本。在第三个问题（P3）中，制造商考虑的调度目标为总提前时间，问题的决策目标是：①确定所有到达订单的交货期 $d = \{d_1, \cdots, d_n\}$；②确定提交订单的加工顺序 σ，以极大化总期望收益减去总提前时间产生的总期望成本。

不失一般性地，假定制造商的单个生产线一次只能加工一个订单且单个订单的加工过程不允许中断，但允许空闲时间（Idle Time）的存在。令 $[i]$ 表示排列在位置 i 上的订单；C_{max} 为随机变量，表示提交订单的制造期；Q 为随机变量，表示加工提交订单带来的总收益；$C_{[i]}$ 为随机变量，表示排列在位置 i 上的订单的完工时间；$E_{[i]}$ 为随机变量，表示排列在位置 i 上的订单的提前时间。利用上述定义的符号，三个子问题的目标函数可分别表示为：

$$z(\boldsymbol{\sigma}, \boldsymbol{d}) = E[Q - \alpha C_{max}] \tag{3.2}$$

$$z(\boldsymbol{\sigma}, \boldsymbol{d}) = E\left[Q - \beta \sum_{i=1}^{n} C_{[i]}\right] \tag{3.3}$$

$$z(\boldsymbol{\sigma}, \boldsymbol{d}) = E\left[Q - \gamma \sum_{i=1}^{n} E_{[i]}\right] \tag{3.4}$$

其中，α、β、γ 分别表示单位制造期成本、单位完工时间成本以及单位提前时间成本。

令 $\Delta_{[i]}$ 表示排列在位置 $i-1$ 和位置 i 的订单之间的空闲时间。利用符号 $x_{[i]}$，则 Q、C_{max}、$C_{[i]}$ 以及 $E_{[i]}$ 可表示为：

$$Q = \sum_{i=1}^{n} R_{[i]} x_{[i]}$$

$$C_{max} = \sum_{i=1}^{n} \left(p_{[i]} x_{[i]} + \Delta_{[i]}\right)$$

$$C_{[i]} = \left[p_{[i]} + \Delta_{[i]} + \sum_{k=1}^{i-1} \left(p_{[k]} x_{[k]} + \Delta_{[k]}\right)\right] x_{[i]}$$

$$E_{[i]} = \left(d_{[i]} - C_{[i]}\right) x_{[i]}$$

根据 $d_{[i]} = p_{[i]} + q$ 以及 $x_{[i]}$ 的定义，可知式（3.2）至式（3.4）中的目标函数可以分别表示为：

$$z(\boldsymbol{\sigma}, \boldsymbol{d}) = \sum_{i=1}^{n} \left(R_{[i]} - \alpha p_{[i]}\right) \pi_{[i]} - \alpha \sum_{i=1}^{n} \Delta_{[i]} \tag{3.5}$$

$$z(\boldsymbol{\sigma}, \boldsymbol{d}) = \sum_{i=1}^{n} R_{[i]} \pi_{[i]} - \beta \sum_{i=1}^{n} \pi_{[i]} \left(p_{[i]} + \sum_{k=1}^{i} \Delta_{[k]} + \sum_{k=1}^{i-1} p_{[k]} \pi_{[k]}\right) \tag{3.6}$$

$$z(\boldsymbol{\sigma}, \boldsymbol{d}) = \sum_{i=1}^{n} R_{[i]} \pi_{[i]} - \gamma \sum_{i=1}^{n} \pi_{[i]} \left(q - \sum_{k=1}^{i} \Delta_{[k]} - \sum_{k=1}^{i-1} p_{[k]} \pi_{[k]}\right) \tag{3.7}$$

二、基本结论

令 $\theta_{[i]} = d_{[i]} - C_{[i]} = q - \sum_{k=1}^{i} \Delta_{[k]} - \sum_{k=1}^{i-1} p_{[k]} \pi_{[k]}$，$i = 1, \cdots, n$。若 $\theta_{[i]} > 0$，则

预期排列在位置 i 上的订单会提前完工；若 $\theta_{[i]}=0$，则预期排列在位置 i 上的订单会按时完工；否则，预期排列在位置 i 上的订单会延迟完工。下面给出对于三个子问题均成立的基本结论。

引理 3.1 对于本章研究的三个问题，给定一个可行的订单加工顺序 $\boldsymbol{\sigma}$，在某个位置之前，预期所有的订单都会提前完工；而在某个位置之后，预期所有的订单都会延迟完工。这意味着：若 $\theta_{[i]}\geq 0$，则 $\theta_{[i-1]}>0$；若 $\theta_{[i]}\leq 0$，则 $\theta_{[i+1]}<0$。

证明： 给定一个可行的订单加工顺序 $\boldsymbol{\sigma}$，假定预期排列在位置 i 上的订单会按时完工，即 $\theta_{[i]}=0$。考虑排列在位置 i 前的订单，即 $j<i$，则 $\theta_{[i]}=\theta_{[j]}-\sum_{k=j+1}^{i}\Delta_{[k]}-\sum_{k=j}^{i-1}p_{[k]}\pi_{[k]}$。由于 $\theta_{[j]}=\theta_{[i]}+\sum_{k=j+1}^{i}\Delta_{[k]}+\sum_{k=j}^{i-1}p_{[k]}\pi_{[k]}$ 且 $\theta_{[i]}=0$，因此可以知道：$\theta_{[j]}>0$。此外，考虑排列在位置 i 后的订单，即 $j>i$，则 $\theta_{[j]}=\theta_{[i]}-\sum_{k=i+1}^{j}\Delta_{[k]}-\sum_{k=i}^{j-1}p_{[k]}\pi_{[k]}$。由于 $\theta_{[i]}=0$，因此可以知道：$\theta_{[j]}<0$。证毕。

第二节 调度目标为制造期的问题（P1）

一、最优性质分析

在问题（P1）中，制造商需要为所有到达订单确定最优的交货期和加工顺序以极大化总期望收益减去期望调度成本（由制造期产生的成本）。在该问题中，制造商必须在问询的交货期之前完成所有订单的加工。本节首先分析最优的订单加工顺序以及最优交货期问询具有的性质，然后基于上述结论提出求解问题（P1）的最优算法。

引理 3.2 对于调度目标为制造期的问题（P1）中的空闲时间，满足以下结论：存在最优的订单加工顺序，且该顺序不包含任何空闲时间。

证明： 对于问题（P1），如果最优的订单加工顺序中包含空闲时间，那么可通过将所有提交订单向左移动使得所有提交订单之间没有任何空闲时间且首个提交订单在零时刻进行加工。由于上述订单的移动不会增加目标函数值，因此最优的订单加工顺序中不包含任何空闲时间。证毕。

从引理 3.2 可知，在问题（P1）中，$C_{[i]}=\left(p_{[i]}+\sum_{k=1}^{i-1}p_{[k]}\pi_{[k]}\right)\pi_{[i]}$，$\theta_{[i]}=$

$q - \sum_{k=1}^{i-1} p_{[k]} \pi_{[k]}$。因此，式（3.5）中问题 P1 的目标函数可以转换为：

$$z(\boldsymbol{\sigma}, \boldsymbol{d}) = \sum_{i=1}^{n} (R_{[i]} - \alpha p_{[i]}) \pi_{[i]} \tag{3.8}$$

综上可知，在问题（P1）中，q 值能取区间 $[\mu_0, \mu_{2n+1}]$ 内的所有可能值。给定 $q \in [\mu_i, \mu_{i+1}]$，$i = 0, \cdots, 2n$，则所有的到达订单可被划分为三个集合，包括：不提交订单集合，即 $\pi_j = 0 \left(q > -\dfrac{a}{b} p_j \right)$；确定提交的订单集合，即 $\pi_j = 1 \left(q < \dfrac{1}{b} - \dfrac{a}{b} p_j \right)$；其他订单集合，即 $0 \leq \pi_j \leq 1 \left(\dfrac{1}{b} - \dfrac{a}{b} p_j \leq q \leq -\dfrac{a}{b} p_j \right)$。令 S_0、S_1 以及 S_2 分别表示在 $q \in [\mu_i, \mu_{i+1}](i = 0, \cdots, 2n)$ 时对应的三个集合，且令 n_0、n_1 以及 n_2 分别表示集合 S_0、S_1、S_2 中的订单个数。根据上述定义，当 $q \in [\mu_i, \mu_{i+1}](i = 0, \cdots, 2n)$ 时，在任意可行的订单加工顺序中，可被加工的订单个数为 $m = n_1 + n_2$。接下来考虑所有的 q 的取值情况以对问题 P1 进行求解，即考虑 $q \in [\mu_i, \mu_{i+1}]$，其中 $i = 0, \cdots, 2n$。

引理 3.3　在最优的提交订单加工顺序中，预期最后一个提交订单会提前完工或按时完工。

证明：从引理 3.1 可知，在最优的提交订单加工顺序中，只有最后一个提交订单预期会提前完工或准时完工，才能保证在最优的订单加工顺序中的所有提交订单都预期会提前完工，即所有的提交订单都会在交货期前完工。证毕。

结合引理 3.3，给定 $q \in [\mu_i, \mu_{i+1}](i = 0, \cdots, 2n)$，在最优的提交订单加工顺序中，集合 S_1 和 S_2 中的任何订单都可能排列在最后一个位置，因此接下来考虑所有可能的情况。令订单 $J_m(m \in N \setminus S_0)$ 为最优的订单加工顺序中的最后一个订单。对于订单 J_m，可知：$\theta_{[m]} = q - \sum_{k=1}^{m-1} p_{[k]} \pi_{[k]}$。

具体来说，若 $J_m \in S_1$，则 $\theta_{[m]} = q - \sum_{j \in S_1 \setminus J_m} p_j - \sum_{j \in S_2} p_j (a p_j + b q)$；若 $J_m \in S_2$，则 $\theta_{[m]} = q - \sum_{j \in S_1} p_j - \sum_{j \in S_2 \setminus J_m} p_j (a p_j + b q)$。根据引理 3.3，可以知道：$q \geq \sum_{k=1}^{m-1} p_{[k]} \pi_{[k]}$，这是确定 q 值范围的必要条件。因此：

（1）若 $J_m \in S_1$，则 $q \geq \sum_{j \in S_1 \setminus J_m} p_j + \sum_{j \in S_2} p_j (a p_j + b q)$。

（2）若 $J_m \in S_2$，则 $q \geqslant \sum\limits_{j \in S_1} p_j + \sum\limits_{j \in S_2 \backslash J_m} p_j(ap_j + bq)$。

令 $u_i = \dfrac{\sum\limits_{j \in S_1 \backslash J_m} p_j + \sum\limits_{j \in S_2} ap_j^2}{1 - \sum\limits_{j \in S_2} bp_j}$，$v_i = \dfrac{\sum\limits_{j \in S_1} p_j + \sum\limits_{j \in S_2 \backslash J_m} ap_j^2}{1 - \sum\limits_{j \in S_2 \backslash J_m} bp_j}$。从上面的描述可以知道：若

$J_m \in S_1$，则 $q \geqslant u_i$；若 $J_m \in S_2$，则 $q \geqslant v_i$。

引理 3.4 存在最优的提交订单加工顺序，在该顺序中预期会提前完工的提交订单（不包含订单 J_m）可按任意顺序进行加工。

证明： 给定 $q \in [\mu_i, \mu_{i+1}]$，集合 S_1 和 S_2 中的订单相应被确定。当订单 J_m 确定后，u_i 和 v_i 的值也相应被确定。换句话说，在给定 $q \in [\mu_i, \mu_{i+1}]$ 以及订单 J_m 后，q 值的范围即被确定。此时，交换任意两个预期会提前完工订单的位置（不包括订单 J_m）都不会改变 q 值的范围。此外，根据式（3.1）和式（3.8）可知：交换任意两个预期会提前完工订单的位置（不包括订单 J_m）不会改变加工收益以及完工时间。因此，对于问题 P1，引理 3.4 成立。证毕。

二、求解算法

本部分将结合引理 3.1 至 3.4 提出求解问题（P1）的多项式时间算法。给定 $q \in [\mu_i, \mu_{i+1}](i = 0, \cdots, 2n)$，首先从集合 $N \backslash S_0$ 中选择一个订单作为最后一个订单 J_m，其他的订单按任意顺序排列，接下来问题的关键在于确定 q 值。将式（3.1）代入式（3.8），则求解问题（P1）可以转换为求解下面两种情况之一对应的问题。

1. $J_m \in S_1$

（P1.1）$\max z(q) = \sum\limits_{j \in S_1} (R_j - \alpha p_j) + \sum\limits_{j \in S_2} (R_j - \alpha p_j)(ap_j + bq)$

s.t. $\mu_i \leqslant q \leqslant \mu_{i+1}$

$q \geqslant u_i$

从问题（P1.1）的表述可知：若 $u_i > \mu_{i+1}$，则问题（P1.1）没有可行解；否则，q 的取值范围是 $[\max(\mu_i, u_i), \mu_{i+1}]$。由于问题（P1.1）的目标函数是 q 的单调函数，因此当 q 的范围为 $[\max(\mu_i, u_i), \mu_{i+1}]$，即上述问题有可行解时，对求解 q 值有以下结论：若 $\dfrac{\partial z}{\partial q} = \sum\limits_{j \in S_2} (R_j - \alpha p_j)b \geqslant 0$，则 $q = \mu_{i+1}$，否则 $q = \max(\mu_i, u_i)$。

2. $J_m \in S_2$

$$(P1.2) \quad \max z(q) = \sum_{j \in S_1} (R_j - \alpha p_j) + \sum_{j \in S_2} (R_j - \alpha p_j)(ap_j + bq)$$

$$\text{s. t.} \quad \mu_i \leqslant q \leqslant \mu_{i+1}$$

$$q \geqslant v_i$$

同理，对于问题（P1.2），若 $v_i > \mu_{i+1}$，则问题没有可行解；否则，q 的取值范围为 $[\max(\mu_i, v_i), \mu_{i+1}]$。同样地，由于问题（P1.2）的目标函数是 q 的单调函数，因此当 q 的范围为 $[\max(\mu_i, v_i), \mu_{i+1}]$，则对 q 的求解有以下结论：若 $\dfrac{\partial z}{\partial q} = \sum_{j \in S_2} (R_j - \alpha p_j) b \geqslant 0$，则 $q = \mu_{i+1}$；否则，$q = \max(\mu_i, v_i)$。

综上所述，求解问题（P1）的具体流程可总结如下。

算法 3.1

步骤 1：计算 $\dfrac{1}{b} - \dfrac{a}{b} p_j$ 以及 $-\dfrac{a}{b} p_j$，$j = 1, \cdots, n$。将 $\dfrac{1}{b} - \dfrac{a}{b} p_j$，$-\dfrac{a}{b} p_j$，$j = 1, \cdots, n$ 以及 μ_0，μ_{2n+1} 按非递减的顺序排列，并表示为 $\mu_0 < \mu_1 \leqslant \cdots \leqslant \mu_{2n} < \mu_{2n+1}$。

步骤 2：给定区间 $q \in [\mu_i, \mu_{i+1}]$，$i = 0, \cdots, 2n$，进行以下步骤：

（1）将所有的到达订单划分到三个集合 S_0、S_1、S_2。

（2）选择集合 $N \setminus S_0$ 中的任意订单 $j(j = 1, \cdots, m)$，令其为 J_m。若 $J_m \in S_1$，则构建问题（P1.1）；若 $J_m \in S_2$，则构建问题（P1.2）。然后，求解问题（P1.1）和（P1.2）。

（3）选择具有最大目标函数值的情况。

步骤 3：选择最大目标函数值对应的 q 值区间。根据步骤 2 确定最优的交货期间询，而最优的提交订单加工顺序可根据引理 3.4 确定。

定理 3.1 算法 3.1 在 $O(n^2)$ 时间内为问题（P1）找到最优解。

证明：算法 3.1 的正确性与最优性可从引理 3.1~3.4 获知。算法 3.1 的计算复杂性可通过计算算法 3.1 中每个步骤需要的计算时间进行估计。步骤 1 由于需要对元素值进行排序，因此至多需要 $O(n\log n)$ 时间。步骤 2 需要计算所有可能的区间情况下的最优解，因此至多需要 $O(n^2)$ 时间。步骤 3 可在常数时间内完成。综上可知，算法 3.1 的计算复杂度为 $O(n^2)$。证毕。

第三节　调度目标为总完工时间的问题（P2）

一、最优性质分析

在问题（P2）中，制造商需要同时确定所有到达订单的交货期以及所有提交订单的加工顺序以极大化总期望收益减去总期望调度成本（由总完工时间产生的成本）。本部分首先分析最优的订单加工顺序以及最优交货期具有的性质，然后基于上述结论提出求解问题（P2）的最优算法。

引理 3.5　对于调度目标为完工时间的问题（P2）中的空闲时间，满足以下结论：存在最优的订单加工顺序，且该顺序不包含任何空闲时间。

证明： 可采用引理 3.2 的证明方式进行证明。

从引理 3.5 可知，在问题（P2）中，$C_{[i]} = \left(p_{[i]} + \sum_{k=1}^{i-1} p_{[k]} \pi_{[k]} \right) \pi_{[i]}$，$\theta_{[i]} = q - \sum_{k=1}^{i-1} p_{[k]} \pi_{[k]}$。因此，式（3.6）中问题 P2 的目标函数可以转换为：

$$z(\boldsymbol{\sigma}, \boldsymbol{d}) = \sum_{i=1}^{n} R_{[i]} \pi_{[i]} - \beta \sum_{i=1}^{n} \pi_{[i]} \left(p_{[i]} + \sum_{k=1}^{i-1} p_{[k]} \pi_{[k]} \right) \tag{3.9}$$

综上可知，同样地，在问题（P2）中，q 值能取得区间 $[\mu_0, \mu_{2n+1}]$ 内的所有可能值。给定 $q \in [\mu_i, \mu_{i+1}]$，$i = 0, \cdots, 2n$，则所有的到达订单可被划分为三个集合，包括：不提交订单集合，即 $\pi_j = 0 \left(q > -\frac{a}{b} p_j \right)$；确定提交订单集合，即 $\pi_j = 1 \left(q < \frac{1}{b} - \frac{a}{b} p_j \right)$；以及其他订单集合，即 $0 \leqslant \pi_j \leqslant 1 \left(\frac{1}{b} - \frac{a}{b} p_j \leqslant q \leqslant -\frac{a}{b} p_j \right)$。不失一般性地，令 S_0、S_1 以及 S_2 分别表示在 $q \in [\mu_i, \mu_{i+1}](i = 0, \cdots, 2n)$ 时对应的三个集合，且令 n_0、n_1 以及 n_2 分别表示集合 S_0、S_1、S_2 中的订单个数。根据上述定义，当 $q \in [\mu_i, \mu_{i+1}](i = 0, \cdots, 2n)$ 时，在任意可行的订单加工顺序中，可被加工的订单个数为 $m = n_1 + n_2$。接下来，考虑所有的 q 取值情况以对问题 P2 进行求解，即考虑 $q \in [\mu_i, \mu_{i+1}]$，其中 $i = 0, \cdots, 2n$。

引理 3.6　在最优的提交订单加工顺序中，预期最后一个订单会提前完工或按时完工。

证明： 引理 3.6 可按照引理 3.4 的证明过程进行验证。

同样地，给定 $q \in [\mu_i, \mu_{i+1}]$ 以及最后一个订单 $J_m(J_m \in N \backslash S_0)$，从引理 3.6 可知：$\theta_{[m]} = q - \sum_{k=1}^{m-1} p_{[k]} \pi_{[k]} \geqslant 0$。具体来说，若 $J_m \in S_1$，则 $q \geqslant \sum_{j \in S_1 \backslash J_m} p_j + \sum_{j \in S_2} p_j(ap_j + bq)$；若 $J_m \in S_2$，则 $q \geqslant \sum_{j \in S_1} p_j + \sum_{j \in S_2 \backslash J_m} p_j(ap_j + bq)$。很显然，给定 $q \in [\mu_i, \mu_{i+1}]$，q 值的范围与问题（P1）中 q 值的范围一致。因此，给定 $q \in [\mu_i, \mu_{i+1}]$ 以及订单 J_m，利用问题（P1）中定义的符号 u_i 和 v_i，可知：若 $J_m \in S_1$，则 $q \geqslant u_i$；若 $J_m \in S_2$，则 $q \geqslant v_i$。接下来分析最优的提交订单加工顺序具有的性质。

引理 3.7 存在最优的提交订单加工顺序，且此顺序中所有的预期会提前完工的订单（不包括订单 J_m）按 SPT（最短加工时间）顺序进行加工。

证明： 由于交换任意两个相邻的预期会提前完工的订单（不包括订单 J_m）不会改变 q 值的范围以及总期望收益，因此接下来只考虑交换任意两个相邻的预期会提前完工的订单对期望完工时间之和的影响。

假定一个订单加工顺序 S，该顺序中两个预期会提前的订单 J_j 和 J_k 排列在位置 i 和 $i+1$ 上，满足 $p_j > p_k$，且订单 J_j 排列在订单 J_k 之前。交换订单 J_j 和 J_k 的位置，得到一个新的订单加工排序 S'。在加工顺序 S 下，订单 J_j 和 J_k 的总期望完工时间为：

$$\beta \left[\pi_j \left(p_j + \sum_{l=1}^{i-1} \pi_l p_l \right) + \pi_k \left(p_k + \pi_j p_j + \sum_{l=1}^{i-1} \pi_l p_l \right) \right]$$

而在加工顺序 S' 下，订单 J_j 和 J_k 的总期望完工时间为：

$$\beta \left[\pi_k \left(p_k + \sum_{l=1}^{i-1} \pi_l p_l \right) + \pi_j \left(p_j + \pi_k p_k + \sum_{l=1}^{i-1} \pi_l p_l \right) \right]$$

显然，若 $p_j > p_k$，则在加工顺序 S' 下两个订单的总期望完工时间严格小于在加工顺序 S 下两个订单的总期望完工时间。因此，订单 J_k 应该排列在订单 J_j 之前。这意味着，预期会提前完工的订单（不包括订单 J_m）应按照 SPT 的顺序进行加工。证毕。

令任意订单 $J_j(j \in N \backslash S_0)$ 为订单 J_m，并将其他的预期会提前完工的订单按照 SPT 顺序进行排列，表示为 $p_1 \leqslant \cdots \leqslant p_{m-1}$。

引理 3.8 若 $J_m \in S_1$，则集合 $S_1 \backslash J_m$ 中的订单在集合 S_2 中的订单之后加工；若 $J_m \in S_2$，则集合 S_1 中的订单在集合 $S_2 \backslash J_m$ 中的订单之后加工。

证明： 对于任意预期会提前的订单（不包括订单 J_m），由于具有较短加工时间的订单的 q 值的下界（即 $\frac{1}{b}-\frac{a}{b}p_j$）小于具有较长加工时间的订单的 q 值的下界。因此，当 q 值的范围给定时，具有较长加工时间的订单更可能会提交。这意味着集合 S_1 中的订单的加工时间比集合 S_2 中的订单的加工时间短。从引理 3.7 可知，所有的预期会提前的订单按 SPT 顺序加工。因此，若 $J_m \in S_1$，集合 $S_1 \setminus J_m$ 中的订单排列在集合 S_2 中的订单之后；若 $J_m \in S_2$，则集合 S_1 中的订单排列在集合 $S_2 \setminus J_m$ 中的订单之后。证毕。

二、求解算法

本部分将结合引理 3.5~3.8 提出求解问题（P2）的多项式时间算法。给定 $q \in [\mu_i, \mu_{i+1}](i=0, \cdots, 2n)$，首先从集合 $N \setminus S_0$ 中选择一个订单作为最后一个订单 J_m，其他订单按 SPT 顺序排列，接下来问题的关键在于确定 q 值。将式（3.1）代入式（3.9），则求解问题（P2）则可以转换为求解下面两种情况之一对应的问题。

1. $J_m \in S_1$

$$
(P2.1)\ \max z(q) = \sum_{j=1}^{n_2} R_j(ap_j+bq) - \beta \sum_{j=1}^{n_2}(ap_j+bq)\left[p_j + \sum_{k=1}^{j-1}p_k(ap_k+bq)\right] +
$$

$$
\sum_{j=n_2+1}^{m-1} R_j - \beta \sum_{j=n_2+1}^{m-1}\left[p_j + \sum_{k=1}^{n_2}p_k(ap_k+bq) + \sum_{k=n_2+1}^{j-1}p_k\right]
$$

s.t. $\quad \mu_i \leqslant q \leqslant \mu_{i+1}$

$q \geqslant u_i$

从问题（P2.1）的表述可知：若 $u_i > \mu_{i+1}$，则问题 P2.1 没有可行解；否则，q 的取值范围为 $[\max(\mu_i, u_i), \mu_{i+1}]$。由于 $\frac{\partial^2 z(q)}{\partial q^2} = -2\beta b^2 \sum_{j=1}^{n_2}\sum_{k=1}^{j-1} p_k < 0$，因此，若问题（P2.1）有可行解，即 $q \in [\max(\mu_i, u_i), \mu_{i+1}]$，则问题存在唯一的全局最优解。

2. $J_m \in S_2$

$$
(P2.2)\ \max z(q) = \sum_{j \in S_2} R_j(ap_j+bq) - \beta \sum_{j=1}^{n_2-1}(ap_i+bq)\left[p_j + \sum_{i=1}^{j-1}p_i(ap_i+bq)\right] -
$$

$$\beta \sum_{j=n_2}^{m-1} \left[p_j + \sum_{i=1}^{n_2-1} p_i(ap_i + bq) + \sum_{i=n_2}^{j-1} p_i \right] + \sum_{j \in S_1} R_j$$

s. t.　$\mu_i \leq q \leq \mu_{i+1}$

$q \geq v_i$

同理，若 $v_i > \mu_{i+1}$，问题（P2.2）没有可行解；否则，q 值的范围为 $[\max(\mu_i,$

$v_i)$，$\mu_{i+1}]$。由于 $\dfrac{\partial^2 z(q)}{\partial q^2} = -2\beta b^2 \sum\limits_{j=1}^{n_2-1} \sum\limits_{i=1}^{j-1} p_i < 0$，因此，对于问题（P2.2），若存

在可行解，即 $q \in [\max(\mu_i, u_i), \mu_{i+1}]$，则问题存在唯一的全局最优解 q。

基于上述分析，问题（P2）的具体求解过程总结如下。

算法 3.2

步骤 1：计算 $\dfrac{1}{b} - \dfrac{a}{b} p_j$ 以及 $-\dfrac{a}{b} p_j$，$j = 1, \cdots, n$。将 μ_0、μ_{2n+1} 以及 $\dfrac{1}{b} - \dfrac{a}{b} p_j$、

$-\dfrac{a}{b} p_j$，$j = 1, \cdots, n$，按非递减顺序进行排列，并表示为 $\mu_0 < \mu_1 \leq \cdots \leq \mu_{2n} < \mu_{2n+1}$。

步骤 2：给定区间 $q \in [\mu_i, \mu_{i+1}]$，$i = 0, \cdots, 2n$，进行以下步骤。

（1）将所有的到达订单划分到三个集合 S_0、S_1、S_2。

（2）对于集合 $N \setminus S_0$ 的任意订单，令其为订单 J_m，并将其他订单按照 SPT 顺序进行排列。若 $J_m \in S_1$，则构建问题（P2.1）；若 $J_m \in S_2$，则构建问题（P2.2）。然后对构建的问题（P2.1）和问题（P2.2）进行求解。

（3）选择具有最大的目标函数值对应的情形。

步骤 3：选择具有最大的目标函数值对应的区间范围。最优的交货期问询以及最优的订单加工顺序可根据步骤 2 确定。

定理 3.2　算法 3.2 在 $O(n^2 \log n)$ 时间内为问题（P2）找到了最优解。

证明：算法 3.2 的正确性和最优性可以从引理 3.5～3.8 获知。同样地，可通过计算算法 3.2 中每个步骤的计算时间估计算法 3.2 的计算复杂度。步骤 1 由于要对元素值进行排序，因此至多需要 $O(n \log n)$ 时间。步骤 2 由于要考虑所有可能的区间情况并对订单进行排序，因此至多需要 $O(n^2 \log n)$ 时间。步骤 3 可在常数时间内完成。因此，算法 3.2 的计算复杂度为 $O(n^2 \log n)$。证毕。

第四节　调度成本为总提前时间的问题（P3）

一、最优性质分析

在问题（P3）中，制造商需要确定所有到达订单的交货期以及提交订单的加工顺序以极大化总期望收益减去期望调度成本（由总提前时间产生的成本）。接下来，本节将分析最优订单加工顺序以及最优交货期问询具有的性质。

引理 3.9　对于调度目标为总提前时间的问题（P3）中的空闲时间，满足以下结论：存在最优的订单加工顺序，该顺序中提交订单之间没有任何空闲时间，空闲时间仅存在于第一个提交订单之前。

证明：若在最优的订单加工顺序中提交订单之间存在空闲时间，则可以通过将除最后一个提交订单以外的所有提交订单向右移动使得提交订单之间没有空闲时间。由于上述移动不会增加目标函数值，因此可知：空闲时间仅存在于第一个提交订单之前。证毕。

从引理 3.9 可知，在第三个问题（P3）中，$C_{[i]} = \left(p_{[i]} + \Delta + \sum_{k=1}^{i-1} p_{[k]} \pi_{[k]} \right) \pi_{[i]}$，$\theta_{[i]} = q - \Delta - \sum_{k=1}^{i-1} p_{[k]} \pi_{[k]}$，其中 Δ 表示在最优的订单加工顺序中第一个提交订单前的空闲时间。因此，式（3.7）中问题（P3）的目标函数可以转换为：

$$z(\boldsymbol{\sigma}, \boldsymbol{d}) = \sum_{i=1}^{n} R_{[i]} \pi_{[i]} - \gamma \sum_{i=1}^{n} \pi_{[i]} \left(q - \Delta - \sum_{k=1}^{i-1} p_{[k]} \pi_{[k]} \right) \tag{3.10}$$

同样地，在问题（P3）中，q 值能取得区间 $[\mu_0, \mu_{2n+1}]$ 内的所有可能值。给定 $q \in [\mu_i, \mu_{i+1}]$，$i = 0, \cdots, 2n$，则所有的到达订单可被划分为三个集合，包括：不提交订单集合，即 $\pi_j = 0 \left(q > -\frac{a}{b} p_j \right)$；确定提交订单集合，即 $\pi_j = 1 \left(q < \frac{1}{b} - \frac{a}{b} p_j \right)$；其他订单集合，即 $0 \leq \pi_j \leq 1 \left(\frac{1}{b} - \frac{a}{b} p_j \leq q \leq -\frac{a}{b} p_j \right)$。不失一般性地，令 S_0、S_1 以及 S_2 分别表示在 $q \in [\mu_i, \mu_{i+1}] (i = 0, \cdots, 2n)$ 时对应的三个集合，且令 n_0、n_1 以及 n_2 分别表示集合 S_0、S_1、S_2 中的订单个数。根据上述定义，当 $q \in [\mu_i, \mu_{i+1}] (i = 0, \cdots, 2n)$ 时，在任意可行的订单加工顺序中，可被

加工的订单个数为 $m = n_1 + n_2$。

引理 3.10 存在最优的订单加工顺序，在此顺序中最后一个提交订单预期会按时完工。

证明： 从引理 3.1 可知，若最后一个订单预期不按时完工，则最后一个订单预期会提前。此时，将所有提交订单向右移动可使得最后一个订单刚好在问询的交货期完工。由于上述移动不会增加目标函数值，因此，最后一个订单预期会按时完工。证毕。

接下来考虑所有的 q 取值情况以对问题（P3）进行求解，即考虑 $q \in [\mu_i, \mu_{i+1}]$，其中 $i = 0, \cdots, 2n$。给定 $q \in [\mu_i, \mu_{i+1}] (i = 1, \cdots, 2n)$ 以及订单 $J_m (J_m \in N \setminus S_0)$，由引理 3.9 可以知道：$\theta_{[m]} = q - \Delta - \sum_{k=1}^{m-1} p_{[k]} \pi_{[k]} = 0$。由于空闲时间为非负，即 $\Delta \geqslant 0$，因此，$q \geqslant \sum_{k=1}^{m-1} p_{[k]} \pi_{[k]}$。具体来说，若 $J_m \in S_1$，则 $q \geqslant \sum_{j \in S_1 \setminus J_m} p_j + \sum_{j \in S_2} p_j (ap_j + bq)$；若 $J_m \in S_2$，则 $q \geqslant \sum_{j \in S_1} p_j + \sum_{j \in S_2 \setminus J_m} p_j (ap_j + bq)$。显然，若 $q \in [\mu_i, \mu_{i+1}]$，则 q 值的范围与问题（P1）和问题（P2）中 q 值的范围类似。利用问题（P1）中定义的符号 u_i 和 v_i，可以知道：当 $q \in [\mu_i, \mu_{i+1}]$ 且给定订单 J_m，若 $J_m \in S_1$，则 $q \geqslant u_i$；若 $J_m \in S_2$，则 $q \geqslant v_i$。

引理 3.11 存在最优的订单加工顺序，在该顺序中所有预期会提前完工的订单按 LPT（最长加工时间）的顺序进行加工。

证明： 由于交换任意两个相邻的预期会提前完工的订单不会改变 q 值的范围以及期望收益，因此接下来仅考虑交换任意两个相邻的预期会提前完工的订单对总期望提前成本的影响。

假定一个订单加工顺序 S，顺序中两个预期会提前完工的订单 J_j 和 J_k 分别排列在位置 i 和 $i+1$ 上，满足 $p_j < p_k$，且订单 J_j 排列在订单 J_k 之前。交换订单 J_j 和 J_k 的位置，得到一个新的订单加工顺序 S'。在两个加工顺序下，目标函数的差异仅在于订单 J_j 和 J_k 的总期望提前成本。在加工顺序 S 下，订单 J_j 和 J_k 的总期望提前成本为：

$$\gamma \left[\pi_j \left(q - \Delta - \sum_{l=1}^{i-1} \pi_l p_l \right) + \pi_k \left(q - \Delta - \sum_{l=1}^{i-1} \pi_l p_l - \pi_j p_j \right) \right]$$

而在加工顺序 S' 下，总期望提前成本为：

$$\gamma\left[\pi_k\left(q-\Delta-\sum_{l=1}^{i-1}\pi_l p_l\right)+\pi_j\left(q-\Delta-\sum_{l=1}^{i-1}\pi_l p_l-\pi_k p_k\right)\right]$$

很容易验证：若 $p_j < p_k$，则在加工顺序 S' 下两个订单的总期望提前成本严格小于在加工顺序 S 下两个订单的总期望提前成本。因此，订单 J_k 应该在订单 J_j 之前进行加工。这意味着预期会提前完工的订单应按 LPT 顺序进行排列。证毕。

在确定了订单 J_m，并将其他订单按 LPT 的顺序进行排列后，求解问题的关键在于确定最优的 q 值。令订单 $J_j(j \in N \setminus S_0)$ 为订单 J_m，并将其他订单按照 LPT 的顺序进行排列，表示为 $p_1 \geqslant \cdots \geqslant p_{m-1}$。

引理 3.12 若 $J_m \in S_1$，则集合 $S_1 \setminus J_m$ 中的订单排列在集合 S_2 中的订单之前；

若 $J_m \in S_2$，则集合 S_1 中的订单排列在集合 $S_2 \setminus J_m$ 中的订单之前。

证明：引理 3.12 的证明类似于引理 3.8 的证明。由于具有较短加工时间的订单的 q 值的下界 $\left(\dfrac{1}{b}-\dfrac{a}{b}p_j\right)$ 小于具有较长加工时间的订单的 q 值的下界，因此给定 q 值，具有较长加工时间的订单更可能会提交。此外，从引理 3.11 可知，所有预期会提前完工的订单按 LPT 顺序进行排列。因此，若 $J_m \in S_1$，则集合 $S_1 \setminus J_m$ 中的订单排列在集合 S_2 中的订单之前；若 $J_m \in S_2$，则集合 S_1 中的订单排在集合 $S_2 \setminus J_m$ 中的订单之前。

二、求解算法

本部分将结合引理 3.5~3.8 提出求解问题（P2）的多项式时间算法。给定 $q \in [\mu_i, \mu_{i+1}](i=0, \cdots, 2n)$，首先从集合 $N \setminus S_0$ 中选择一个订单作为最后一个订单 J_m，其他订单按 LPT 顺序排列，接下来求解问题的关键在于确定 q 值。将式 $q-\Delta=\sum_{k=1}^{m-1}p_{[k]}\pi_{[k]}$ 代入式（3.10），则求解问题（P3）可以转换为求解以下两种情况之一对应的问题：

1. $J_m \in S_1$

$$(P3.1)\ \max z(q)=\sum_{j=1}^{n_1-1}R_j-\gamma\sum_{j=1}^{n_1-1}\left[\sum_{k=n_1}^{m-1}(ap_k+bq)p_k+\sum_{k=j}^{n_1-1}p_k\right]+$$
$$\sum_{j=n_1}^{m-1}R_j(ap_j+bq)-\gamma\sum_{j=n_1}^{m-1}(ap_j+bq)\sum_{k=j}^{m-1}p_k(ap_k+bq)$$

s. t.　$\mu_i \leqslant q \leqslant \mu_{i+1}$

$q \geqslant u_i$

从问题（P3.1）的表述可知：若 $u_i > \mu_{i+1}$，则问题 P3.1 没有可行解；否则，q 值的范围为 $[\max(\mu_i, u_i), \mu_{i+1}]$。由于 $\dfrac{\partial^2 z(q)}{\partial q^2} = -2\gamma b^2 \sum\limits_{j=n_1}^{m-1} \sum\limits_{k=j}^{m-1} p_k < 0$，因此若问题有可行解，即 $q \in [\max(\mu_i, u_i), \mu_{i+1}]$，问题（P3.1）存在唯一的全局最优解 q。

2. $J_m \in S_2$

$$(\text{P3.2}) \quad \max z(q) = \sum_{j=1}^{n_1} R_j - \gamma \sum_{j=1}^{n_1} \left[\sum_{k=n_1+1}^{m-1} (ap_k + bq)p_k + \sum_{k=j}^{n_1} p_k \right] +$$
$$\sum_{j=n_1+1}^{m-1} R_j(ap_j + bq) - \gamma \sum_{j=n_1+1}^{m-1} (ap_j + bq) \sum_{k=j}^{m-1} p_k(ap_k + bq)$$

s. t. $\quad \mu_i \leqslant q \leqslant \mu_{i+1}$

$q \geqslant v_i$

同样地，对于问题（P3.2），若 $v_i > \mu_{i+1}$，则问题没有可行解；否则，q 值的范围为 $[\max(\mu_i, v_i), \mu_{i+1}]$。由于 $\dfrac{\partial^2 z(q)}{\partial q^2} = -2\gamma b^2 \sum\limits_{j=n_1+1}^{m-1} \sum\limits_{k=j}^{m-1} p_k < 0$，因此对于问题（P3.2），若问题存在可行解，即 $q \in [\max(\mu_i, v_i), \mu_{i+1}]$，则问题（P3.2）存在唯一的全局最优解 q。

对于问题（P3），其具体求解流程总结如下：

算法 3.3

步骤 1：计算 $\dfrac{1}{b} - \dfrac{a}{b}p_j$ 以及 $-\dfrac{a}{b}p_j$，$j=1, \cdots, n$。将 μ_0、μ_{2n+1} 以及 $\dfrac{1}{b} - \dfrac{a}{b}p_j$，$-\dfrac{a}{b}p_j$，$j=1, \cdots, n$，按非递减顺序进行排列，表示为 $\mu_0 < \mu_1 \leqslant \cdots \leqslant \mu_{2n} < \mu_{2n+1}$。

步骤 2：对于任意区间 $q \in [\mu_i, \mu_{i+1}]$，$i=0, \cdots, 2n$，进行以下步骤。

（1）将所有的到达订单划分到三个集合 S_0、S_1、S_2。

（2）对于集合 $N \backslash S_0$ 的任意订单，令其为订单 J_m，并将其他订单按 LPT 顺序进行排列。若 $J_m \in S_1$，则构建问题（P3.1）；若 $J_m \in S_2$，则构建问题（P3.2）。然后对构建的问题进行求解。

（3）选择具有最大的目标函数值对应的情形。

步骤 3：选择具有最大的目标函数值对应的区间。最优的交货期问询以及最优的订单加工顺序可根据步骤 2 求解。

定理 3.3 算法 3.3 在 $O(n^2\log n)$ 时间内为问题（P3）找到最优解。

证明： 算法 3.3 的正确性和最优性可以从引理 3.9～3.12 获知。同样地，可通过计算算法 3.3 中每个步骤的计算时间估计算法 3.3 的计算复杂度。步骤 1 由于要对元素值进行排序，因此至多需要 $O(n\log n)$ 时间。步骤 2 由于要考虑所有可能的区间并在该区间下对订单进行排序，因此至多需要 $O(n^2\log n)$ 时间。步骤 3 可在常数时间内完成。因此，算法 3.3 的计算复杂度为 $O(n^2\log n)$。证毕。

第五节　本章小结

　　本章研究了交货期问询会影响消费者提交订单概率的交货期问询调度问题。在本章的研究问题中，假定制造商采用 SLK 交货期问询方法确定订单的交货期，消费者提交订单的概率是问询交货期的确定性函数，并且制造商需要在问询的交货期前将所有提交的订单完工。加工订单会产生一定的调度成本，但同时也会给制造商带来一定的加工收益。问题的决策目标在于确定到达订单的交货期以及提交订单的加工顺序以极大化总期望收益减去总期望调度成本。本章考虑了三个子问题，问题的差别在于它们分别考虑了三种不同的调度成本，分别是制造期、总完工时间以及总提前时间。

　　对于三个子问题，首先，本章利用传统的生产调度与排序语言对各问题进行了表述。其次，分析了三个子问题中订单之间的空闲时间、最优订单加工顺序及最优交货期问询具有的性质。最后，基于上述结论，分别为三个子问题提出了最优求解算法。研究结果表明，三个子问题均是多项式时间可解的。

　　在未来的研究中，可从以下几个方面对本章的研究进行拓展：①考虑影响制造商运营系统性能的其他因素，如可控加工时间、启动时间、分批配送等；②考虑其他更为复杂的机器环境，如流水线、平行机等；③现实中每位消费者对订单完工时间的敏感性不同，因此可以考虑其他的消费者服务要求，如允许订单延误但希望订单延误的可能性尽可能小；④由于产品的价格和交货期均可能影响消费者提交订单的意愿，因此后续可以将价格问询与交货期问询进行结合以进一步优化制造商的决策行为，提升其运营绩效。

第四章　仅已知加工时间的均值—支持集的交货期问询调度问题

在第二章和第三章的研究问题中，均存在以下假设：订单的加工时间是事先给定的。然而，结合第一章的描述，现实中制造商可能会面临以下两种情形：①存在很多不确定性源会导致对订单加工时间的估计不准确；②没有关于随机加工时间的足够信息。因此，很有必要研究随机环境下的交货期问询调度问题。在随机环境下，尤其是针对随机加工时间，制造商经常会面临以下情况：决策者仅有关于随机加工时间的有限信息，或者决策者须安排一系列新型订单或长尾产品的生产加工，即决策者没有任何关于随机加工时间的信息。针对以上情况，均值—支持集方法常被用于描述随机加工时间，尤其是在项目管理之中。而现有随机环境下的交货期问询调度问题研究中尚未有文献利用均值—支持集方法对随机加工时间进行建模。

鉴于上述事实，本章在单机环境下研究了存在交货期问询和随机加工时间的调度问题。该问题假设决策者仅已知订单随机加工时间的均值和支持集（订单加工时间的区间）。问题的决策目标在于为所有订单同时确定加工顺序以及一组交货期以极小化因提前时间、延迟时间和交货期问询而产生的总期望单独加权成本。结合第一章关于随机环境下的交货期问询调度问题的研究现状，本章假设决策者采用 DIF 交货期问询方法确定每个订单的交货期，即决策者可为每个订单确定不同的交货期。

本章的内容与 Shabtay 和 Steiner（2006）、Xia 等（2008）以及 Yue 和 Zhou（2021）的研究相关。本章将 Shabtay 和 Steiner（2006）的研究拓展到了随机环境下，即考虑了随机加工时间。为求解本章的研究问题，本章采取了类似于 Xia 等（2008）以及 Yue 和 Zhou（2021）研究中提出的求解思路。与 Xia 等（2008）利用均值—方差描述随机加工时间、基于识别出的上界和下界的均值构建近似问题以及为近似问题提出启发式算法的过程不同，本章利用均值—支持集对随机加工时间进行建模。此外，本章研究了不同的目标函数且利用识别出的上界和下界的线性函数构建近似目标函数。更进一步地，本章提出了分支定界法以找到近似问题的最优解。本章的研究与 Yue 和 Zhou（2021）的研究主要有三个方面的不同，即决策内容、对于随机加工时间的假设以及识别问题上界的方法。首先，本章研究的问题须同时确定订单排序规则和交货期问询，而他们的研究在于确定订单排序规则和交货期窗口问询。其次，本章利用均值—支持集描述随机加工时间，而他们假设随机加工时间服从已知均值与方差的正态分布。最后，为识别问题的上界，本章采用鲁棒优化方法，他们主要是基于 Yue（2000）的研究结论获得上界。

本章的后续内容安排如下：第一节对本章的研究问题进行正式描述，第二节识别目标函数的上界和下界并构建近似问题，第三节提出分支定界算法以找到近似问题的最优解，第四节运行计算实验以评估提出的分支定界算法和两个启发式算法的性能，第五节对本章的研究内容进行总结并讨论未来可行的研究方向。

第一节　问题描述及相关结论

一、问题描述

本节将对研究问题进行正式的描述。在 t_0 时刻，制造商接收一组独立的订单 $N=\{J_1, \cdots, J_n\}$ 并利用其单条生产线在没有中断和空闲时间的情况下加工订单，且一次加工一个订单。每个订单 $J_j(j=1, 2, \cdots, n)$ 需要花费 p_j 单位时间进行加工。假定订单加工时间 p_j 是一个相互独立的随机变量，它服从具有有限均值 μ_j 和支持集 $V_j=[\underline{v}_j, \bar{v}_j]$ 的概率分布。在支持集 V_j 中，$\underline{v}_j$ 和 $\bar{v}_j$ 分别为订单加工时间 p_j 的下界和上界。然而，制造商不清楚加工时间 p_j 的具体分布形式。对于所有订单，制造商采用 DIF 方法为每个订单 $J_j(j=1, 2, \cdots, n)$ 确定一个交货期 d_j。

问题的决策目标在于确定一个订单加工顺序 $\boldsymbol{\sigma}$ 和一组交货期 $\boldsymbol{d}=\{d_1, \cdots, d_n\}$，以极小化因提前时间、延迟时间和交货期问询产生的总期望单独加权成本。对于任何给定的订单加工顺序 $\boldsymbol{\sigma}$，令 $J_{[i]}$ 表示位置 i 上的订单，那么目标函数 $z(\boldsymbol{\sigma}, \boldsymbol{d})$ 可表示为：

$$z(\boldsymbol{\sigma},\ \boldsymbol{d}) = \mathbf{E}_{\mathcal{F}}\left[\sum_{i=1}^{n}(\alpha_{[i]}E_{[i]} + \beta_{[i]}T_{[i]} + \gamma_{[i]}d_{[i]})\right] \qquad (4.1)$$

且本章的研究问题可正式表述为：

$$(\mathrm{P})\ \min_{\boldsymbol{\sigma},\ \boldsymbol{d}} z(\boldsymbol{\sigma},\ \boldsymbol{d}) = \min_{\boldsymbol{\sigma},\ \boldsymbol{d}} \mathbf{E}_{\mathcal{F}}\left[\sum_{i=1}^{n}(\alpha_{[i]}E_{[i]} + \beta_{[i]}T_{[i]} + \gamma_{[i]}d_{[i]})\right]$$

在问题（P）中，$E_{[i]} = \max\{0,\ d_{[i]} - C_{[i]}\}$ 表示订单 $J_{[i]}$ 的提前时间；$T_{[i]} = \max\{0,\ C_{[i]} - d_{[i]}\}$ 表示订单 $J_{[i]}$ 的延误时间；$C_{[i]}$ 是订单 $J_{[i]}$ 的完成时间；$\alpha_{[i]} > 0$、$\beta_{[i]} > 0$ 和 $\gamma_{[i]} > 0$ 是正参数，分别代表订单 $J_{[i]}$ 的单位提前时间成本、单位延误时间成本和单位交货期问询成本；$F_{[1]},\ \cdots,\ F_{[n]}$ 分别是订单 $J_{[1]},\ \cdots,$ $J_{[n]}$ 的加工时间的概率分布；$\mathcal{F}(F_{[1]},\ \cdots,\ F_{[n]})$ 是所有可能的多元分布的集合；$\mathbf{E}_{\mathcal{F}}[a]$ 表示变量 a 的期望。

问题（P）中涉及的符号总结如表 4-1 所示。

表 4-1　符号和相应的描述

符号	描述
J_j	第 j 个订单，$j = 1,\ \cdots,\ n$
p_j	随机变量，订单 J_j 的加工时间
μ_j	加工时间 p_j 的均值
V_j	加工时间 p_j 的支持集，其上界和下界分别是 $\underline{v}_j$ 和 $\bar{v}_j$
α_j	订单 J_j 的单位提前时间成本
β_j	订单 J_j 的单位延误时间成本
γ_j	订单 J_j 的交货期问询成本
d_j	决策变量，订单 J_j 的交货期
C_j	随机变量，订单 J_j 的完工时间
E_j	随机变量，订单 J_j 的提前时间
T_j	随机变量，订单 J_j 的延误时间
F_j	加工时间 p_j 的概率分布
$\mathcal{F}$	所有可能的多元分布的集合
$\boldsymbol{\sigma}$	订单加工顺序
$\boldsymbol{d}$	交货期集合

引理 4.1 存在一个最优订单加工顺序，在该顺序中所有订单从 t_0 时刻开始连续加工，没有任何空闲时间。

证明：引理 4.1 可使用类似于 Shabtay（2008）中提到的方法进行证明，该文献研究了本章研究问题的确定性版本问题。

假设存在一个最优订单加工顺序 S，该订单加工顺序中加工完订单 $J_{[l]}$ 的时间 t 之后包含一个时间间隔 Δ，即到时间 $t+\Delta$ 才开始加工下一个订单。令 $C(S) = [C_{[1]}(S), C_{[2]}(S), \cdots, C_{[n]}(S)]$ 和 $d(S) = [d_{[1]}(S), d_{[2]}(S), \cdots, d_{[n]}(S)]$ 分别表示加工顺序 S 下的完工时间向量和最优交货期向量，且用 $z(S, d(S))$ 表示相应的目标函数值，该值计算如下：

$$z(S, d(S)) = \mathbf{E}_{\mathcal{F}} \left[\sum_{i=1}^{n} (\alpha_{[i]} \max\{0, d_{[i]}(S) - C_{[i]}(S)\} + \right.$$

$$\left. \beta_{[i]} \max\{0, C_{[i]}(S) - d_{[i]}(S)\} + \gamma_{[i]} d_{[i]}(S)) \right]$$

注意，给定加工顺序 S 和交货期问询 $d(S)$，式 $z(S, d(S))$ 中的 $\mathbf{E}_{\mathcal{F}} \left[\sum_{i=1}^{n} \gamma_{[i]} d_{[i]}(S) \right]$ 是一个常数。现在将加工顺序 S 中的订单 $[l+1]$，$\cdots$，$[n]$ 的开始时间减少 Δ 个单位时间，同时将它们的交货期 $d(S)$ 减少 Δ 个单位时间，可以得到一个新的加工顺序 S' 和一组新的交货期问询 $d(\bar{S}) = [d_{[1]}(S), \cdots, d_{[l]}(S), d_{[l+1]}(S)-\Delta, \cdots, d_{[n]}(S)-\Delta]$。同时，还可以得到一组新的订单完成时间向量 $C(\bar{S}) = [C_{[1]}(S), \cdots, C_{[l]}(S), C_{[l+1]}(S)-\Delta\cdots, C_{[n]}(S)-\Delta]$。然后，相应的目标函数值 $z(\bar{S}, d(\bar{S}))$ 可表示如下：

$$z(\bar{S}, d(\bar{S})) = \mathbf{E}_{\mathcal{F}} \left[\sum_{i=1}^{n} (\alpha_{[i]} \max\{0, d_{[i]}(\bar{S}) - C_{[i]}(\bar{S})\} + \right.$$

$$\left. \beta_{[i]} \max\{0, C_{[i]}(\bar{S}) - d_{[i]}(\bar{S})\} + \gamma_{[i]} d_{[i]}(\bar{S})) \right]$$

类似地，给定订单加工顺序 $\bar{S}$ 和交货期问询 $d(\bar{S})$，式 $\mathbf{E}_{\mathcal{F}} \left[\sum_{i=1}^{n} \gamma_{[i]} d_{[i]}(\bar{S}) \right]$ 是一个常数。根据上述讨论，可以得到：

$z(\bar{S}, d(\bar{S})) = z(S, d(S)) - (n-l)\Delta$。

上述公式表明，在加工顺序 $\bar{S}$ 下的目标函数值小于在加工顺序 S 下的目标函数值。因此，存在一个最优订单加工顺序，其中所有订单从 t_0 时刻开始连续处理，没有任何空闲时间。证毕。

利用引理 4.1，对于任何给定的订单加工顺序 $\boldsymbol{\sigma}$，可以得出 $C_{[i]} = \sum_{l=1}^{i} p_{[l]}$。由于所有订单的加工时间都是相互独立的随机变量，因此订单 $J_{[i]}$ 的完成时间 $C_{[i]}$ 的均值和支持集与其分布和交货期无关。令 $\eta_{[i]}$ 和 $D_{[i]}$ 分别表示完成时间 $C_{[i]}$ 的均值和支持集，那么可以得到：

$$\eta_{[i]} = \mathbf{E}[C_{[i]}] = \sum_{l=1}^{i} \mu_{[l]}, \quad D_{[i]} = [\underline{w}_{[i]}, \overline{w}_{[i]}]$$

其中，$\underline{w}_{[i]} = \sum_{l=1}^{i} \underline{v}_{[l]}, \quad \overline{w}_{[i]} = \sum_{l=1}^{i} \overline{v}_{[l]}$。

利用以下事实 $T_{[i]} = E_{[i]} + C_{[i]} - d_{[i]}$，问题（P）中的目标函数 $z(\boldsymbol{\sigma}, \boldsymbol{d})$ 可转化为：

$$z(\boldsymbol{\sigma}, \boldsymbol{d}) = \mathbf{E}_{\mathcal{F}}\left\{\sum_{i=1}^{n}[(\alpha_{[i]} + \beta_{[i]})E_{[i]} + (\gamma_{[i]} - \beta_{[i]})d_{[i]} + \beta_{[i]}C_{[i]}]\right\} \quad (4.2)$$

且问题（P）可表示为：

$$(P) \min_{\boldsymbol{\sigma}, \boldsymbol{d}} z(\boldsymbol{\sigma}, \boldsymbol{d}) = \min_{\boldsymbol{\sigma}, \boldsymbol{d}} \mathbf{E}_{\mathcal{F}}\left\{\sum_{i=1}^{n}[(\alpha_{[i]} + \beta_{[i]})E_{[i]} + (\gamma_{[i]} - \beta_{[i]})d_{[i]} + \beta_{[i]}C_{[i]}]\right\}$$

对于问题（P），给定任何订单加工顺序 $\boldsymbol{\sigma}$ 和交货期间询 $\boldsymbol{d}$，很显然 $\mathbf{E}_{\mathcal{F}}\left[\sum_{i=1}^{n}(\gamma_{[i]} - \beta_{[i]})d_{[i]}\right]$ 是一个常数，且 $\mathbf{E}_{\mathcal{F}}\left[\sum_{i=1}^{n}\beta_{[i]}C_{[i]}\right]$ 也是一个常数，即 $\mathbf{E}_{\mathcal{F}}\left[\sum_{i=1}^{n}\beta_{[i]}C_{[i]}\right] = \sum_{i=1}^{n}\beta_{[i]}\eta_{[i]}$。因此，问题（P）可表示为：

$$(P) \min_{\boldsymbol{\sigma}, \boldsymbol{d}} z(\boldsymbol{\sigma}, \boldsymbol{d}) = \min_{\boldsymbol{\sigma}, \boldsymbol{d}}\left\{\mathbf{E}_{\mathcal{F}}\left[\sum_{i=1}^{n}(\alpha_{[i]} + \beta_{[i]})E_{[i]}\right] + \sum_{i=1}^{n}[(\gamma_{[i]} - \beta_{[i]})d_{[i]} + \beta_{[i]}\eta_{[i]}]\right\}$$

二、基本结论

接下来通过分析问题（P）中的目标函数以及成本参数之间的关系明确最优交货期间询具有的性质。这些结果总结在引理 4.2 和引理 4.3 中。

引理 4.2 对于订单 $J_{[i]}$，$i=1$，2，$\cdots$，n，若其成本参数满足 $\beta_{[i]} \leqslant \gamma_{[i]}$，则订单 $J_{[i]}$ 的最优交货期 $d_{[i]}^*$ 被设置为 $d_{[i]}^* = 0$。

证明： 给定订单加工顺序 $\boldsymbol{\sigma}$ 和加工时间的分布，很明显，问题（P）中的目标函数 $z(\boldsymbol{\sigma}, \boldsymbol{d})$ 是可分离的。定义 $z_{[i]}(\boldsymbol{\sigma}, \boldsymbol{d})$ 为订单 $J_{[i]}$ 的目标函数，可以得到：

$$z_{[i]}(\boldsymbol{\sigma}, \boldsymbol{d}) = \mathbf{E}_{\mathcal{F}}\left[(\alpha_{[i]} + \beta_{[i]}) E_{[i]} \right] + (\gamma_{[i]} - \beta_{[i]}) d_{[i]} + \beta_{[i]} \eta_{[i]}$$
$$= \mathbf{E}_{\mathcal{F}}\left[(\alpha_{[i]} + \beta_{[i]}) \max\{0, d_{[i]} - C_{[i]}\} \right] + (\gamma_{[i]} - \beta_{[i]}) d_{[i]} + \beta_{[i]} \eta_{[i]}$$

根据上述目标函数 $z_{[i]}(\boldsymbol{\sigma}, \boldsymbol{d})$，如果要在 $\beta_{[i]} \leqslant \gamma_{[i]}$ 时将其极小化，则交货期 $d_{[i]}$ 应尽可能小。因此，若 $\beta_{[i]} \leqslant \gamma_{[i]}$，则设置 $d_{[i]}^* = 0$。证毕。

引理 4.3 在最优的交货期问询中，订单 $J_{[i]}$ 的最优交货期 $d_{[i]}^*$，$i=1$，2，$\cdots$，n，不大于它的完工时间的上界，即 $0 \leqslant d_{[i]}^* \leqslant \overline{w}_{[i]}$。

证明： 利用如下事实 $E_{[i]} = T_{[i]} + d_{[i]} - C_{[i]}$，问题（P）中的目标函数 $z(\boldsymbol{\sigma}, \boldsymbol{d})$ 等价于

$$z(\boldsymbol{\sigma}, \boldsymbol{d}) = \mathbf{E}_{\mathcal{F}}\left[\sum_{i=1}^{n} (\alpha_{[i]} + \beta_{[i]}) T_{[i]} \right] + \sum_{i=1}^{n} (\alpha_{[i]} + \gamma_{[i]}) d_{[i]} - \sum_{i=1}^{n} \alpha_{[i]} \eta_{[i]}$$

对于任何订单加工顺序 $\boldsymbol{\sigma}$ 和加工时间的分布，很显然，上述目标函数 $z(\boldsymbol{\sigma}, \boldsymbol{d})$ 也是可分离的。定义 $z_{[i]}(\boldsymbol{\sigma}, \boldsymbol{d})$ 为订单 $J_{[i]}$ 的目标函数，可以得到：

$$z_{[i]}(\boldsymbol{\sigma}, \boldsymbol{d}) = \mathbf{E}_{\mathcal{F}}\left[(\alpha_{[i]} + \beta_{[i]}) \max\{0, C_{[i]} - d_{[i]}\} \right] + (\alpha_{[i]} + \gamma_{[i]}) d_{[i]} - \alpha_{[i]} \eta_{[i]}$$

现在考虑最优交货期 $d_{[i]}^*$ 的两种情况。在情况 1 中，有 $d_{[i]}^* > \overline{w}_{[i]}$。通过订单 $J_{[i]}$ 的支持集的定义，可以得到 $C_{[i]} \leqslant \overline{w}_{[i]}$。因此，可以进一步得到 $\max\{0, C_{[i]} - d_{[i]}^*\} = 0$，且得到情况 1 下的目标函数值 $z_{[i]}^{1*}(\boldsymbol{\sigma}, \boldsymbol{d})$，即 $z_{[i]}^{1*}(\boldsymbol{\sigma}, \boldsymbol{d}) = (\alpha_{[i]} + \gamma_{[i]}) d_{[i]}^* - \alpha_{[i]} \eta_{[i]}$。在情况 2 中，有 $d_{[i]}^* = \overline{w}_{[i]}$。同样地，可以进一步得到 $\max\{0, C_{[i]} - d_{[i]}^*\} = 0$，并得到情况 2 下的目标函数值 $z_{[i]}^{2*}(\boldsymbol{\sigma}, \boldsymbol{d})$，即 $z_{[i]}^{2*}(\boldsymbol{\sigma}, \boldsymbol{d}) = (\alpha_{[i]} + \gamma_{[i]}) \overline{w}_{[i]} - \alpha_{[i]} \eta_{[i]}$。通过以上对两种情况的描述，可以得出 $z_{[i]}^{1*}(\boldsymbol{\sigma}, \boldsymbol{d}) > z_{[i]}^{2*}(\boldsymbol{\sigma}, \boldsymbol{d})$。因此，在最优订单加工顺序中，最优交货时间 $d_{[i]}^*$ 应满足 $0 \leqslant d_{[i]}^* \leqslant \overline{w}_{[i]}$。证毕。

第二节　问题近似

由于仅已知随机加工时间的平均值和支持集，因此直接计算问题（P）中的

目标函数 $z(\boldsymbol{\sigma}, \boldsymbol{d})$ 具有挑战性。为了应对这一挑战，本节确定了问题（P）中目标函数 $z(\boldsymbol{\sigma}, \boldsymbol{d})$ 的上界和下界，并使用它们的线性函数对原目标函数进行近似。在此基础上，本节建立相应的近似问题。

在问题（P）中，给定任何一个订单加工顺序 $\boldsymbol{\sigma}$ 和一组交货期问询 $\boldsymbol{d}$，$\sum_{i=1}^{n}\left[\left(\gamma_{[i]} - \beta_{[i]}\right)d_{[i]} + \beta_{[i]}\eta_{[i]}\right]$ 是一个常数，此时只需要计算下面的式子：

$$\mathbf{E}_{\mathcal{F}}\left[\sum_{i=1}^{n}\left(\alpha_{[i]} + \beta_{[i]}\right)E_{[i]}\right] \tag{4.3}$$

类似地，给定一个订单加工顺序 $\boldsymbol{\sigma}$ 和一组交货期 $\boldsymbol{d}$，不能直接计算式（4.3）的值，因为仅已知随机加工时间的平均值和支持集。因此，接下来本部分首先确定式（4.3）中 $\mathbf{E}_{\mathcal{F}}\left[\sum_{i=1}^{n}\left(\alpha_{[i]} + \beta_{[i]}\right)E_{[i]}\right]$ 的上界和下界，然后据此得到问题（P）中目标函数 $z(\boldsymbol{\sigma}, \boldsymbol{d})$ 的上界和下界。

一、上界

给定一个订单加工顺序 $\boldsymbol{\sigma}$ 和一组交货期 $\boldsymbol{d}$，可通过求解如下鲁棒优化问题以识别式（4.3）中 $\mathbf{E}_{\mathcal{F}}\left[\sum_{i=1}^{n}\left(\alpha_{[i]} + \beta_{[i]}\right)E_{[i]}\right]$ 的上界：

$$(\text{RO}) \ \max_{F \in \mathcal{F}}\mathbf{E}_{\mathcal{F}}\left[\sum_{i=1}^{n}\left(\alpha_{[i]} + \beta_{[i]}\right)E_{[i]}\right]$$

其中，F 是加工时间的多元分布之一，且 $F_{[i]}$ 是加工时间 $p_{[i]}$ 的边际分布，满足：

$$E_{F_{[i]}}[p_{[i]}] = \mu_{[i]}, \ i = 1, \cdots, n$$

定义 $\boldsymbol{E} = \{E_{[1]}, \cdots, E_{[n]}\}$。利用如下事实 $E_{[i]} = \max\{0, d_{[i]} - C_{[i]}\}$，问题（RO）中式子 $\sum_{i=1}^{n}\left(\alpha_{[i]} + \beta_{[i]}\right)E_{[i]}$ 与如下问题（P1）等价：

$$(\text{P1}) \ \min_{E}\sum_{i=1}^{n}\left(\alpha_{[i]} + \beta_{[i]}\right)E_{[i]}$$

$$\text{s.t.} \quad E_{[i]} \geq d_{[i]} - C_{[i]}, \ i = 1, \cdots, n$$

$$E_{[i]} \geq 0, \ i = 1, \cdots, n$$

定义 $\boldsymbol{\varepsilon} = \{\varepsilon_{[1]}, \cdots, \varepsilon_{[n]}\}$ 为问题（P1）的一组对偶变量，问题（P1）的对偶问题（P1_Dual）可表述为：

$$(\text{P1\_Dual}) \max_{\varepsilon} \sum_{i=1}^{n} (d_{[i]} - C_{[i]}) \varepsilon_{[i]}$$

$$\text{s. t.} \quad \varepsilon_{[i]} \leqslant \alpha_{[i]} + \beta_{[i]}, \ i = 1, \cdots, n$$

$$\varepsilon_{[i]} \geqslant 0, \ i = 1, \cdots, n$$

令 $\boldsymbol{x} = \{x_{[1]}, \cdots, x_{[n]}\}$ 以及 $x_{[i]} = \varepsilon_{[i]}/(\alpha_{[i]} + \beta_{[i]})$，$i = 1, \cdots, n$，则上述对偶问题（P1_Dual）等价于：

$$(\text{P1\_Dual}) \max_{x} \sum_{i=1}^{n} (\alpha_{[i]} + \beta_{[i]})(d_{[i]} - C_{[i]}) x_{[i]}$$

$$\text{s. t.} \quad x_{[i]} \leqslant 1, \ i = 1, \cdots, n$$

$$x_{[i]} \geqslant 0, \ i = 1, \cdots, n$$

很明显，问题（P1_Dual）的最优解可在极端值处获得。这意味着 $x_{[i]} = 0$ 或 1。因此，问题（P1_Dual）可以重新表示为：

$$(\text{P1\_Dual}) \max_{x} \sum_{i=1}^{n} (\alpha_{[i]} + \beta_{[i]})(d_{[i]} - C_{[i]}) x_{[i]}$$

$$\text{s. t.} \quad x_{[i]} \in \{0, 1\}, \ i = 1, \cdots, n$$

将问题（RO）中的式子 $\sum_{i=1}^{n} (\alpha_{[i]} + \beta_{[i]}) E_{[i]}$ 用问题（P1_Dual）代替，且令 $u_{[i]} = (\alpha_{[i]} + \beta_{[i]})(d_{[i]} - C_{[i]})$，则问题（RO）可转化为：

$$(\text{RO}) \max_{F \in \mathcal{F}} \mathbf{E}_F \left[\max_{x} \sum_{i=1}^{n} u_{[i]} x_{[i]} \right]$$

$$\text{s. t.} \quad x_{[i]} \in \{0, 1\}, \ i = 1, \cdots, n$$

为了找到上述问题（RO）的最优解，本节参考 Bertsimas 等（2004）中的以下结果，（即推论 4.1、推论 4.2）。

推论 4.1 对于标准 0~1 最大化问题：

$$Z_{\max}^{*}(\boldsymbol{c}) = \sup_{\theta} \mathbf{E}_{\theta} \left[\sum_{i=1}^{n} c_i \delta_i \right]$$

$$\text{s. t.} \quad \theta \in \Theta(G_1, \cdots, G_n)$$

其中，$\boldsymbol{c} = \{c_1, \cdots, c_n\}$ 是目标向量，δ_i 是决策变量且 $\delta_i = 0$ 或 1，G_i 是 c_i 的边际分布函数，θ 是多元分布，Θ 是一类可行分布。当 G_i 未知，但位于集合 $\mathbb{G}_i$ 中时，以下不等式成立：

$$Z_{\max}^{*}(\boldsymbol{c}) \leqslant \min_{e \in R^n} \left[Z_{\max}^{*}(\boldsymbol{e}) + \sum_{i=1}^{n} \sup_{G_i \in \mathbb{G}_i} \mathbf{E}_{G_i} [c_i - e_i]^{+} \right],$$

其中，$\boldsymbol{e} = \{e_1, \cdots, e_n\}$ 是一个任意变量且 $Z_{\max}^*(\boldsymbol{e}) = \sum_{i=1}^{n} e_i \delta_i$。

推论 4.2 给定有界范围 $\Omega_i = [\underline{c}_i, \overline{c}_i]$ 和每个系数 c_i 的一阶矩 μ_i，通过求解推论 4.1 中不等式右侧的公式，可得出标准 $0 \sim 1$ 最大化问题的最优解：

$$Z_{\max}^*(\boldsymbol{c}) = \min_{\boldsymbol{e} \in [\underline{c}, \overline{c}]} \left[z_{\max}^*(\boldsymbol{e}) + \sum_{i=1}^{n} \left(\frac{\mu_i - \underline{c}_i}{\overline{c}_i - \underline{c}_i} \right) (\overline{c}_i - e_i) \right]$$

根据推论 4.1，通过求解以下问题（P2）可得到变换后的问题（RO）的上界：

$$(\text{P2}) \min_{\boldsymbol{b}, \boldsymbol{x}} \left[z_{\max}^*(\boldsymbol{b}) + \sum_{i=1}^{n} \max_{F_i} \mathbf{E}_{F_{[i]}} \left[\max\{0, u_{[i]} - b_{[i]}\} \right] \right]$$

s. t.　$\boldsymbol{b} \in R^n$

$x_{[i]} \in \{0, 1\}$，$i = 1, \cdots, n$。

其中，$\boldsymbol{b} = \{b_{[1]}, \cdots, b_{[n]}\}$ 是一个任意变量且 $z_{\max}^*(\boldsymbol{b}) = \max_{\boldsymbol{x}} \sum_{i=1}^{n} b_{[i]} x_{[i]}$。

定义以下三个符号 $\tilde{u}_{[i]} = (\alpha_{[i]} + \beta_{[i]})(d_{[i]} - \eta_{[i]})$，$\underline{u}_{[i]} = (\alpha_{[i]} + \beta_{[i]})(d_{[i]} - \overline{w}_{[i]})$ 以及 $\overline{u}_{[i]} = (\alpha_{[i]} + \beta_{[i]})(d_{[i]} - \underline{w}_{[i]})$，则问题（P2）中的 $u_{[i]} = (\alpha_{[i]} + \beta_{[i]})(d_{[i]} - C_{[i]})$ 的均值和支持集可分别表示为 $\tilde{u}_{[i]}$ 以及 $[\underline{u}_{[i]}, \overline{u}_{[i]}]$。给定 $u_{[i]}$ 的均值 $\tilde{u}_{[i]}$ 和支持集 $[\underline{u}_{[i]}, \overline{u}_{[i]}]$，基于推论 4.2，问题（P2）可表述为以下问题（P3），并且通过求解问题（P3）可产生问题（RO）的最优解：

$$(\text{P3}) \min_{\boldsymbol{b}, \boldsymbol{x}} \left[z_{\max}^*(\boldsymbol{b}) + \sum_{i=1}^{n} \left(\frac{\overline{w}_{[i]} - \eta_{[i]}}{\overline{w}_{[i]} - \underline{w}_{[i]}} \right) \left[(\alpha_{[i]} + \beta_{[i]})(d_{[i]} - \underline{w}_{[i]}) - b_{[i]} \right] \right]$$

s. t.　$x_{[i]} \in \{0, 1\}$，$i = 1, \cdots, n$

$b_{[i]} \in \left[(\alpha_{[i]} + \beta_{[i]})(d_{[i]} - \overline{w}_{[i]}), (\alpha_{[i]} + \beta_{[i]})(d_{[i]} - \underline{w}_{[i]}) \right]$，$i = 1, \cdots, n$

很明显，问题（P3）中的目标函数是可分离的。令 $g_{[i]}(\boldsymbol{b}, \boldsymbol{x}) = \max_{b_{[i]}, x_{[i]}} b_{[i]} x_{[i]} + \left(\frac{\overline{w}_{[i]} - \eta_{[i]}}{\overline{w}_{[i]} - \underline{w}_{[i]}} \right) \left[(\alpha_{[i]} + \beta_{[i]})(d_{[i]} - \underline{w}_{[i]}) - b_{[i]} \right]$ 表示订单 $J_{[i]}$ 的目标函数，则问题（P3）可被重新表示为：

$$(\text{P3}) \min_{\boldsymbol{b}, \boldsymbol{x}} \sum_{i=1}^{n} g_{[i]}(\boldsymbol{b}, \boldsymbol{x})$$

s. t.　$x_{[i]} \in \{0, 1\}$，$i = 1, \cdots, n$

$b_{[i]} \in \left[(\alpha_{[i]} + \beta_{[i]})(d_{[i]} - \overline{w}_{[i]}), (\alpha_{[i]} + \beta_{[i]})(d_{[i]} - \underline{w}_{[i]}) \right]$，$i = 1, \cdots, n$

引理 4.4 给定一个订单加工顺序 $\boldsymbol{\sigma}$ 和一组交货期 $\boldsymbol{d}$，问题（P3）中的最优值 $g_{[i]}^*(\boldsymbol{b}, \boldsymbol{x})$ 可计算如下：

$$g_{[i]}^*(\boldsymbol{b}, \boldsymbol{x}) = \begin{cases} 0, & \text{if } 0 \leqslant d_{[i]} \leqslant \underline{w}_{[i]} \\ (\alpha_{[i]} + \beta_{[i]})\left(\dfrac{\overline{w}_{[i]} - \eta_{[i]}}{\overline{w}_{[i]} - \underline{w}_{[i]}}\right)(d_{[i]} - \underline{w}_{[i]}), & \underline{w}_{[i]} \leqslant d_{[i]} \leqslant \overline{w}_{[i]} \end{cases}$$

证明： 根据引理 4.3，可以得到 $0 \leqslant d_{[i]} \leqslant \overline{w}_{[i]}$，以及 $b_{[i]} \in [(\alpha_{[i]} + \beta_{[i]})(d_{[i]} - \overline{w}_{[i]}), (\alpha_{[i]} + \beta_{[i]})(d_{[i]} - \underline{w}_{[i]})]$。因此，接下来考虑 $d_{[i]}$ 的两类情况：情形 1 $(0 \leqslant d_{[i]} \leqslant \underline{w}_{[i]})$；以及情形 2 $(\underline{w}_{[i]} \leqslant d_{[i]} \leqslant \overline{w}_{[i]})$。

情形 1： $0 \leqslant d_{[i]} \leqslant \underline{w}_{[i]}$

在情形 1 下，可以得到 $b_{[i]} \leqslant 0$。因此，为极大化 $g_{[i]}(\boldsymbol{b}, \boldsymbol{x}) = \max\limits_{x_{[i]}} b_{[i]} x_{[i]} + \left(\dfrac{\overline{w}_{[i]} - \eta_{[i]}}{\overline{w}_{[i]} - \underline{w}_{[i]}}\right)[(\alpha_{[i]} + \beta_{[i]})(d_{[i]} - \underline{w}_{[i]}) - b_{[i]}]$ 中的 $b_{[i]} x_{[i]}$，可得到 $x_{[i]}^* = 0$。然后，$g_{[i]}(\boldsymbol{b}, \boldsymbol{x})$ 可简化为：

$$g_{[i]}(\boldsymbol{b}, \boldsymbol{x}) = \left(\dfrac{\overline{w}_{[i]} - \eta_{[i]}}{\overline{w}_{[i]} - \underline{w}_{[i]}}\right)[(\alpha_{[i]} + \beta_{[i]})(d_{[i]} - \underline{w}_{[i]}) - b_{[i]}]$$

利用如下事实 $\dfrac{\overline{w}_{[i]} - \eta_{[i]}}{\overline{w}_{[i]} - \underline{w}_{[i]}} > 0$ 以及 $b_{[i]} \in [(\alpha_{[i]} + \beta_{[i]})(d_{[i]} - \overline{w}_{[i]}), (\alpha_{[i]} + \beta_{[i]})(d_{[i]} - \underline{w}_{[i]})]$，为极小化 $g_{[i]}(\boldsymbol{b}, \boldsymbol{x})$，可以得出结论：$b_{[i]}^* = (\alpha_{[i]} + \beta_{[i]})(d_{[i]} - \underline{w}_{[i]})$ 以及 $g_{[i]}^*(\boldsymbol{b}, \boldsymbol{x}) = 0$。

情形 2： $\underline{w}_{[i]} \leqslant d_{[i]} \leqslant \overline{w}_{[i]}$

在情形 2 下，可以得到 $(\alpha_{[i]} + \beta_{[i]})(d_{[i]} - \overline{w}_{[i]}) \leqslant 0$ 以及 $(\alpha_{[i]} + \beta_{[i]})(d_{[i]} - \underline{w}_{[i]}) \geqslant 0$。因此，接下来考虑 $b_{[i]}$ 的两个可能情况：① $b_{[i]} \in [(\alpha_{[i]} + \beta_{[i]})(d_{[i]} - \overline{w}_{[i]}), 0]$；② $b_{[i]} \in [0, (\alpha_{[i]} + \beta_{[i]})(d_{[i]} - \underline{w}_{[i]})]$。

（1）$b_{[i]} \in [(\alpha_{[i]} + \beta_{[i]})(d_{[i]} - \overline{w}_{[i]}), 0]$。

在这个情形下，可以得到 $b_{[i]} \leqslant 0$。因此，为极大化 $g_{[i]}(\boldsymbol{b}, \boldsymbol{x})$ 中的 $b_{[i]} x_{[i]}$，可得到 $x_{[i]}^* = 0$。现在 $g_{[i]}(\boldsymbol{b}, \boldsymbol{x})$ 可简化为：

$$g_{[i]}(\boldsymbol{b}, \boldsymbol{x}) = \left(\dfrac{\overline{w}_{[i]} - \eta_{[i]}}{\overline{w}_{[i]} - \underline{w}_{[i]}}\right)[(\alpha_{[i]} + \beta_{[i]})(d_{[i]} - \underline{w}_{[i]}) - b_{[i]}]$$

利用如下事实：$\dfrac{\overline{w}_{[i]} - \eta_{[i]}}{\overline{w}_{[i]} - \underline{w}_{[i]}} > 0$ 以及 $b_{[i]} \in [(\alpha_{[i]} + \beta_{[i]})(d_{[i]} - \overline{w}_{[i]}), 0]$，为极小

化 $g_{[i]}(\boldsymbol{b}, \boldsymbol{x})$，可以得出结论：$b_{[i]}^* = 0$ 以及 $g_{[i]}^*(\boldsymbol{b}, \boldsymbol{x}) = \left(\dfrac{\overline{w}_{[i]} - \eta_{[i]}}{\overline{w}_{[i]} - \underline{w}_{[i]}} \right) (\alpha_{[i]} + \beta_{[i]})$
$(d_{[i]} - \underline{w}_{[i]})$。

(2) $b_{[i]} \in [0, (\alpha_{[i]} + \beta_{[i]})(d_{[i]} - \underline{w}_{[i]})]$。

在这个情形下，可以得到 $b_{[i]} \geqslant 0$。因此，为极大化 $g_{[i]}(\boldsymbol{b}, \boldsymbol{x})$ 中的 $b_{[i]} x_{[i]}$，可得到 $x_{[i]}^* = 1$。现在在 $g_{[i]}(\boldsymbol{b}, \boldsymbol{x})$ 可简化为：

$$g_{[i]}(\boldsymbol{b}, \boldsymbol{x}) = \left(1 - \frac{\overline{w}_{[i]} - \eta_{[i]}}{\overline{w}_{[i]} - \underline{w}_{[i]}} \right) b_{[i]} + \left(\frac{\overline{w}_{[i]} - \eta_{[i]}}{\overline{w}_{[i]} - \underline{w}_{[i]}} \right) (\alpha_{[i]} + \beta_{[i]})(d_{[i]} - \underline{w}_{[i]})$$

利用如下事实：$1 - \dfrac{\overline{w}_{[i]} - \eta_{[i]}}{\overline{w}_{[i]} - \underline{w}_{[i]}} > 0$ 以及 $b_{[i]} \in [0, (\alpha_{[i]} + \beta_{[i]})(d_{[i]} - \underline{w}_{[i]})]$，为极

小化 $g_{[i]}(\boldsymbol{b}, \boldsymbol{x})$，可以得出结论 $b_{[i]}^* = 0$ 以及 $g_{[i]}^*(\boldsymbol{b}, \boldsymbol{x}) = \left(\dfrac{\overline{w}_{[i]} - \eta_{[i]}}{\overline{w}_{[i]} - \underline{w}_{[i]}} \right) (\alpha_{[i]} + \beta_{[i]})$
$(d_{[i]} - \underline{w}_{[i]})$。

通过将情形 2 下的所有情况放在一起并对比 $g_{[i]}^*(\boldsymbol{b}, \boldsymbol{x})$ 的值，可以得到：对于情形 2 ($\underline{w}_{[i]} \leqslant d_{[i]} \leqslant \overline{w}_{[i]}$)，最优解满足 $b_{[i]}^* = 0$ 以及 $g_{[i]}^*(\boldsymbol{b}, \boldsymbol{x}) = \left(\dfrac{\overline{w}_{[i]} - \eta_{[i]}}{\overline{w}_{[i]} - \underline{w}_{[i]}} \right) (\alpha_{[i]} + \beta_{[i]})(d_{[i]} - \underline{w}_{[i]})$。证毕。

基于引理 4.4，给定一个订单加工顺序 $\boldsymbol{\sigma}$ 和一组交货期 $\boldsymbol{d}$，问题（P3）的最优目标函数值为 $\sum_{i=1}^{n} g_{[i]}^*(\boldsymbol{b}, \boldsymbol{x})$，这也是问题（RO）的最优解。通过以上讨论，$\sum_{i=1}^{n} g_{[i]}^*(\boldsymbol{b}, \boldsymbol{x})$ 是式（4.3）中 $\mathbf{E}_{\mathscr{F}} \left[\sum_{i=1}^{n} (\alpha_{[i]} + \beta_{[i]}) E_{[i]} \right]$ 的上界。现在令 **upper_value** 表示问题（P）中 $z(\boldsymbol{\sigma}, \boldsymbol{d})$ 的上界，然后可以得到：

$$\boldsymbol{upper\_value} = \sum_{i=1}^{n} \left[g_{[i]}^*(\boldsymbol{b}, \boldsymbol{x}) + (\gamma_{[i]} - \beta_{[i]}) d_{[i]} + \beta_{[i]} \eta_{[i]} \right] \tag{4.4}$$

注意，在本章的研究问题中，无法确定式（4.4）中的上界（**upper_value**）是否是紧的。

二、下界

根据 Yue（2000）的结果，有以下推论 4.3：

推论 4.3 令 y 是满足一定概率分布的随机变量，平均值为 U，方差为 V^2。

定义：

$$H(q)=t_1\mathbf{E}[\max\{q-y,\ 0\}]+t_2\mathbf{E}[\max\{y-q,\ 0\}],$$

其中，$t_1>0$，$t_2>0$ 是确定的正数，$q\geqslant0$ 是一个决策变量，并且 $H(q)$ 是总加权期望值。以下不等式对任何非负 q 都成立：

$$t_1\max\{q-U,\ 0\}+t_2\max\{U-q,\ 0\}\leqslant H(q)$$

$$\leqslant\frac{1}{2}[(t_1-t_2)(q-U)+(t_1+t_2)\sqrt{V^2+(q-U)^2}]$$

根据推论 4.3，给定任何订单加工顺序 $\boldsymbol{\sigma}$，可以得到：

$$\mathbf{E}_{\mathcal{F}}\left[\sum_{i=1}^{n}(\alpha_{[i]}E_{[i]}+\beta_{[i]}T_{[i]})\right]$$

$$=\mathbf{E}_{\mathcal{F}}\left[\sum_{i=1}^{n}(\alpha_{[i]}\max\{0,\ d_{[i]}-C_{[i]}\}+\beta_{[i]}\max\{0,\ C_{[i]}-d_{[i]}\})\right]$$

$$\geqslant\sum_{i=1}^{n}[\alpha_{[i]}\max\{0,\ d_{[i]}-\eta_{[i]}\}+\beta_{[i]}\max\{0,\ \eta_{[i]}-d_{[i]}\}] \qquad (4.5)$$

利用 $\mathbf{E}_{\mathcal{F}}\left[\sum_{i=1}^{n}(\alpha_{[i]}E_{[i]}+\beta_{[i]}T_{[i]})\right]=\mathbf{E}_{\mathcal{F}}\left[\sum_{i=1}^{n}(\alpha_{[i]}+\beta_{[i]})E_{[i]}\right]-\sum_{i=1}^{n}\beta_{[i]}$

$(d_{[i]}-\eta_{[i]})$、$\sum_{i=1}^{n}[\alpha_{[i]}\max\{0,\ d_{[i]}-\eta_{[i]}\}+\beta_{[i]}\max\{0,\ \eta_{[i]}-d_{[i]}]=\sum_{i=1}^{n}(\alpha_{[i]}+$

$\beta_{[i]})\max\{0,\ d_{[i]}-\eta_{[i]}\}-\sum_{i=1}^{n}\beta_{[i]}(d_{[i]}-\eta_{[i]})$，式（4.5）意味着：

$$\mathbf{E}_{\mathcal{F}}\left[\sum_{i=1}^{n}(\alpha_{[i]}+\beta_{[i]})E_{[i]}\right]\geqslant\sum_{i=1}^{n}(\alpha_{[i]}+\beta_{[i]})\max\{0,\ d_{[i]}-\eta_{[i]}\}$$

根据上述讨论，$\sum_{i=1}^{n}(\alpha_{[i]}+\beta_{[i]})\max\{0,\ d_{[i]}-\eta_{[i]}\}$ 是式（4.3）中 $\mathbf{E}_{\mathcal{F}}\left[\sum_{i=1}^{n}(\alpha_{[i]}+\beta_{[i]})E_{[i]}\right]$ 的一个下界。现在令 *lower_ value* 表示问题（P）中 $z(\boldsymbol{\sigma},\boldsymbol{d})$ 的一个下界，则可以得到：

$$\boldsymbol{lower\_ value}=\sum_{i=1}^{n}[(\alpha_{[i]}+\beta_{[i]})\max\{0,\ d_{[i]}-\eta_{[i]}\}+$$
$$(\gamma_{[i]}-\beta_{[i]})d_{[i]}+\beta_{[i]}\eta_{[i]}] \qquad (4.6)$$

注意，Yue（2000）指出对于具有已知平均值 U 和方差 V^2 的两点概率分布，推论 4.3 中的上界和下界中的任何一个都是紧的。根据推论 4.3，下界只需要随机变量的均值 U 的信息。由于本章研究问题中，随机加工时间的均值和支持集是已知的，因此可以得出结论：对于具有已知均值和随机加工时间支持集的可行两点概率分布，式（4.6）中确定的下界（*lower_value*）是紧的。在本章的研究问题中，对于具有已知均值 μ_j 和支持集 $[\underline{v}_j, \overline{v}_j]$ 的随机加工时间 p_j，紧的两点分布如下：$p_j = \underline{v}_j$ 且概率为 $\dfrac{\overline{v}_j - \mu_j}{\overline{v}_j - \underline{v}_j}$，以及 $p_j = \overline{v}_j$ 且概率为 $\dfrac{\mu_j - \underline{v}_j}{\overline{v}_j - \underline{v}_j}$。

三、近似问题

本节基于已识别的下界和上界的线性函数来近似问题（P）中的目标函数 $z(\boldsymbol{\sigma}, \boldsymbol{d})$。令 $\lambda(0 \leq \lambda \leq 1)$ 为线性函数中已识别上界的比例，$A(\boldsymbol{\sigma}, \boldsymbol{d})$ 表示问题（P）中目标函数 $z(\boldsymbol{\sigma}, \boldsymbol{d})$ 的近似目标函数，则：

$$A(\boldsymbol{\sigma}, \boldsymbol{d}) = \lambda \, upper\_value + (1-\lambda) lower\_value$$

$$= \sum_{i=1}^{n} \left[\lambda g_{[i]}^{*}(\boldsymbol{b}, \boldsymbol{x}) + (1-\lambda)(\alpha_{[i]} + \beta_{[i]}) \max\{0, d_{[i]} - \eta_{[i]}\} + (\gamma_{[i]} - \beta_{[i]}) d_{[i]} + \beta_{[i]} \eta_{[i]} \right] \tag{4.7}$$

其中，

$$g_{[i]}^{*}(\boldsymbol{b}, \boldsymbol{x}) = \begin{cases} 0, & \text{if } d_{[i]} \leq \underline{w}_{[i]} \\ (\alpha_{[i]} + \beta_{[i]}) \left(\dfrac{\overline{w}_{[i]} - \eta_{[i]}}{\overline{w}_{[i]} - \underline{w}_{[i]}} \right)(d_{[i]} - \underline{w}_{[i]}), & \underline{w}_{[i]} \leq d_{[i]} \leq \overline{w}_{[i]} \end{cases}$$

利用式（4.7），构建问题（P）的近似问题（AP）如下：

（AP）$\min\limits_{\boldsymbol{\sigma}, \boldsymbol{d}} A(\boldsymbol{\sigma}, \boldsymbol{d})$

第三节　近似问题的最优解

一、给定加工顺序下的最优交货期问询

给定任意订单加工顺序 $\boldsymbol{\sigma}$，令 $R_{[i]}^{1} = \gamma_{[i]} - \beta_{[i]} + \lambda(\alpha_{[i]} + \beta_{[i]}) \left(\dfrac{\overline{w}_{[i]} - \eta_{[i]}}{\overline{w}_{[i]} - \underline{w}_{[i]}} \right)$，以及

$R_{[i]}^{2} = \gamma_{[i]} - \beta_{[i]} + (\alpha_{[i]} + \beta_{[i]}) \left[\lambda \left(\dfrac{\overline{w}_{[i]} - \eta_{[i]}}{\overline{w}_{[i]} - \underline{w}_{[i]}} \right) + (1-\lambda) \right]$，则可以根据引理 4.5 推导出最优交货期问询。

引理 4.5 给定任意订单加工顺序 σ，近似问题（AP）中订单 $J_{[i]}$（$i=1,\cdots,n$）的最优交货时间 $d_{[i]}^*$ 可根据以下规则进行设置：

（1）若 $\gamma_{[i]}-\beta_{[i]}\geqslant 0$，则令 $d_{[i]}^*=0$。

（2）若 $\gamma_{[i]}-\beta_{[i]}<0$ 且 $R_{[i]}^1\geqslant 0$，则令 $d_{[i]}^*=\underline{w}_{[i]}$。

（3）若 $R_{[i]}^1<0$ 且 $R_{[i]}^2\geqslant 0$，则令 $d_{[i]}^*=\eta_{[i]}$。

（4）若 $R_{[i]}^2\leqslant 0$，则令 $d_{[i]}^*=\overline{w}_{[i]}$。

证明： 根据式（4.7）和问题（AP）的描述，问题（AP）中订单 $J_{[i]}$ 的目标函数可表示为：

$$A_{[i]}(\sigma,\boldsymbol{d})=\lambda g_{[i]}^*(\boldsymbol{b},\boldsymbol{x})+(1-\lambda)(\alpha_{[i]}+\beta_{[i]})\max\{0,d_{[i]}-\eta_{[i]}\}+$$
$$(\gamma_{[i]}-\beta_{[i]})d_{[i]}+\beta_{[i]}\eta_{[i]}$$

很明显，$A_{[i]}(\sigma,\boldsymbol{d})$ 是 $d_{[i]}$ 的分段线性函数。因此，接下来考虑 $d_{[i]}$ 的三种情形：情形 1（$0\leqslant d_{[i]}\leqslant\underline{w}_{[i]}$）；情形 2（$\underline{w}_{[i]}\leqslant d_{[i]}\leqslant\eta_{[i]}$）；情形 3（$\eta_{[i]}\leqslant d_{[i]}\leqslant\overline{w}_{[i]}$）。

情形 1： $0\leqslant d_{[i]}\leqslant\underline{w}_{[i]}$

在情形 1 下，可以得到 $\max\{0,d_{[i]}-\eta_{[i]}\}=0$。根据引理 4.4，可以得到 $f_{[i]}^*(\boldsymbol{b},\boldsymbol{x})=0$。因此，$A_{[i]}(\sigma,\boldsymbol{d})$ 可简化为：

$$A_{[i]}(\sigma,\boldsymbol{d})=(\gamma_{[i]}-\beta_{[i]})d_{[i]}+\beta_{[i]}\eta_{[i]}。$$

利用如下事实 $0\leqslant d_{[i]}\leqslant\underline{w}_{[i]}$，为极小化 $A_{[i]}(\sigma,\boldsymbol{d})$，可以得到：

$$d_{[i]}^*=\begin{cases}0, & \text{若 }\gamma_{[i]}-\beta_{[i]}\geqslant 0\\\underline{w}_{[i]}, & \text{若 }\gamma_{[i]}-\beta_{[i]}<0\end{cases}$$

因此，情形 1 下的最优目标函数值 $A_{[i]}^*(\sigma)$ 计算如下：

$$A_{[i]}^*(\sigma)=\begin{cases}\beta_{[i]}\eta_{[i]}, & \text{若 }\gamma_{[i]}-\beta_{[i]}\geqslant 0\\(\gamma_{[i]}-\beta_{[i]})\underline{w}_{[i]}+\beta_{[i]}\eta_{[i]}, & \text{若 }\gamma_{[i]}-\beta_{[i]}<0\end{cases}$$

情形 2： $\underline{w}_{[i]}\leqslant d_{[i]}\leqslant\eta_{[i]}$

在情形 2 下，可以得到 $\max\{0,d_{[i]}-\eta_{[i]}\}=0$。结合引理 4.4，$A_{[i]}(\sigma,\boldsymbol{d})$ 可简化为：

$$A_{[i]}(\sigma,\boldsymbol{d})=\left[(\gamma_{[i]}-\beta_{[i]})+\lambda(\alpha_{[i]}+\beta_{[i]})\left(\frac{\overline{w}_{[i]}-\eta_{[i]}}{\overline{w}_{[i]}-\underline{w}_{[i]}}\right)\right]d_{[i]}+$$
$$\beta_{[i]}\eta_{[i]}-\lambda(\alpha_{[i]}+\beta_{[i]})\left(\frac{\overline{w}_{[i]}-\eta_{[i]}}{\overline{w}_{[i]}-\underline{w}_{[i]}}\right)\underline{w}_{[i]}$$

利用定义的符号 $R^1_{[i]} = (\gamma_{[i]} - \beta_{[i]}) + \lambda (\alpha_{[i]} + \beta_{[i]}) \left(\dfrac{\overline{w}_{[i]} - \eta_{[i]}}{\overline{w}_{[i]} - \underline{w}_{[i]}} \right)$ 以及如下事实

$\underline{w}_{[i]} \leqslant d_{[i]} \leqslant \eta_{[i]}$，为极小化 $A_{[i]}(\boldsymbol{\sigma}, \boldsymbol{d})$，可以得到：

$$d^*_{[i]} = \begin{cases} \underline{w}_{[i]}, & \text{若 } R^1_{[i]} \geqslant 0 \\ \eta_{[i]}, & \text{若 } R^1_{[i]} < 0 \end{cases}$$

因此，情形 2 下的最优目标函数值 $A^*_{[i]}(\boldsymbol{\sigma})$ 计算如下：

$$A^*_{[i]}(\boldsymbol{\sigma}) = \begin{cases} (\gamma_{[i]} - \beta_{[i]}) \underline{w}_{[i]} + \beta_{[i]} \eta_{[i]}, & \text{若 } R^1_{[i]} \geqslant 0 \\ \gamma_{[i]} \eta_{[i]} + \lambda (\alpha_{[i]} + \beta_{[i]}) \left(\dfrac{\overline{w}_{[i]} - \eta_{[i]}}{\overline{w}_{[i]} - \underline{w}_{[i]}} \right) (\eta_{[i]} - \underline{w}_{[i]}), & \text{若 } R^1_{[i]} < 0 \end{cases}$$

情形 3：$\eta_{[i]} \leqslant d_{[i]} \leqslant \overline{w}_{[i]}$

在情形 3 下，可以得到 $\max\{0, d_{[i]} - \eta_{[i]}\} = d_{[i]} - \eta_{[i]}$。结合引理 4.4，$A_{[i]}(\boldsymbol{\sigma}, \boldsymbol{d})$ 可简化为：

$$A_{[i]}(\boldsymbol{\sigma}, \boldsymbol{d}) = \beta_{[i]} \eta_{[i]} + \left\{ (\gamma_{[i]} - \beta_{[i]}) + (\alpha_{[i]} + \beta_{[i]}) \left[\lambda \left(\dfrac{\overline{w}_{[i]} - \eta_{[i]}}{\overline{w}_{[i]} - \underline{w}_{[i]}} \right) + (1 - \lambda) \right] \right\} d_{[i]} -$$

$$(\alpha_{[i]} + \beta_{[i]}) \left[\lambda \left(\dfrac{\overline{w}_{[i]} - \eta_{[i]}}{\overline{w}_{[i]} - \underline{w}_{[i]}} \right) \underline{w}_{[i]} + (1 - \lambda) \eta_{[i]} \right]$$

利用定义的符号 $R^2_{[i]} = (\gamma_{[i]} - \beta_{[i]}) + (\alpha_{[i]} + \beta_{[i]}) \left[\lambda \left(\dfrac{\overline{w}_{[i]} - \eta_{[i]}}{\overline{w}_{[i]} - \underline{w}_{[i]}} \right) + (1 - \lambda) \right]$ 以及

如下事实 $\eta_{[i]} \leqslant d_{[i]} \leqslant \overline{w}_{[i]}$，为极小化 $A_{[i]}(\boldsymbol{\sigma}, \boldsymbol{d})$，可以得到：

$$d^*_{[i]} = \begin{cases} \eta_{[i]}, & \text{若 } R^2_{[i]} \geqslant 0 \\ \overline{w}_{[i]}, & \text{若 } R^2_{[i]} < 0 \end{cases}$$

因此，情形 3 下的最优目标函数值 $A^*_{[i]}(\boldsymbol{\sigma})$ 计算如下：

$$A^*_{[i]}(\boldsymbol{\sigma}) = \begin{cases} \gamma_{[i]} \eta_{[i]} + \lambda (\alpha_{[i]} + \beta_{[i]}) \left(\dfrac{\overline{w}_{[i]} - \eta_{[i]}}{\overline{w}_{[i]} - \underline{w}_{[i]}} \right) (\eta_{[i]} - \underline{w}_{[i]}), & \text{若 } R^2_{[i]} \geqslant 0 \\ -\alpha_{[i]} \eta_{[i]} + (\alpha_{[i]} + \gamma_{[i]}) \overline{w}_{[i]}, & \text{若 } R^2_{[i]} < 0 \end{cases}$$

通过将所有情况结合在一起并比较所有情况下的最优目标函数值，可以得出结论：对于问题（AP），当给定订单加工顺序 $\boldsymbol{\sigma}$ 时，订单 $J_{[i]}$ 的最优交货期 $d^*_{[i]}$ 满足：

$$d_{[i]}^* = \begin{cases} 0, & \text{若 } \gamma_{[i]} - \beta_{[i]} \geq 0 \\ \underline{w}_{[i]}, & \text{若 } \gamma_{[i]} - \beta_{[i]} < 0 \text{ 且 } R_{[i]}^1 \geq 0 \\ \eta_{[i]}, & \text{若 } R_{[i]}^1 < 0 \text{ 且 } R_{[i]}^2 \geq 0 \\ \overline{w}_{[i]}, & \text{若 } R_{[i]}^2 \leq 0 \end{cases}$$

根据引理 4.5，给定任意订单加工顺序 $\boldsymbol{\sigma}$，有以下关于近似问题（AP）的最优交货期问询的观察结果。第一，订单 $J_{[i]}$ 的最优交货期 $d_{[i]}^*$ 取决于 $\gamma_{[i]} - \beta_{[i]}$、$R_{[i]}^1$ 和 $R_{[i]}^2$。第二，订单 $J_{[i]}$ 的最优交货期 $d_{[i]}^*$ 只取自有限集合中的值，即 $d_{[i]}^* = 0$ 或 $\underline{w}_{[i]}$ 或 $\eta_{[i]}$ 或 $\overline{w}_{[i]}$。第三，如果单位交货期问询成本大于单位延迟时间成本（$\gamma_{[i]} - \beta_{[i]} \geq 0$），则订单 $J_{[i]}$ 的最优交货期 $d_{[i]}^*$ 等于 0，而如果单位交货期问询成本远小于单位延迟时间成本（$R_{[i]}^2 \leq 0$），则订单 $J_{[i]}$ 的最优交货期 $d_{[i]}^*$ 等于 $\overline{w}_{[i]}$。通过这种方式，可以降低总期望成本。

基于引理 4.5，在优化订单 $J_{[i]}$ 的交货期 $d_{[i]}$ 后，近似问题（AP）中订单 $J_{[i]}$ 的最优目标函数值 $A_{[i]}^*(\boldsymbol{\sigma})$ 可计算如下：

$$A_{[i]}^*(\boldsymbol{\sigma}) = \begin{cases} \beta_{[i]} \eta_{[i]}, & \text{if } \gamma_{[i]} - \beta_{[i]} \geq 0 \\ (\gamma_{[i]} - \beta_{[i]}) \underline{w}_{[i]} + \beta_{[i]} \eta_{[i]}, & \text{若 } \gamma_{[i]} - \beta_{[i]} < 0 \text{ 且 } R_{[i]}^1 \geq 0 \\ \gamma_{[i]} \eta_{[i]} + \lambda(\alpha_{[i]} + \beta_{[i]}) \left(\dfrac{\overline{w}_{[i]} - \eta_{[i]}}{\overline{w}_{[i]} - \underline{w}_{[i]}} \right) (\eta_{[i]} - \underline{w}_{[i]}), & \text{若 } R_{[i]}^1 < 0 \text{ 且 } R_{[i]}^2 \geq 0 \\ -\alpha_{[i]} \eta_{[i]} + (\alpha_{[i]} + \gamma_{[i]}) \overline{w}_{[i]}, & \text{若 } R_{[i]}^2 < 0 \end{cases}$$

$$\tag{4.8}$$

对于式（4.8），近似问题（AP）中的剩余决策在于找到最优订单加工顺序 $\boldsymbol{\sigma}$。此时，近似问题（AP）可简化为：

$$(\text{AP}) \min_{\boldsymbol{\sigma}} \sum_{i=1}^{n} A_{[i]}^*(\boldsymbol{\sigma})$$

二、近似问题的分支定界算法

本节开发了一种易于实现的分支定界算法，以寻找近似问题（AP）的最优解。通过最优求解近似问题，分支定界算法能找到最优订单加工顺序和最优交货期问询决策，并计算相应的目标函数值。众所周知，在分支定界算法中，初始化、分支和定界是三个主要组成部分（Mitten，1970）。为了加快算法的速度，本节还提出了两个优先规则并识别出了一个下界。

1. 优先规则

令 $y_i(t, t_1, t_2)$ 表示当订单 J_i 开始处理时间的平均值和支持集分别为 t 和 $[t_1, t_2]$ 时的目标函数值。$y_i(t, t_1, t_2)$ 的值可以根据式（4.8）计算。

引理 4.6　假设存在两个相邻的订单 J_i 和 J_j，并且这两个订单的开始加工时间的平均值和支持集分别为 t 和 $[t_1, t_2]$。如果以下不等式（4.9）成立，则存在最优加工顺序使得订单 J_i 在订单 J_j 之后加工：

$$y_i(t, t_1, t_2) + y_j(t+\mu_i, t_1+\underline{v}_i, t_2+\bar{v}_i) \leqslant y_j(t, t_1, t_2) + y_i(t+\mu_j, t_1+\underline{v}_j, t_2+\bar{v}_j)$$

$$(4.9)$$

证明： 引理 4.6 可以用成对交换策略进行证明（Pinedo，2016）。假设存在最优加工顺序 S，其中有两个相邻的订单 J_i 和 J_j，订单 J_i 在订单 J_j 后加工，并且这两个订单的开始加工时间的平均值和支持集分别为 t 以及 $[t_1, t_2]$。交换订单 J_i 和 J_j 的位置，即订单 J_j 在订单 J_i 后加工，以获得加工顺序 S'。接下来比较两个加工顺序 S 和 S' 下的总成本。

根据式（4.8），可以知道：订单 J_i 和 J_j 的位置互换对在订单 J_i 之前加工的订单和在订单 J_j 之后加工的订单所产生的总成本没有影响。因此，只需要关注两个加工顺序 S 和 S' 下订单 J_i 和 J_j 所产生的总成本的变化。由于订单 J_i 的加工时间的平均值和支持集分别为 μ_i 和 $[\underline{v}_i, \bar{v}_i]$，以及订单 J_j 的加工时间的平均值和支持集分别为 μ_j 和 $[\underline{v}_j, \bar{v}_j]$，因此加工顺序 S 下订单 J_i 和 J_j 产生的总成本为：

$$y_j(t, t_1, t_2) + y_i(t+\mu_i, t_1+\underline{v}_i, t_2+\bar{v}_i)$$

但在加工顺序 S' 下，订单 J_i 和 J_j 产生的总成本为：

$$y_i(t, t_1, t_2) + y_j(t+\mu_i, t_1+\underline{v}_i, t_2+\bar{v}_i)$$

若不等式 $y_i(t, t_1, t_2) + y_j(t+\mu_i, t_1+\underline{v}_i, t_2+\bar{v}_i) \leqslant y_j(t, t_1, t_2) + y_i(t+\mu_i, t_1+\underline{v}_j, t_2+\bar{v}_j)$ 成立，可以得到：加工顺序 S' 下的总成本不大于加工顺序 S 下的总成本。这意味着加工顺序 S' 优于加工顺序 S，即订单 J_j 应该在订单 J_i 后加工。证毕。

引理 4.7　假设有两个相邻的订单 J_i 和 J_j 满足 $\gamma_i - \beta_i \geqslant 0$ 和 $\gamma_j - \beta_j \geqslant 0$。那么，如果不等式 $\dfrac{\mu_i}{\beta_i} \leqslant \dfrac{\mu_j}{\beta_j}$ 成立，则存在最优加工顺序使得订单 J_i 在订单 J_j 之前加工。

证明： 假设一个最优加工顺序 S，其中有两个相邻订单 J_i 和 J_j，订单 J_i 在订单 J_j 后加工，并且这两个订单的开始加工时间的平均值为 t。交换订单 J_i 和 J_j 的位置，即订单 J_j 在订单 J_i 后加工，以获得加工顺序 S'。现在比较两个加工顺序 S

和 S' 下的总成本。

根据式（4.8），可以知道：订单 J_i 和 J_j 的位置互换对在订单 J_i 之前加工的订单和在订单 J_j 之后加工的订单所产生的总成本没有影响。因此，只需要关注两个加工顺序 S 和 S' 下订单 J_i 和 J_j 所产生的总成本的变化。由于订单 J_i 和 J_j 的成本参数满足 $\gamma_i - \beta_i \geq 0$ 以及 $\gamma_j - \beta_j \geq 0$，且订单 J_i 和 J_j 的加工时间平均值分别为 μ_i 和 μ_j，根据式（4.8），加工顺序 S 下的订单 J_i 和 J_j 产生的总成本为：

$\beta_j(t+\mu_j) + \beta_i(t+\mu_i+\mu_j)$

但在加工顺序 S' 下，订单 J_i 和 J_j 产生的总成本为：

$\beta_i(t+\mu_i) + \beta_j(t+\mu_i+\mu_j)$

若 $\dfrac{\mu_i}{\beta_i} \leq \dfrac{\mu_j}{\beta_j}$，可以得到：加工顺序 S' 下的总成本不大于加工顺序 S 下的总成本。这意味着加工顺序 S' 优于加工顺序 S，即订单 J_j 应该在订单 J_i 后加工。证毕。

2. 近似问题的下界

由于 $\underline{w}_{[i]} < \eta_{[i]}$，$\overline{w}_{[i]} > \eta_{[i]}$，以及 $0 < \dfrac{\overline{w}_{[i]} - \eta_{[i]}}{\overline{w}_{[i]} - \underline{w}_{[i]}} < 1$，式（4.8）中 $A^*_{[i]}(\boldsymbol{\sigma})$ 满足以下不等式：

$$A^*_{[i]}(\boldsymbol{\sigma}) \geq \begin{cases} \beta_{[i]}\eta_{[i]}, & \text{若 } \gamma_{[i]} - \beta_{[i]} \geq 0 \\ \beta_{[i]}\eta_{[i]} + (\gamma_{[i]} - \beta_{[i]})\underline{w}_{[i]}, & \text{若 } \gamma_{[i]} - \beta_{[i]} < 0, R^1_{[i]} \geq 0 \\ \gamma_{[i]}\eta_{[i]}, & \text{若 } R^1_{[i]} < 0 \text{ 且 } R^2_{[i]} \geq 0 \\ -\alpha_{[i]}\eta_{[i]} + (\alpha_{[i]} + \gamma_{[i]})\overline{w}_{[i]}, & \text{若 } R^2_{[i]} < 0 \end{cases}$$

$$\geq \begin{cases} \beta_{[i]}\eta_{[i]}, & \text{若 } \gamma_{[i]} - \beta_{[i]} \geq 0 \\ \gamma_{[i]}\eta_{[i]}, & \text{否则} \end{cases} \tag{4.10}$$

以上不等式意味着 $A^*_{[i]}(\boldsymbol{\sigma}) \geq \min\{\beta_{[i]}, \gamma_{[i]}\}\eta_{[i]}$。因此，可以进一步得到 $\min_{\sigma} \sum\limits_{i=1}^{n} A^*_{[i]}(\boldsymbol{\sigma}) \geq \min_{\sigma} \sum\limits_{i=1}^{n} \min\{\beta_{[i]}, \gamma_{[i]}\}\eta_{[i]}$。令 $A^{lb}(\boldsymbol{\sigma})$ 表示给定加工顺序 $\boldsymbol{\sigma}$ 下近似问题（AP）的下界，则可以得到：

$$A^{lb}(\boldsymbol{\sigma}) = \min_{\sigma} \sum\limits_{i=1}^{n} \min\{\beta_{[i]}, \gamma_{[i]}\}\eta_{[i]} \tag{4.11}$$

定理 4.1 为计算式（4.11）中 $A^{lb}(\boldsymbol{\sigma})$ 的值，可知：将所有订单按照

$\dfrac{\mu_i}{\min\{\beta_i,\ \gamma_i\}}$ 非递减顺序进行加工是最优的。

证明： 假设存在一个最优加工顺序 S，其中有两个相邻的订单 J_i 和 J_j，订单 J_j 在订单 J_i 前加工，这两个工件的开始加工时间的平均值为 t。交换订单 J_i 和 J_j 的位置，即订单 J_j 在订单 J_i 之后加工，以得到一个新的加工顺序 S'。现在比较两个加工顺序 S 和 S'' 下的总成本。

根据式（4.11）可以知道：订单 J_i 和 J_j 的位置互换对在订单 J_i 之前加工的订单工件和在订单 J_j 之后加工的订单所产生的总成本没有影响。因此，只需要关注两个加工顺序 S 和 S' 下订单 J_i 和 J_j 所产生的总成本的变化。由于订单 J_i 和 J_j 的加工时间平均值分别为 μ_i 和 μ_j，基于式（4.11），加工顺序 S 下的订单 J_i 和 J_j 产生的总成本为：

$$\min(\beta_j,\ \gamma_j)(t+\mu_j)+\min(\beta_i,\ \gamma_i)(t+\mu_i+\mu_j)$$

但在加工顺序 S' 下，订单 J_i 和 J_j 产生的总成本为：

$$\min(\beta_i,\ \gamma_i)(t+\mu_i)+\min(\beta_j,\ \gamma_j)(t+\mu_i+\mu_j)$$

若 $\dfrac{\mu_i}{\min(\beta_i,\ \gamma_i)}\leqslant\dfrac{\mu_j}{\min(\beta_j,\ \gamma_j)}$，可以得到：加工顺序 S' 下的总成本不大于加工顺序 S 的总成本。这意味着加工顺序 S' 优于加工顺序 S，即订单 J_i 应在订单 J_j 前进行加工。

3. 分支定界算法

基于上述讨论，下面对分支定界算法的细节进行正式描述。在分支定界算法中，通过在给定任意加工顺序下求解近似问题给出一个粗略的初始上界。这个初始上界对改进分支定界算法的计算时间几乎没有帮助。

步骤 1：输入和初始化。输入订单信息和参数，包括每个订单的加工时间的平均值和支持集以及成本参数。此外，给定任意的订单加工顺序，用式（4.8）计算相应的目标函数值，并令其为初始上界。

步骤 2：分支。在每个节点上求解一组子问题以形成部分序列，其中在搜索树中 $h(h<n)$ 层的节点对应于一个部分序列。在一个部分序列中，前 h 个位置上的订单已被确定。对于一个节点，为一个尚未考虑的位置分配一个新的订单，以生成新的部分序列，且满足引理 4.6~4.7 中的优先规则。

步骤 3：定界。对于在步骤 2 中生成了部分序列的节点，计算其下界，并将其与步骤 1 中计算的上界进行比较，以决定是否删除它。为了获得部分序列的下

界，可通过式（4.8）计算已安排订单的目标函数值，并用式（4.11）和定理
4.1 计算尚未被安排订单的目标函数值。对于部分序列，一旦其包括所有订单，
便利用式（4.8）计算目标函数值，并将其与上界进行比较，以决定是否替换
上界。

步骤 4：重复并输出最优解。重复步骤 2 和步骤 3，直到无法生成新节点为
止。计算所有剩余节点的目标函数值，并通过选择目标函数值最小的加工顺序以
确定最优加工顺序。最后，输出近似问题（AP）的最优解。

第四节　计算实验

本节将展开一系列计算实验，以研究以下问题：①近似方法即提出的分支定
界算法（BB 算法）的计算效率如何？②问题近似的性能如何？哪些因素会显著
影响问题近似的性能？③是否存在有效的启发式算法来找到本章研究问题的近似
最优解？它们的有效性如何？上述问题将分别在本节第二、第三、第四部分进行
回答。计算实验的参数设置如第一部分所述。所有计算实验都采用 C++ 实现，并
在具有 3.40 GHz Intel Core（i5-2130M）和 4.0 GB RAM 的个人计算机上运行，
所有整数规划都使用 CPLEX 12.8 求解。

注意，在本章所研究的问题中，随机加工时间的具体分布模式是未知的。因
此，没有任何直接的基准可适用于本章的研究问题。为了验证所提出的模型、
BB 算法和启发式算法的性能，本节对随机加工时间的分布模式进行假设，并利
用样本平均近似（SAA）方法来近似本章的研究问题（P），并将相应的解作为
基准。对于具有详细分布模式的随机规划问题，SAA 方法已被广泛采用以处理不
确定性，且该方法已被证明是有效的。有关 SAA 方法的详细说明，请参阅 Man-
cilla 和 Storer（2012）。

接下来简单展示如何利用 SAA 方法来处理本章的研究问题。对于随机加工
时间 $\boldsymbol{p} = \{p_1, \cdots, p_n\}$，随机生成具有给定分布模式的 K 个实现样本 ξ^1，ξ^2，$\cdots$，
ξ^K。在随机加工时间 $\boldsymbol{p}$ 的每个实现样本下，问题（P）可以转换为分配问题。在
此基础上，可以通过对所有样本下的分配问题进行平均来近似问题（P），并形
成如下混合整数规划：

$$(\text{AP\_SAA}) \min_{\boldsymbol{\sigma},\, \boldsymbol{d}} z(\boldsymbol{\sigma},\, \boldsymbol{d}) := \min_{X,\, EK,\, TK,\, d} \frac{1}{K} \sum_{k=1}^{K} \sum_{j=1}^{n} (\alpha_j E_j^k + \beta_j T_j^k + \gamma_j d_j)$$

$$\text{s. t.} \quad E_j^k + p_j^k + \sum_{i=1}^{n} x_{ij} p_i^k - d_j \geq 0, \ i,\, j = 1,\, \cdots,\, n,\, k = 1,\, \cdots,\, K$$

$$T_j^k + d_j - p_j^k - \sum_{i=1}^{n} x_{ij} p_i^k \geq 0, \ i,\, j = 1,\, \cdots,\, n,\, k = 1,\, \cdots,\, K$$

$$x_{ij} + x_{ji} = 1, \ i \neq j, \ i,\, j = 1,\, \cdots,\, n$$

$$x_{ij} + x_{jl} + x_{li} \geq 1, \ i \neq j \neq l, \ i,\, j,\, l = 1,\, \cdots,\, n \qquad (4.12)$$

$$x_{ij} = 0, \ i = j, \ i,\, j = 1,\, \cdots,\, n$$

$$x_{ij} \in \{0,\, 1\}, \ i \neq j, \ i,\, j = 1,\, \cdots,\, n$$

$$E_j^k \geq 0, \ T_j^k \geq 0, \ d_j \geq 0, \ i,\, j = 1,\, \cdots,\, n,\, k = 1,\, \cdots,\, K$$

在式（4.12）中，x_{ij} 是一个二元决策变量，如果订单 J_i 被安排在订单 J_j 之前，则 $x_{ij} = 1$，否则 $x_{ij} = 0$；E_j^k 和 T_j^k 是随机加工时间 $\boldsymbol{p}$ 的样本 ξ^k 下的决策变量，分别表示加工顺序 $\boldsymbol{\sigma}$ 中订单 J_j 的提前时间和延迟时间；d_j 是决策变量，表示订单 J_j 的交货期；$X = \{x_{11,\cdots,}\ x_{nn}\}$，$EK = \{E_1^1,\, \cdots,\, E_n^K\}$，$K = \{T_1^1,\, \cdots,\, T_n^K\}$ 和 $\boldsymbol{d} = \{d_1,\, \cdots,\, d_n\}$ 是决策变量向量。此外，前两组约束表示提前时间和延迟时间的定义，后三组约束确保每个位置只被一个订单占据，后两组约束表示对变量的完整性和非负性要求。

一、参数设置

本部分用于展示计算实验中的参数设置，具体如下所示。成本参数 α_j、β_j 和 γ_j 随机生成于均匀分布 $U[1,\, 10]$，近似问题（AP）中上界值的比例设置为 $\lambda \in \{0,\, 0.1,\, 0.2,\, 0.3,\, 0.4,\, 0.5,\, 0.6,\, 0.7,\, 0.8,\, 0.9,\, 1\}$，且订单 J_j 的加工时间的平均值 μ_j 随机生成于均匀分布 $U[\underline{v}_j,\, \bar{v}_j]$。为产生订单 J_j 的加工时间的支持集 $[\underline{v}_j,\, \bar{v}_j]$，本部分使用 Sotskov 等（2009）中提出的程序。具体来说，对于订单 J_j，首先从均匀分布 $U[10,\, 50]$ 中生成一个中心值 A_j。然后，生成如下 $\underline{v}_j$ 和 $\bar{v}_j$：$\underline{v}_j = A_j(1 - \delta)$ 和 $\bar{v}_j = A_j(1 + \delta)$，其中 δ 是控制支持集范围的参数，其值随机生成于 $U[0.10,\, 0.40]$ 或 $U[0.50,\, 0.80]$。在 SAA 方法中，考虑两类概率分布：正态分布和指数分布，这两种分布在文献中得到了广泛研究（Bertsimas 等，2004；Mak 等，2014）。为了与本章研究假设保持一致，即支持集是有限的，计算实验按照 Jiang 等（2017）、Shehadeh 等（2020）提到的方式对生成的数据正态分布

和指数分布进行截断。通过这样的方式，可以确保截断数据的值在介于有限支持
集的下界和上界之间，并且它们的平均值与 BB 算法参数中的平均值相同。

为了确定 SAA 方法中的样本量 K，本部分进行了一些初步测试。这些初步测
试使用与上述 α_j、β_j、γ_j 和 A_j 相同的参数设置，且求解问题实例的计算时限设置
为 7200 秒。此外，设置 $n = 20$，从均匀分布 $U[0.10, 0.40]$ 随机生成 δ，并以
100 的增量从 200 到 1100 测试 K。在 K 的每个取值下，实验随机生成 10 个问题实
例。因此，总共有 100 个问题实例。对于每个问题实例，计算实验记录目标函数
值，然后计算每个 K 取值下目标函数值的平均值。初步测试结果如图 4-1 所示。

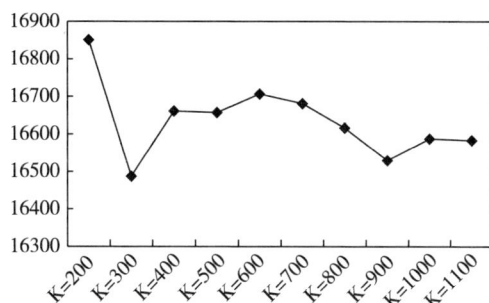

（a）正态分布

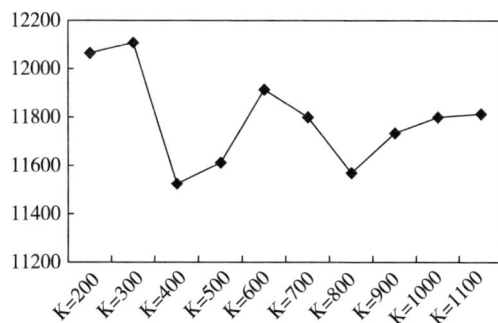

（b）指数分布

图 4-1　样本大小 K 对问题目标函数值的影响（$n = 20$，$\delta \in [0.1, 0.4]$）

图 4-1 表明：在正态分布下，$K = 1000$ 时平均目标函数值开始收敛；在指数
分布下，$K = 900$ 时平均目标函数值开始收敛。由于求解问题实例的计算时间会
随着样本量 K 的增加而增加，因此在计算实验中为 SAA 方法统一设置 $K = 1000$，
以在合理的运行时间内和满意的解决方案之间取得平衡。

二、分支定界算法的计算效率

本部分运行计算实验，通过计算 BB 算法和 SAA 方法在正态分布和指数分布下的平均计算时间，以回答有关 BB 算法的计算效率如何的问题。计算实验使用第一部分提到的 α_j、β_j、γ_j 和 A_j 以及 δ 的参数设置，令 λ 随机生成于均匀分布 $U[0.0, 1.0]$，并测试 $n = 5$，10，15，20，25，30，35，40，45。此外，实验将求解问题实例的计算时间限制设置为 7200 秒。在给定的 n 和 δ 的参数配置下，随机生成 10 个问题实例。因此，总共有 180 个问题实例。对于每个问题实例，实验记录 BB 算法和 SAA 方法所花费的计算时间。然后，对于给定 n 和 δ 的参数配置，计算平均计算时间。详细的实验结果如表 4-2 所示。

表 4-2　BB 算法和 SAA 方法的平均计算时间

n	$\delta \in [0.1, 0.4]$ (in seconds)			$\delta \in [0.5, 0.8]$ (in seconds)		
	BB	SAA (Norm)	SAA (Exp)	BB	SAA (Norm)	SAA (Exp)
5	<0.01	1.22	1.19	<0.01	1.39	1.22
10	<0.01	5.33	6.62	<0.01	5.90	6.06
15	0.01	15.85	25.53	0.01	18.25	21.26
20	0.35	38.44	95.92	0.27	43.59	66.83
25	2.51	148.42	386.31	6.57	189.93	285.50
30	32.68	819.36	2336.80	49.05	887.32	1803.44
35	198.67	—	—	230.64	—	—
40	1482.22	—	—	1637.54	—	—
45	—	—	—	—	—	—

注："—"表示所有问题实例不能在 7200 秒内被求解。

从表 4-2 可得到关于 BB 算法和 SAA 方法的平均计算时间的一些观察结果。首先，当 $n \leqslant 40$ 时，BB 算法可以在 7200 秒内求解所有问题实例，而 SAA 方法只能求解 $n \leqslant 30$ 时的所有问题实例。因此，后续比较实验设置最大订单数 $n = 30$。其次，对于相同的问题实例，正态分布和指数分布下的 SAA 方法比 BB 算法花费的时间要长得多。再次，随着订单数量 n 的增加，BB 算法和 SAA 方法的平均计算时间以指数方式增长。最后，平均而言，当用 SAA 方法求解同一问题实例时，正态分布下的平均计算时间小于指数分布下的平均计算时间。这可能是由于指数分布的厚尾造成的。

根据上述观察结果可得到第一个研究问题的答案。与正态分布和指数分布下的 SAA 方法相比，本章提出的 BB 算法可以在 7200 秒内求解订单数 n 较大的问题实例，且订单数最多可达 40 个。同时，从整体计算性能的角度来看，BB 算法要快得多。这些结果表明，本章提出的 BB 算法在计算效率方面表现良好。

三、问题的近似效率及影响因素

本部分将运行计算实验以回答第二个问题：问题的近似性能如何，以及哪些因素会显著影响近似性能？为了完成上述工作，计算实验使用第一部分提到的 α_j、β_j、γ_j 和 A_j 以及 δ 的参数设置，同时令 $\lambda = 0$，0.1，$\cdots$，1 和 $n = 5$，10，15，20，25，30。在给定的 n、δ 和 λ 的参数配置下，实验随机生成 10 个问题实例。因此，总共有 1320 个问题实例。对于每个问题实例，实验记录 BB 算法和 SAA 方法在正态分布和指数分布下的目标函数值。然后在给定 n、δ 和 λ 的参数配置下，计算 BB 算法得出的总成本与 SAA 方法产生的总成本的平均百分比偏差（APD）。APD 计算如下：

$$\text{APD} = \frac{O_{BB} - O_{SAA}}{O_{SAA}} \times 100\%,$$

其中，O_{SAA} 和 O_{BB} 分别表示通过 SAA 方法和 BB 算法获得的目标函数值。

下面首先报告当 $\lambda = 0$ 和 $\lambda = 1$ 时的详细实验结果，如图 4-2 和图 4-3 所示。

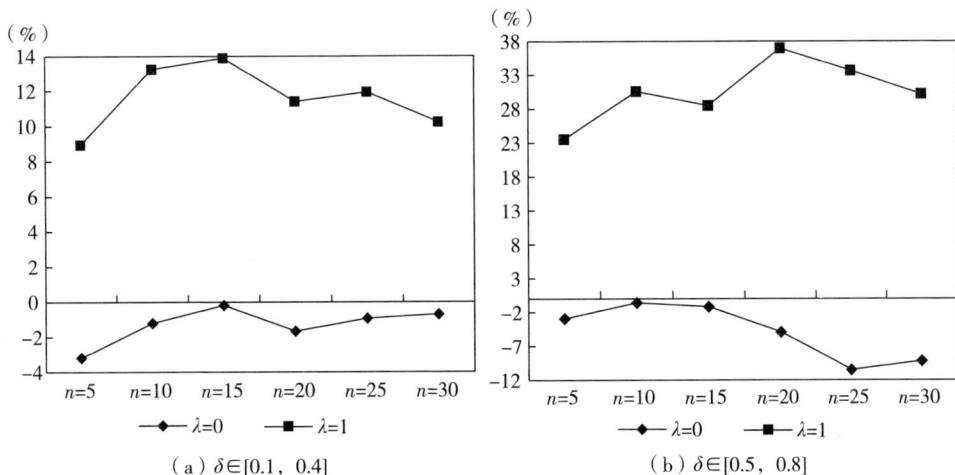

（a）$\delta \in [0.1, 0.4]$　　　　（b）$\delta \in [0.5, 0.8]$

图 4-2 *lower_value* 和 *upper_value* 与 SAA 算法的解的平均百分比偏差（正态分布）

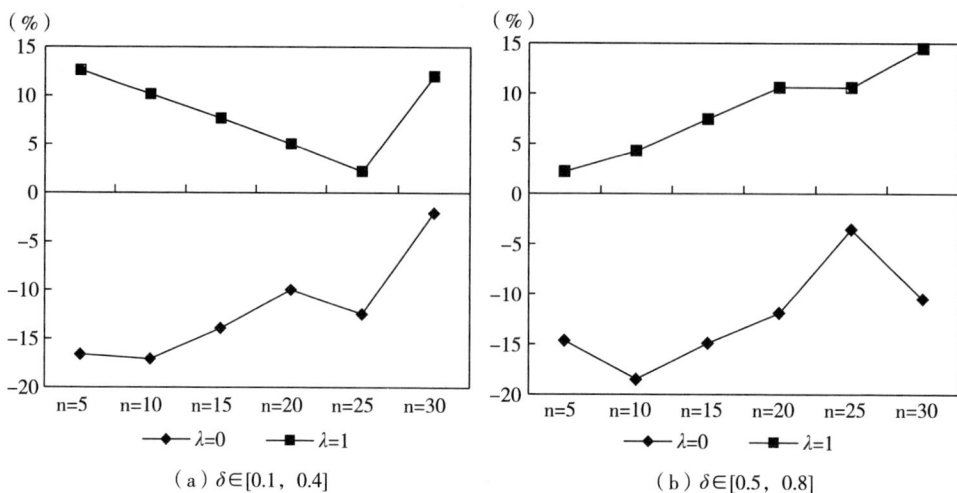

（a）$\delta \in [0.1, 0.4]$　　　　（b）$\delta \in [0.5, 0.8]$

图4-3　*lower_value*和*upper_value*与SAA算法的解的平均百分比偏差（指数分布）

图4-2和图4-3显示：识别出的上界和下界（***upper_value***和***lower_value***）质量不同，且它们的质量受到SAA方法中对随机加工时间分布模式的假设和支持集范围（δ）的影响。当在SAA方法中假设正态分布时，对于小范围和大范围的支持集（$\delta \in [0.1, 0.4]$和$\delta \in [0.5, 0.8]$），下界比上界能得到更好的近似效果。具体来说，对于$\delta \in [0.1, 0.4]$和$\delta \in [0.5, 0.8]$，下界***lower_value***的APDs分别为-4%~0%和-10%~0%，而上界***upper_value***的APDs分别为8%~14%和24%~36%。当在SAA方法中假设指数分布时，对于小范围和大范围的支持集，上界的近似性能与下界的近似性能几乎相同。具体来说，对于$\delta \in [0.1, 0.4]$和$\delta \in [0.5, 0.8]$，上界***upper_value***的APDs分别为2%~12%和2%~15%，下界***lower_value***的APDs分别为-15%~0%和-18%~0%。此外，平均而言，对于正态分布和指数分布，$\delta \in [0.1, 0.4]$时下界和上界的性能优于当$\delta \in [0.5, 0.8]$时上界和下界的性能。

其次报告λ=0.1，0.2，…，0.9时的详细实验结果，如图4-4至图4-7所示。具体而言，图4-4和图4-5总结了当SAA方法中假设正态分布时的实验结果，图4-6和图4-7总结了当SAA方法中假设指数分布时的实验结果。

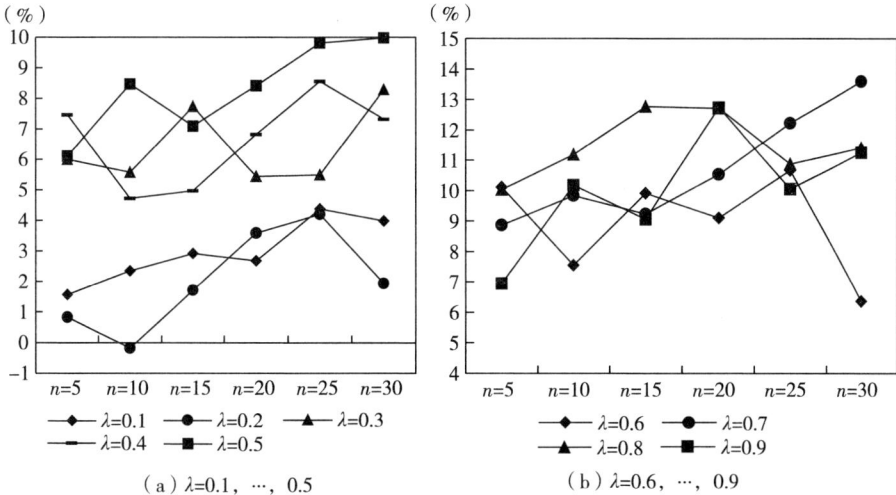

图 4-4　问题的近似效果（$\delta \in [0.1, 0.4]$，正态分布）

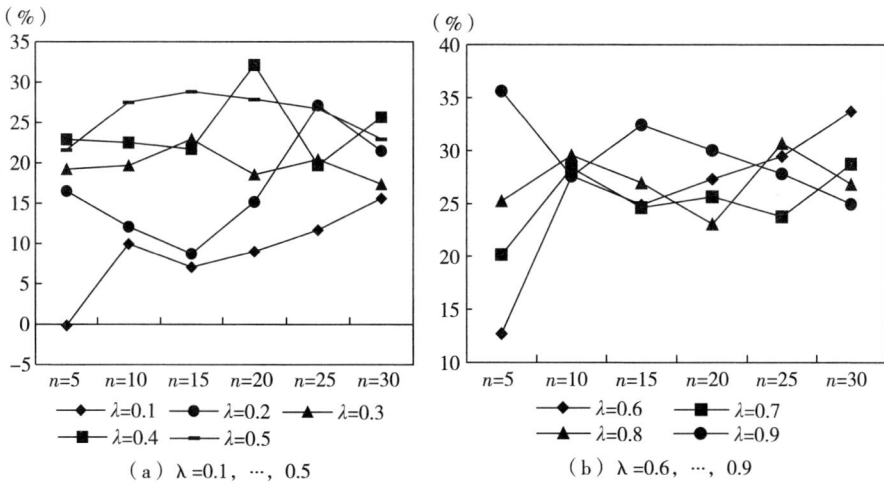

图 4-5　问题的近似效果（$\delta \in [0.5, 0.8]$，正态分布）

当在 SAA 方法中假设正态分布时，可以从图 4-4、图 4-5 中观察到以下结果。平均而言，在给定 λ 的情况下，$\delta \in [0.1, 0.4]$ 下的近似性能远优于 $\delta \in [0.5, 0.8]$ 下的近似性能。此外，在给定支持集 δ 的范围时，较小 λ 值下的近似性能通常优于较大 λ 值下的近似性能。具体来说，当支持集的范围较小时（$\delta \in [0.1, 0.4]$），$\lambda = 0.1, 0.2, 0.3, 0.4$ 下的 APDs 在 0%～10%，而其他值下的 APDs 在 6%～14%。当支持集的范围较大时（$\delta \in [0.5, 0.8]$），$\lambda = 0.1$ 下

的 APDs 在 0%～15%，而其他值下的 APD 较大或超过 30%，这在实践中是不可接受的。通过对所有 λ 值进行简单比较，可以发现：对于较小的支持集范围，$\lambda=0.1$ 和 $\lambda=0.2$ 下的近似性能远优于其他 λ 值下的近似性能，并且相应的 APDs 在 0%～5%，而对于较大的支持集范围来说，$\lambda=0.1$ 下的近似性能远优于其他值下的近似性能。

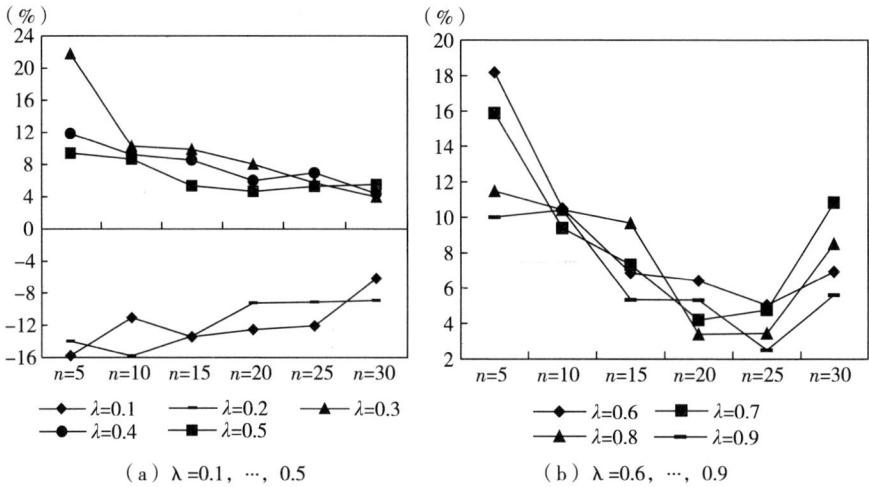

图 4-6 问题的近似效果（$\delta \in [0.1, 0.4]$，指数分布）

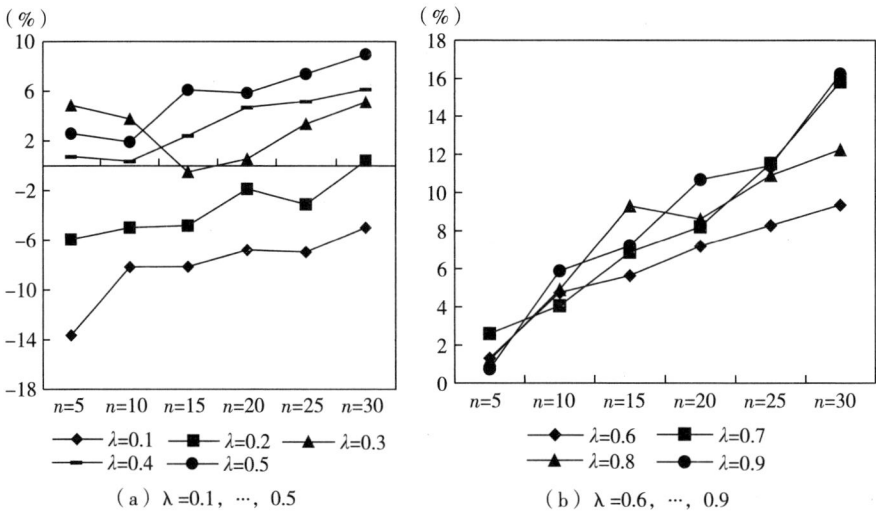

图 4-7 问题的近似效果（$\delta \in [0.5, 0.8]$，指数分布）

当 SAA 方法中假设指数分布时,从图 4-6、图 4-7 中可以得到如下观察结果。平均而言,在给定 λ 的情况下,$\delta \in [0.1,\ 0.4]$ 时的近似性能与 $\delta \in [0.5,\ 0.8]$ 时的接近性能几乎相同。此外,在给定支持集 δ 的范围时,较小 λ 值下的近似性能通常优于较大 λ 值下的近似性能。具体来说,当支持集的范围较小时($\delta \in [0.1,\ 0.4]$),$\lambda = 0.4$,0.5 下的近似性能优于其他 λ 值下的近似性能,且相应的 APDs 在 4% ~ 12%。当支持集的范围较大时($\delta \in [0.5,\ 0.8]$),$\lambda = 0.2$、$\lambda = 0.3$ 和 $\lambda = 0.4$ 下的近似性能比其他 λ 值下的近似性能要好得多,也更稳定,相应地,APDs 在 0% ~ 6%。根据上述发现,当 SAA 方法中假设正态分布或指数分布时,可以得出以下关于第二个问题的回答。首先,近似性能与所识别出的下界和上界、SAA 方法中的分布假设、近似目标函数中的支持集范围 δ 和所识别出的上界 λ 的比值有关。其次,总体而言,所识别出的下界(即 $\lambda = 0$)比上界(即 $\lambda = 1$)具有更高的质量。再次,平均而言,可以在近似函数中设置一个较小但不太小的 λ,以获得更好的问题近似效果,如 $\lambda = 0.2$、0.3、0.4。最后,一般来说,较小的支持集范围($\delta \in [0.1,\ 0.4]$)下的近似性能优于较大的支持集范围($\delta \in [0.5,\ 0.8]$)下的近似性能。这可能是因为支持集范围越窄,对于随机加工时间的信息就越准确。请注意,上述详细结果仅适用于当 SAA 方法中假设正态分布或指数分布的情况,不能将其视为所识别出的上下界的性能以及在现实中其他情况下如何选择 λ 值的评估标准。然而,通过上述对 BB 算法与 SAA 方法的比较,可以为决策者提供一些启示。具体而言,所有实验结果表明:当在实践中利用识别出的下界和上界的线性函数进行近似时,需要仔细选择上界的比例,且下界和上界的质量也会影响近似性能。

除了以上在正态分布和指数分布假设下 BB 算法和 SAA 方法之间的直接比较,本部分同时运行了替代实验来评估 BB 算法的性能。在替代计算实验中,对于每个问题实例,首先记录 BB 算法产生的订单加工顺序和交货期问询决策。基于这些求解结果,使用 SAA 算法计算目标函数值。同时,对于相同的问题实例,计算 SAA 方法直接求解获得的目标函数值。此时,在给定的 n、δ 和 λ 参数配置下比较上述目标函数值。图 4-8 和图 4-9 显示了在 SAA 方法中假设正态分布时的实验结果。

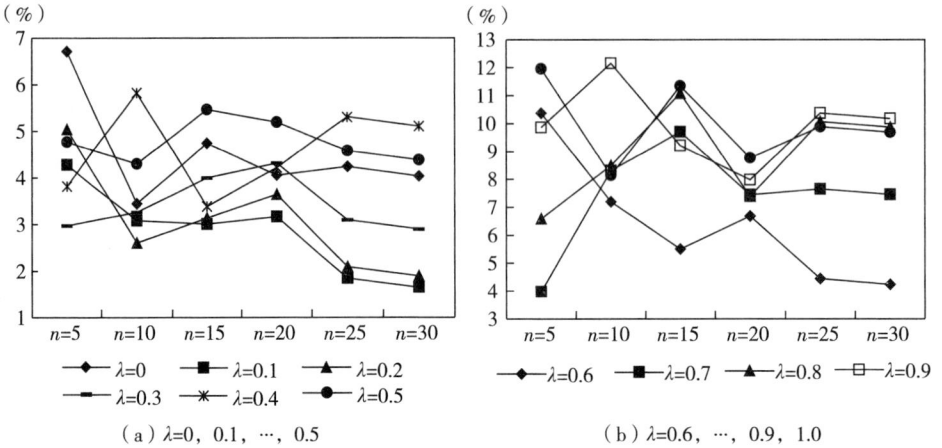

（a）$\lambda=0, 0.1, \cdots, 0.5$

（b）$\lambda=0.6, \cdots, 0.9, 1.0$

图 4-8 问题的近似效果（$\delta \in [0.1, 0.4]$，正态分布）

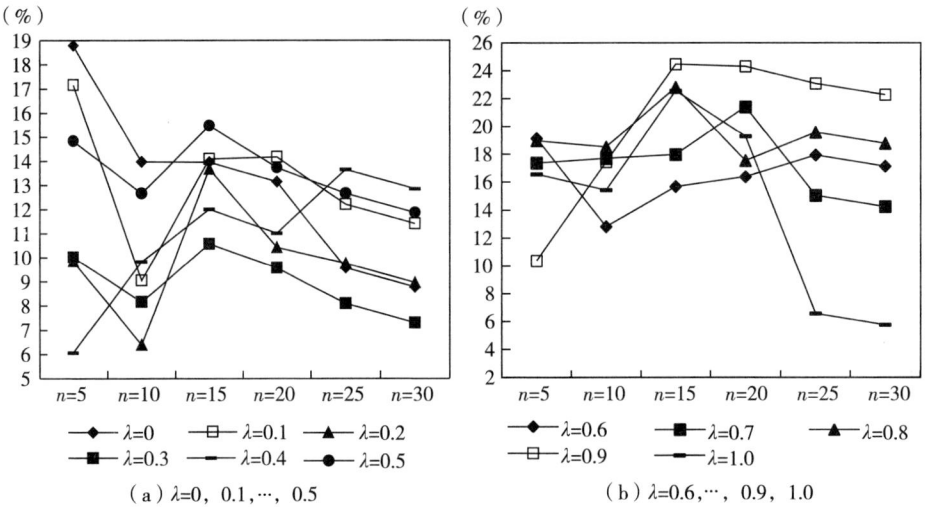

（a）$\lambda=0, 0.1, \cdots, 0.5$

（b）$\lambda=0.6, \cdots, 0.9, 1.0$

图 4-9 问题的近似效果（$\delta \in [0.5, 0.8]$，正态分布）

当在 SAA 方法中假设正态分布时，从图 4-8 和图 4-9 可以看出，BB 算法的性能与支持集范围 δ 和所识别上界的比值 λ 密切相关。平均而言，如果决策者只知道随机加工时间的平均值和支持集，并且必须使用 BB 算法来做出决策，那么给定 λ，决策者在较小支持集范围（$\delta \in [0.1, 0.4]$）下的损失将小于在较大支持集范围（$\delta \in [0.5, 0.8]$）下的损失。此外，对于 $\delta \in [0.1, 0.4]$ 和 $\delta \in$

[0.5，0.8]，决策者在较小的 λ 值下的损失通常小于在较大的 λ 值下的损失。这些观测结果与本节第三部分中的计算结果相同，即从图4-4和图4-5中获得的结果。

图4-10和图4-11显示了在SAA方法中假设指数分布时的实验结果。

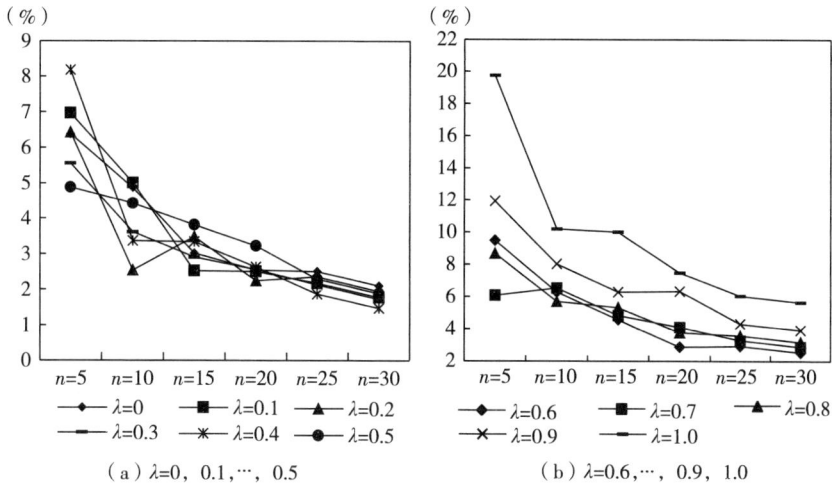

（a）λ=0，0.1，…，0.5　　　　　　（b）λ=0.6，…，0.9，1.0

图4-10　问题的近似效果（$\delta \in [0.1，0.4]$，指数分布）

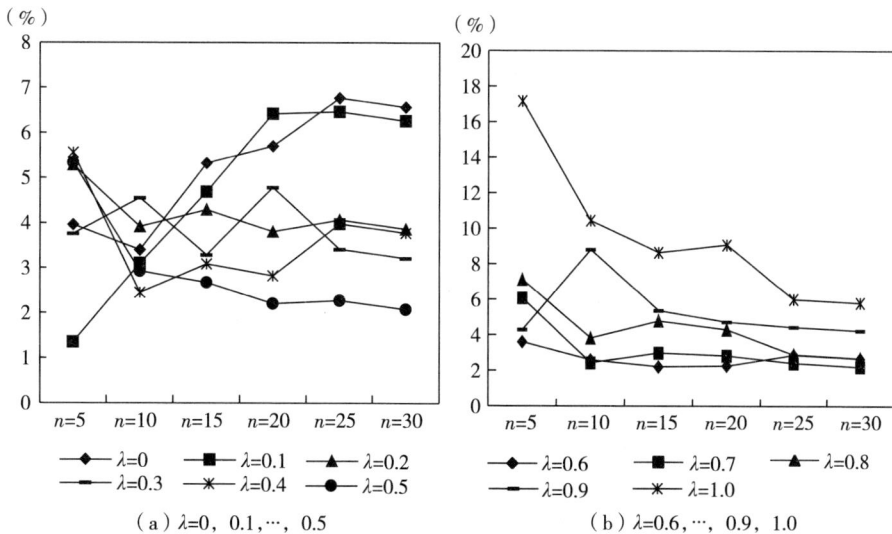

（a）λ=0，0.1，…，0.5　　　　　　（b）λ=0.6，…，0.9，1.0

图4-11　问题的近似效果（$\delta \in [0.5，0.8]$，指数分布）

当在 SAA 方法中假设指数分布时，从图 4-10 和图 4-11 可以看出，BB 算法的性能也与支持集范围 δ 和所识别上界的比值 λ 密切相关。平均而言，如果决策者只知道随机加工时间的平均值和支持集，并且必须使用 BB 算法来做出决策，那么对于 $\delta \in [0.1, 0.4]$ 和 $\delta \in [0.5, 0.8]$，决策者在较小的 λ 值下的损失将小于在较大的 λ 值下的损失。此外，给定 λ，决策者在较大支持集范围（$\delta \in [0.1, 0.4]$）下的损失与在较小支持集范围（$\delta \in [0.5, 0.8]$）下的损失几乎相同。这些观察结果也与从图 4-6、图 4-7 中获得的结果相同。

通过替代计算实验，再次验证了以下共同的结论：如果决策者仅已知随机加工时间的平均值和支持集，并且必须使用 BB 算法进行决策，则应注意所识别下界和上界的质量，并仔细选择所识别上界的比例，以实现较小的损失。

四、两个启发式算法的性能

通过上述计算实验，可以发现：为了找到近似最优解，BB 算法无法在 7200 秒内求解有 40 个以上订单的问题实例，这可能无法满足实际需求。本部分旨在回答第三个问题，即是否可以开发一些启发式算法寻求本章研究问题的近似最优解，以及它们的有效性如何？为此，本部分提出两种启发式算法（分别命名为算法 H1 和算法 H2），并运行计算实验以评估它们的性能。

本章研究问题（P）的确定性版本问题可表示为：$1 \mid DIF \mid \sum_{j=1}^{n} (\alpha_j E_j + \beta_j T_j + \gamma_j d_j)$。该问题由 Shabtay 和 Steiner（2008）对其进行了研究，研究结果表明：将所有订单按照 $\dfrac{\min(\beta_j, \gamma_j)}{p_j}$ 非递增顺序进行加工排序是最优的，其中 p_j 是订单 J_j 的实际加工时间。该规则属于 WSPT（加权最短加工时间）规则类别。基于 WSPT 规则的思想，本部分提出启发式算法 H1。在算法 H1 中，首先利用订单的所有信息来排列订单，包括成本参数、平均值和支持集。具体来说，将所有订单按照 $\dfrac{\alpha_j + \beta_j + \gamma_j}{\mu_j(\underline{v}_j + \bar{v}_j)}$ 的非递增顺序排列。然后，使用引理 4.5 和式（4.8）计算最优交货期间询和最优目标函数值。为了提出启发式算法 H2，本部分基于第三节中式（4.11）引入一个指示符号 ρ_j：

$$
\rho_j = \begin{cases}
\beta_j/\mu_j, & \text{若 } \gamma_j - \beta_j \geq 0 \\
\beta_j/\mu_j + (\gamma_j - \beta_j)/v_j, & \text{若 } \gamma_j - \beta_j < 0, \ R_j^1 \geq 0 \\
\gamma_j/\mu_j, & \text{若 } R_j^1 < 0 \text{ 且 } R_j^2 \geq 0 \\
-\alpha_j/\mu_j + (\alpha_j + \gamma_j)/\bar{v}_j, & \text{若 } R_j^2 < 0
\end{cases}
$$

对于所有未安排顺序的订单,计算其指标值并加工具有最大指标值的订单。然后重复此过程,直到加工完所有订单。在此基础上,利用引理4.5和式(4.8)计算最优交货期问询和最优目标函数值。

为了评估上述两种启发式算法的性能,实验采用与第四节第三部分中相同的程序。值得注意的是,根据第四节中的计算结果,实验将测试 $\lambda = 0.2$、0.3、0.4。因此,总共有360个问题实例。在给定 n 和 δ 的参数配置下,实验计算启发式算法的平均计算时间以及偏离SAA方法的总成本的平均百分比偏差(不失一般性地,称为APD)。由于两种启发式算法的计算时间都很短,即使订单数量 n 达到100,也不到1秒,因此接下来将不报告两种启发式方法的计算时间。详细的计算实验结果如表4-3所示。

表4-3 算法 H1 和 H2 与 SAA 方法的性能对比　　　　　　　单位:%

N	H1				H2			
	正态分布		指数分布		正态分布		指数分布	
	S	L	S	L	S	L	S	L
5	13.6	25.4	7.1	37.5	6.1	1.8	1.7	11.1
10	19.5	22.8	9.5	29.0	6.4	7.8	2.3	13.3
15	21.2	29.9	11.5	33.5	7.3	10.7	3.3	13.8
20	22.1	30.2	11.1	34.1	8.9	14.2	3.6	17.8
25	21.3	29.1	9.8	34.1	9.4	13.9	6.8	18.8
30	15.2	31.5	14.7	35.4	10.8	14.9	8.6	18.9

注:"S"和"L"分别代表较小范围支持集($\delta \in [0.1, 0.4]$)和较大范围支持集($\delta \in [0.5, 0.8]$)。

从表4-3中可以得到以下两个观察结果:首先,从求解质量的角度来看,平均而言,启发式算法 H2 优于启发式算法 H1。当 SAA 方法中假设正态分布时,算法 H2 的 APD 在 1.8% ~ 14.9%;而当 SAA 方法中假设指数分布时,算法 H2 的

APD 则在 1.7%~18.9%。对于启发式算法 H1，无论是正态分布还是指数分布，APD 都很高，尤其是在较大范围的支持集（即 $\delta \in [0.5, 0.8]$）下，APD 较大或高达 35%以上。这在现实中是没有吸引力和是不可接受的。启发式算法 H2 远优于启发式算法 H1 的原因可能是启发式算法 H2 考虑了成本参数之间的关系对最优解的影响。其次，无论是算法 H1 还是算法 H2，在给定分布模式和支持集范围下，APD 都随着订单数量 n 的增加而增加。这些结果表明：当订单数量 n 增加时，启发式算法 H2 可以取代本章所提出的分支定界算法，以获得近似最优解。

总之，从计算实验中可得到以下主要结果：①与正态分布和指数分布下的 SAA 方法相比，分支定界算法具有更好的计算效率；②问题的近似性能在很大程度上受到所识别下界和上界的质量、支持集范围以及近似函数中 λ 值的影响；③对于启发式算法 H1 和 H2，启发式算法 H2 可以获得比启发式算法 H1 更好的解。

基于第四节中的讨论，可以从决策者的角度获得一些解决本章研究问题的管理见解。首先，对于中小型问题实例（$n \leqslant 40$），决策者可以使用近似方法来寻找近似最优解，因为它得到的解拥有良好的质量，并且可以在合理的计算时间内（7200 秒内）求解问题实例；而对于大型问题实例，建议决策者应用启发式算法 H2 等其他启发式方法，因为它们可以在较短的计算时间内找到可接受的解。其次，当采用近似方法求解问题时，决策者选择较小但不太小的 λ 值（如 $\lambda = 0.2$、0.3、0.4）是有益的，且决策者值得花时间去识别更有效的下界和上界、估计平均值和支持集。最后，当为每个订单确定交货期 d_j 时，如果单位交货期问询成本大于单位延误时间成本（$\gamma_j \geqslant \beta_j$），则交货期 d_j 应尽可能小，即 $d_j = 0$；否则，交货期 d_j 应随着 $\beta_j - \gamma_j$ 值的增加而从 0 增加到 $\overline{w}_j$。

第五节　本章小结

本章研究了单机环境下的随机 DIF 交货期问询调度问题，其中决策者仅已知订单加工时间的平均值和支持集。决策目标在于同时确定所有订单的交货期和加工顺序以极小化因交货期问询、提前时间和延迟时间产生的总期望单独加权成本。为了求解上述问题，本章首先识别出了研究问题中目标函数的下界和上界，并用它们的线性函数构建了一个近似问题。其次，在给定加工顺序下分析了近似问题中的最优交货期问询具有的性质，并提出了分支定界算法来寻找近似问题的最优解。最后，提出了两种启发式算法并运行了计算实验来评估问题近似效果和启发式算法的性能。

本章研究得到如下主要结果：①本章提出的模型能够在没有特定随机加工时间分布模式的情况下处理研究问题；②与给定分布模式的 SAA 方法相比，BB 算法在计算效率上表现良好；③给定 SAA 方法中的分布模式，近似性能主要取决于所识别下界和上界的质量、支持集的范围和上界的比例；④当问题实例的大小增加时，启发式算法 H2 可用于为研究问题寻找近似最优解。

本章的研究可从多个角度进行扩展。首先，为研究问题识别更有效的下界和上界是值得的，因为问题的近似性能在很大程度上取决于所识别下界和上界的质量。其次，为分支定界算法找到更好的初始上界是值得努力的，这可以提高分支定界算法的计算效率。最后，考虑影响制造商运营系统绩效的其他因素，如机器故障和不同的机器环境等，将是有意义和有趣的。除上述对本章研究工作的直接扩展外，可以在未来研究中从其他角度对具有随机加工时间的交货期问询调度问题的研究进行一些空白填补。首先，该领域的现有研究主要应用 DIF 方法为所有订单确定交货期。因此，可以尝试采用其他交货期问询（如 CON 方法、SLK 方法）确定交货期，并提出求解算法，如分支定界算法、元启发式算法等。其次，现有文献大多假设随机加工时间服从一般分布、正态分布，或者平均值和方差是已知的。因此，可以尝试使用其他方法（如情景、区间）来描述随机加工时间并求解相应的问题。最后，现有研究主要利用随机规划方法来求解问题。因此，可以尝试利用分布式鲁棒优化方法（Scarf 等，1958）或最小—最大遗憾方法（Aissi 等，2009）来处理随机交货期问询调度问题并开发有效的精确或启发式算法。

第五章　存在线性退化效应的交货期窗口问询调度问题

在第二、第三、第四章中，消费者订单到达后，制造商向消费者问询交货期。此时，交货时间是一个时间点，消费者的订单须尽可能地在该时间点完成，否则可能会因订单提前完成或延误完成产生一定的成本。上述要求体现了 JIT 策略的实践意义。但在实际操作过程中，消费者订单往往允许在一段时间间隔内完成，且订单只要在该时间间隔内完工都不会产生任何成本。结合第一章的内容可知，该时间间隔被称为交货期窗口。此外，在订单的加工过程中，订单的加工时间可能会由于订单的退化而发生变化（Pinedo，2016）。相应的实际例子可在钢铁生产过程中找到（Mosheiov，1994；Sundararaghavan 和 Kunnathur，1994）。

鉴于上述事实，本章研究采取 MTO 生产模式的制造商面临的又一类常见问题：存在线性退化效应的交货期窗口问询调度问题。在该问题中，订单的实际加工时间受到其开始加工时间的影响且订单具有不同的退化率。问题的决策目标在于同时确定订单的交货期窗口与加工顺序以极小化总调度成本。由于 CON 交货期窗口问询、SLK 交货期窗口问询以及 DIF 交货期窗口问询在现有相关文献中被应用得最多，因此本章考虑上述三类交货期窗口问询方法，且交货期窗口的开始时间以及交货期窗口的大小都是决策变量。结合第一章关于订单退化函数的介绍，本章采用线性退化函数，且订单具有不同的退化因子。此外，本章在不同的交货期窗口问询方法下分别考虑两类目标函数并分析对应的调度问题。其中，第一类目标在于极小化因提前时间、延误时间和交货期窗口问询产生的总成本，第二类目标在于极小化因提前订单的个数、延误订单的个数以及交货期窗口问询产生的总成本。

本章的研究与 Liu 等（2013）以及 Wang 等（2013）的研究相关。Liu 等（2013）采用了线性退化函数和 CON 交货期窗口问询方法，并假设公共交货期窗口的大小是事先给定的。他们的研究结果表明：单机环境下的极小化因总提前时间、延误时间和交货期窗口位置产生的总成本交货期窗口问询调度问题是多项式时间可解的。本章采用了 Liu 等（2013）中的线性退化函数，并通过考虑 CON（交货期窗口大小是决策变量）/SLK/DIF 交货期窗口问询方法以及在每个方法下分析两类不同的目标函数对他们的研究进行了拓展。Wang 等（2013）同时考虑了 SLK/DIF 交货期窗口问询方法、具有相同退化因子的线性退化函数以及学习效应，分析了单机环境下的极小化因提前时间、延误时间、交货期窗口大小及制造期产生的总成本的交货期窗口问询调度问题。不同于 Wang 等（2013）的研究，本章考虑了订单具有不同退化因子的情形，但不考虑学习效应，且在 SLK/DIF 交货期窗口问询方法下考虑了两类不同的目标函数。

本章的后续内容安排如下：第一节对本章的研究问题进行详细的描述，利用传统的生产排序与调度语言对研究问题进行表示，并分析适用于所有研究问题的基本结论；第二节至第四节分别针对 CON 交货期窗口问询、SLK 交货期窗口问询以及 DIF 交货期窗口问询下的两个问题分析最优交货期窗口问询以及最优订单加工顺序具有的性质，并在此基础上提出求解各问题的多项式时间算法；第五节对本章的研究内容进行总结，并提出未来可行的研究方向。

第一节　问题描述及基本结论

一、问题描述

本章的研究问题具体描述如下：假定 n 个订单 $J = \{1, \cdots, n\}$ 由一个制造商在其单条生产线上加工，所有订单可在时间 $t_0(t_0 > 0)$ 开始加工。另外，假定该单一生产线在同一时间只能加工一个订单，且每一个订单的加工过程不可中断。订单 J_j 的实际加工时间取决于它的开始加工时间和退化因子，且实际加工时间是其开始加工时间的线性函数，定义为 $p_j = b_j t_j$，其中 t_j 为订单 J_j 的开始加工时间，b_j 是订单 J_j 的退化因子。制造商为每个订单 J_j 确定交货期窗口 $[e_j, d_j]$，其中 e_j 和 d_j 分别表示交货期窗口的开始时间和交货期窗口的结束时间，且两者均是决策变量。因此，订单 J_j 的交货期窗口大小被定义为 $D_j = d_j - e_j$。对任何给定的订单加工顺序，在交货期窗口开始时间 e_j 前完工的订单被称为提前订单，而在交货期窗口结束时间 d_j 后完工的订单称为延误订单。问题的决策目标在于同时确定：

①最优的订单加工顺序 $\boldsymbol{\sigma}$；②订单的交货期窗口位置 $\boldsymbol{e} = \{e_1, \cdots, e_n\}$；③订单的交货期窗口大小 $\boldsymbol{D} = \{D_1, \cdots, D_n\}$ 以极小化下面两个目标函数。

$$z(\boldsymbol{\sigma}, \boldsymbol{e}, \boldsymbol{D}) = \sum_{j=1}^{n} (\alpha E_j + \beta T_j + \gamma e_j + \delta D_j) \tag{5.1}$$

$$z(\boldsymbol{\sigma}, \boldsymbol{e}, \boldsymbol{D}) = \sum_{j=1}^{n} (\alpha V_j + \beta U_j + \gamma e_j + \delta D_j) \tag{5.2}$$

令 C_j 是订单 J_j 的完工时间。在式（5.1）和式（5.2）中，$E_j = \max(0, e_j - C_j)$ 是订单 J_j 的提前时间；$T_j = \max(0, C_j - d_j)$ 是订单 J_j 的延误时间；V_j 是指示变量，用于表示订单 J_j 是否提前完工，若 $e_j - C_j > C_j$，$V_j = 1$，且若 $e_j \leqslant C_j$，$V_j = 0$；U_j 是指示变量，用于表示订单 J_j 是否延误完工，若 $C_j > d_j$，$U_j = 1$，且若 $C_j \leqslant d_j$，$U_j = 0$。此外，在式（5.1）中，α、β、γ、δ 分别是单位提前时间成本、单位延误时间成本、单位交货期窗口位置成本以及单位交货期窗口大小成本。在式（5.2）中，γ、δ 与式（5.1）中的 γ、δ 有相同的含义，但此时 α、β 分别表示单个提前订单和单个延误订单产生的成本。

为了文字的简单性，本章用目标函数中涉及的成本项的首字母表示上述两个目标。具体来说，第一个目标函数下的问题被称为 *TETDW* 问题，第二个目标函数下的问题被称为 *TNETDW* 问题。

本章分别考虑由 CON 交货期问询、SLK 交货期问询以及 DIF 交货期问询延伸而来的交货期窗口问询模型。在 CON 交货期窗口问询模型中，所有订单的交货期窗口 $[e_j, d_j]$ 相同。假设用 e、d 分别表示交货期窗口的开始时间和结束时间（$d \geqslant e$），则由上述定义的符号可知，在 CON 交货期窗口问询模型中：$e_j = e$，$d_j = d$。因此，订单 J_j 的交货期窗口大小为：$D_j = D = d - e$。利用经典的生产排序与调度语言，在 CON 交货期窗口问询模型下，本章的研究问题可表示为：

$$1 \,|\, e, D, p_j = b_j t_j \,|\, \sum_{j=1}^{n} (\alpha E_j + \beta T_j + \gamma e + \delta D) \tag{5.3}$$

$$1 \,|\, e, D, p_j = b_j t_j \,|\, \sum_{j=1}^{n} (\alpha V_j + \beta U_j + \gamma e + \delta D) \tag{5.4}$$

在 SLK 交货期窗口问询模型中，订单 J_j 的交货期窗口开始时间 e_j 和交货期窗口结束时间 d_j 分别被定义为订单 J_j 的加工时间加上一个参数，即 $e_j = p_j + q_1$ 以及 $d_j = p_j + q_2 (q_2 \geqslant q_1)$。显然，所有订单的交货期窗口大小是一样的。此时，订单 J_j 的交货期窗口大小 D_j 被简化为 D 且 $D = q_2 - q_1$。利用经典的生产排序与调度语言，在 SLK 交货期窗口问询模型下，本章的研究问题可表示为：

$$1\,|\,e_j,\ D,\ p_j=b_jt_j\,|\sum_{j=1}^{n}\left(\alpha E_j+\beta T_j+\gamma e_j+\delta D\right) \qquad (5.5)$$

$$1\,|\,e_j,\ D,\ p_j=b_jt_j\,|\sum_{j=1}^{n}\left(\alpha V_j+\beta U_j+\gamma e_j+\delta D\right) \qquad (5.6)$$

在 DIF 交货期窗口问询模型中，所有订单的交货期窗口开始时间 e_j 和交货期窗口结束时间 d_j 各不相同。利用经典的生产排序与调度语言，在 DIF 交货期窗口问询模型下，本章的研究问题可表示为：

$$1\,|\,e_j,\ D_j,\ p_j=b_jt_j\,|\sum_{j=1}^{n}\left(\alpha E_j+\beta T_j+\gamma e_j+\delta D_j\right) \qquad (5.7)$$

$$1\,|\,e_j,\ D_j,\ p_j=b_jt_j\,|\sum_{j=1}^{n}\left(\alpha V_j+\beta U_j+\gamma e_j+\delta D_j\right) \qquad (5.8)$$

二、基本结论

基于已有的相关研究，下面提供一些适用于上述三类交货期窗口问询模型下的研究问题的结论。这些结论的正确性很容易被验证，因此本节略过这些结论的详细证明过程。

引理 5.1 （Brucker，1995）对本章的任一研究问题，存在一个最优的订单加工顺序 $\boldsymbol{\sigma}$，在订单加工顺序 $\boldsymbol{\sigma}$ 中所有订单从 t_0 时刻起连续进行加工。

引理 5.2 （Mosheiov 和 Oron，2010）在给定的订单加工顺序中，某一个位置前的所有订单都是提前订单，某一个位置后的所有订单都是延误订单，即 $C_j\leqslant e_j$ 意味着 $C_{j-1}\leqslant e_{j-1}$ 且 $C_j\geqslant d_j$ 意味着 $C_{j+1}\geqslant d_{j+1}$。

引理 5.3 （Liu 和 Min，2010）给定订单加工顺序 $\boldsymbol{\sigma}$，交换该顺序中任意两个订单 J_i 和 J_j 的位置，其余订单的位置保持不变，则：

（1）两个订单中较晚完工的订单的完工时间不变。

（2）顺序 $\boldsymbol{\sigma}$ 中，订单 J_i 前面和订单 J_j 后面的所有订单的开始加工时间和完工时间不变。

下面分别针对 CON 交货期窗口问询模型、SLK 交货期窗口模型以及 DIF 交货期窗口问询模型分析本章的研究问题。

第二节　CON 交货期窗口问询

本节首先在 CON 交货期窗口问询模型下研究目标为极小化因提前时间、延误时间以及交货期窗口问询产生的总成本的调度问题，其次研究目标为极小化因提前订单个数、延误订单个数以及交货期窗口问询产生的总成本的调度问题。针对这两个问题，本节依次分析问题的最优交货期窗口问询具有的性质、最优的订单加工顺序具有的性质，并在此基础上提出求解问题的算法。

在 CON 交货期窗口问询模型下，将订单 J_j 的交货期窗口开始时间和结束时间分别定义为 e 和 d，且订单的交货期窗口大小定义为：$D=d-e$。对于本节的研究问题，定义符号 E、W、T 分别表示提前订单集合、交货期窗口内的订单集合以及延误订单集合，其中 $E=\{j\in J\mid C_j\leqslant e\}$，$W=\{j\in J\mid e<C_j\leqslant d\}$，$T=\{j\in J\mid C_j>d\}$。

一、TETDW 问题

1. 最优交货期窗口问询

引理 5.4 令 $C_{[i]}$ 表示在位置 i 上加工的订单。给定订单加工顺序 σ，对于最优的交货期窗口开始时间 e 和结束时间 d，分别存在订单 $J_{[k]}$、$J_{[l]}$，使得 $e=C_{[k]}$，$d=C_{[l]}(k\leqslant l)$。

证明：

（1）考虑交货期窗口开始时间 e。给定加工顺序 $\sigma=\{1,\cdots,n\}$ 以及 $C_{[k]}<e<C_{[k+1]}$。此时，根据式（5.3），TETDW 问题的总成本可表示为：

$$z=\alpha\sum_{j=1}^{k}(e-C_{[j]})+\beta\sum_{l+1}^{n}(C_{[j]}-C_{[l]})+n\gamma e+n\delta(C_{[j]}-e) \tag{5.9}$$

将交货期窗口开始时间 e 左移至 $C_{[k]}$ 或右移至 $C_{[k+1]}$。令 z_1、z_2 分别表示在这两种情况下 TETDW 问题的总成本，则：

$$z_1=\alpha\sum_{j=1}^{k}(C_{[k]}-C_{[j]})+\beta\sum_{j=l+1}^{n}(C_{[j]}-C_{[l]})+n\gamma C_{[k]}+n\delta(C_{[l]}-C_{[k]}) \tag{5.10}$$

$$z_2=\alpha\sum_{j=1}^{k}(C_{[k+1]}-C_{[j]})+\beta\sum_{j=l+1}^{n}(C_{[j]}-C_{[l]})+n\gamma C_{[k+1]}+n\delta(C_{[l]}-C_{[k+1]}) \tag{5.11}$$

由式（5.10）、式（5.11）可知：

$$z_1-z=(C_{[k]}-e)[\alpha k+n(\gamma-\delta)] \tag{5.12}$$

$$z_2-z=(C_{[k+1]}-e)[\alpha k+n(\gamma-\delta)] \tag{5.13}$$

由式（5.12）、式（5.13）可以看出：若 $\alpha k+n(\gamma-\delta)>0$，则左移 e 可减少总

成本；若 $\alpha k+n(\gamma-\delta)<0$，则右移 e 可减少总成本；若 $\alpha k+n(\gamma-\delta)=0$，则左移或右移 e 都不会影响总成本。因此，最优交货期窗口开始时间等于某个订单的完工时间。

（2）对于交货期窗口结束时间 d，采用上述类似的证明过程可得到如下结论：最优交货期窗口结束时间等于某个订单的完工时间。证毕。

引理 5.5 在引理 5.4 下，令 $e=C_{[k^*]}$，$d=C_{[l^*]}$，则 $k^*=\left\lceil\dfrac{n(\delta-\gamma)}{\alpha}\right\rceil$，$l^*=\left\lceil\dfrac{n(\beta-\delta)}{\beta}\right\rceil$。

证明：

（1）确定最优交货期窗口开始时间 e。假定当 $e=C_{[k^*]}$，$d=C_{[l^*]}$ 时 TETDW 问题有最优解，此时总成本为：

$$z=\alpha\sum_{j=1}^{k^*-1}(C_{[k^*]}-C_{[j]})+\beta\sum_{j=l^*+1}^{n}(C_{[j]}-C_{[l^*]})+n\gamma C_{[k^*]}+n\delta(C_{[l^*]}-C_{[k^*]})$$

首先右移 e，使得 $e_1=C_{[k^*]}+\Delta_1(0<\Delta_1<p_{[k^*+1]})$。令 z_1 表示在此种情形下的总成本，则 z_1 为：

$$z_1=\alpha\sum_{j=1}^{k^*}(C_{[k^*]}+\Delta_1-C_{[j]})+\beta\sum_{j=l^*+1}^{n}(C_{[j]}-C_{[l^*]})+n\gamma(C_{[k^*]}+\Delta_1)+$$
$$n\delta(C_{[l^*]}-C_{[k^*]}-\Delta_1)$$

因为当 $e=C_{[k^*]}$ 时 TETDW 问题有最优解，所以 $z_1-z=\Delta_1[\alpha k^*+n(\gamma-\delta)]>0$，即 $k^*>\dfrac{n(\delta-\gamma)}{\alpha}$。

然后再左移 e，使得 $e_2=C_{[k^*]}-\Delta_2(0<\Delta_2<p_{[k^*-1]})$。令 z_2 表示在此种情形下的总成本，则 z_2 为：

$$z_2=\alpha\sum_{j=1}^{k^*-1}(C_{[k^*]}-\Delta_2-C_{[j]})+\beta\sum_{j=l^*+1}^{n}(C_{[j]}-C_{[l^*]})+n\gamma(C_{[k^*]}-\Delta_2)+$$
$$n\delta(C_{[l^*]}-C_{[k^*]}+\Delta_2)$$

因为 $e=C_{[k^*]}$ 时问题有最优解，所以 $z_2-z=-\Delta_2[\alpha(k^*-1)+n(\gamma-\delta)]>0$，则 $k^*<\dfrac{n(\delta-\gamma)}{\alpha}+1$。由上述过程可知，$k^*=\left\lceil\dfrac{n(\delta-\gamma)}{\alpha}\right\rceil$。

（2）对交货期窗口结束时间 d，采取类似于②的证明过程，可知 $l^* = \left\lceil \dfrac{n(\beta-\delta)}{\beta} \right\rceil$。

由引理 5.1 及引理 5.4、5.5 可知，$e = t_0 + \sum\limits_{j=1}^{k^*} p_{[j]}$，$d = t_0 + \sum\limits_{j=1}^{l^*} p_{[j]}$。此外，通过引理 5.4、5.5 可知，排列在位置 1，…，k^* 上的订单属于集合 E，排列在位置 k^*+1，…，l^* 上的订单属于集合 W，排列在位置 l^*+1，…，n 上的订单属于集合 T。结合式（5.3），$p_{[j]} = b_{[j]} t_{[j]}$，$e = t_0 + \sum\limits_{j=1}^{k^*} p_{[j]}$，$d = t_0 + \sum\limits_{j=1}^{l^*} p_{[j]}$，可知第一个目标函数可表示为：

$$z(\boldsymbol{\sigma}, e, D) = \sum_{j=1}^{k^*} \left[\alpha(j-1) + n\gamma \right] b_{[j]} t_{[j]} + \beta \sum_{j=l^*+1}^{n} \beta(n-j+1) b_{[j]} t_{[j]} +$$

$$n\delta \sum_{j=k^*+1}^{l^*} b_{[j]} t_{[j]} + n\gamma t_0 \tag{5.14}$$

式（5.14）中 $n\gamma t_0$ 为常数。

2. 最优订单加工顺序

定理 5.1　在最优的订单加工顺序中，集合 E 中的订单按 LDR 顺序（Largest Deterioration Rate）加工；集合 T 中的订单按 SDR 顺序（Shortest Deterioration Rate）加工；集合 W 中的订单可按任意顺序加工。

证明：

（1）考虑集合 E 中的订单。给定任意加工顺序 $\boldsymbol{\sigma}$，假定集合 E 中两个相邻的订单 J_i 和 J_j（订单 J_i 在订单 J_j 前），$b_i < b_j$，且订单 J_i 的开始时间为 t。交换订单 J_i 和 J_j 的位置得到新的加工顺序 $\boldsymbol{\sigma}'$。定义 $z(\boldsymbol{\sigma})$ 和 $z(\boldsymbol{\sigma}')$ 分别为加工顺序 $\boldsymbol{\sigma}$ 和 $\boldsymbol{\sigma}'$ 下的目标函数，根据引理 5.3 及式（5.14），可知在上述两个加工顺序下的目标函数值的差异为：

$z(\boldsymbol{\sigma}') - z(\boldsymbol{\sigma}) = \alpha(b_i - b_j)t$

因为 $b_i < b_j$，所以 $z(\boldsymbol{\sigma}') - z(\boldsymbol{\sigma}) < 0$。因此，订单 J_j 在订单 J_i 前加工可减少总成本。这意味着集合 E 中的订单应按 LDR 顺序进行加工。

（2）考虑集合 T 中的订单。给定任意加工顺序 $\boldsymbol{\sigma}$，假定集合 T 中两个相邻的订单 J_i 和 J_j（订单 J_i 在订单 J_j 前），$b_i > b_j$，且订单 J_i 的开始时间为 t。交换订单 J_i 和 J_j 的位置得到新的加工顺序 $\boldsymbol{\sigma}'$。定义 $z(\boldsymbol{\sigma})$ 和 $z(\boldsymbol{\sigma}')$ 分别为加工顺序 $\boldsymbol{\sigma}$

和 $\boldsymbol{\sigma}'$ 下的目标函数值。根据引理 5.3 及式（5.14），可知在两个加工顺序下的目标函数值的差异为：

$$z(\boldsymbol{\sigma}')-z(\boldsymbol{\sigma})=\beta(b_j-b_i)t$$

因为 $b_i>b_j$，所以 $z(\boldsymbol{\sigma}')-z(\boldsymbol{\sigma})<0$。因此，订单 J_j 在订单 J_i 前加工可减少总成本。这意味着集合 $\boldsymbol{T}$ 中的订单应按 SDR 顺序进行加工。

（3）考虑集合 $\boldsymbol{W}$ 中的订单。给定任意加工顺序 $\boldsymbol{\sigma}$，假定集合 $\boldsymbol{W}$ 中两个相邻订单 J_i 和 J_j（订单 J_i 在订单 J_j 前），退化因子分别为 b_i、b_j，且订单 J_i 的开始时间为 t。交换订单 J_i 和 J_j 的位置得到新的加工顺序 $\boldsymbol{\sigma}'$。由引理 5.3 可知，在加工顺序 $\boldsymbol{\sigma}$ 和 $\boldsymbol{\sigma}'$ 下，TETDW 问题的目标函数值的差异仅在于订单 J_i 和 J_j 的总成本。由于在加工顺序 $\boldsymbol{\sigma}$ 和 $\boldsymbol{\sigma}'$ 下，两个订单的总成本同为：

$$n\delta[b_it+b_j(t+b_it)]$$

因此，集合 $\boldsymbol{W}$ 中订单的加工顺序对目标函数值没有影响。定理获证。

定理 5.2 集合 $\boldsymbol{W}$ 中任何订单的退化因子都小于集合 $\boldsymbol{E}$、$\boldsymbol{T}$ 中任何订单的退化因子。

证明： 首先，比较集合 $\boldsymbol{W}$ 中订单的退化因子与集合 $\boldsymbol{E}$ 中订单的退化因子的大小。根据定理 5.1，集合 $\boldsymbol{E}$ 中的订单按退化因子的 LDR 顺序排列，而集合 $\boldsymbol{W}$ 中订单的加工顺序是任意的，因此考虑以下情形：给定任意加工顺序 $\boldsymbol{\sigma}$，该顺序中两个相邻订单 J_i 和 J_j（订单 J_i 在订单 J_j 前），其中订单 J_i 是集合 $\boldsymbol{E}$ 中最后一个订单（排列在位置 k^* 上），订单 J_j 是集合 $\boldsymbol{W}$ 中第一个订单（排列在位置 k^*+1 上），且订单 J_i 的开始加工时间为 t，两个订单的退化因子满足 $b_i<b_j$。交换订单 J_i 和 J_j 的位置得到新的加工顺序 $\boldsymbol{\sigma}'$。定义 $z(\boldsymbol{\sigma})$ 和 $z(\boldsymbol{\sigma}')$ 分别为加工顺序 $\boldsymbol{\sigma}$ 和 $\boldsymbol{\sigma}'$ 下的总成本。根据引理 5.3 及式（5.14），可知：

$$z(\boldsymbol{\sigma}')-z(\boldsymbol{\sigma})=(b_j-b_i)t[\alpha(k^*-1)+n(\gamma-\delta)]$$

因为 $k^*=\left\lceil\dfrac{n(\delta-\gamma)}{\alpha}\right\rceil<\dfrac{n(\delta-\gamma)}{\alpha}+1$，$b_i<b_j$，所以 $z(\boldsymbol{\sigma}')-z(\boldsymbol{\sigma})<0$。因此，订单 J_j 在订单 J_i 前加工时总成本更小。这意味着集合 $\boldsymbol{W}$ 中任何订单的退化因子小于集合 $\boldsymbol{E}$ 中任意订单的退化因子。

其次，比较集合 $\boldsymbol{W}$ 中订单的退化因子与集合 $\boldsymbol{T}$ 中订单的退化因子的大小。由于集合 $\boldsymbol{T}$ 中的订单按退化因子的 SDR 顺序排列，而集合 $\boldsymbol{W}$ 中订单的加工顺序是任意的，因此考虑以下情形：给定加工顺序 $\boldsymbol{\sigma}$，该顺序中两个相邻订单 J_i 和 J_j（订单 J_i 在订单 J_j 前），其中订单 J_i 是集合 $\boldsymbol{W}$ 中最后一个订单（排列在位置

l^*），订单 J_j 是集合 T 中第一个订单（排列在位置 l^*+1），且订单 J_i 的开始时间为 t，两个订单的退化因子满足 $b_i > b_j$。交换订单 J_i 和 J_j 的位置得到新的加工顺序 $\boldsymbol{\sigma}'$。定义 $z(\boldsymbol{\sigma})$ 和 $z(\boldsymbol{\sigma}')$ 分别为加工顺序 $\boldsymbol{\sigma}$ 和 $\boldsymbol{\sigma}'$ 下的总成本。根据引理 5.3 及式（5.14），可知两个加工顺序 $\boldsymbol{\sigma}$ 和 $\boldsymbol{\sigma}'$ 下目标函数值的差异为：

$$z(\boldsymbol{\sigma}') - z(\boldsymbol{\sigma}) = (b_j - b_i) t [n\delta - \beta(n - l^*)]$$

因为 $l^* = \left\lceil \dfrac{n(\beta-\delta)}{\beta} \right\rceil > \dfrac{n(\beta-\delta)}{\beta}$，$b_i > b_j$，所以 $z(\boldsymbol{\sigma}') - z(\boldsymbol{\sigma}) < 0$。因此，订单 J_j 在订单 J_i 前加工时的总成本最小。这意味着集合 W 中任何订单的退化因子小于集合 T 中任何订单的退化因子。综上所述，集合 W 中任何订单的退化因子小于集合 E 和集合 T 中任何订单的退化因子。定理得证。

给定第一个 $TETDW$ 问题的最优订单加工顺序 $\boldsymbol{\sigma}$，记：

$$\begin{aligned}
R_{i,j} = {} & [\alpha(i-1) + n\gamma] + \sum_{h=i+1}^{k^*} [\alpha(h-1) + n\gamma] b_{[i]} \prod_{t=i+1}^{h-1} (1 + b_{[t]}) + \\
& \sum_{h=l^*+1}^{j-1} \beta(n-h+1) b_{[h]} \prod_{t=i+1}^{h-1} (1 + b_{[t]}) - \beta(n-j+1) \prod_{h=i+1}^{j-1} (1 + b_{[h]}) + \\
& n\delta \prod_{h=i+1}^{k^*} (1 + b_{[h]}) \left[\prod_{t=k^*+1}^{l^*} (1 + b_{[t]}) - 1 \right]
\end{aligned} \tag{5.15}$$

其中，$1 \leqslant i \leqslant k^*$，$l^*+1 \leqslant j \leqslant n$。定义 $\prod\limits_{h=i-1}^{i} (1 + b_{[h]}) = 1$。

由式（5.15）可知，$R_{i,j}$ 只与排列在位置 i 和 j 之间的订单有关，而与其他订单无关。

定理 5.3 给定最优的订单加工顺序 $\boldsymbol{\sigma}$ 中排列在位置 i 和 j（$1 \leqslant i \leqslant k^*$，$l^*+1 \leqslant j \leqslant n$）的两个订单 J_u 和 J_v，则有以下结论成立：

若 $R_{i,j} \geqslant 0$，则 $b_u \leqslant b_v$；若 $R_{i,j} < 0$，则 $b_u > b_v$。

证明： 给定最优的订单加工顺序 $\boldsymbol{\sigma}$，该顺序中两个订单 J_u 和 J_v 分别排列在位置 i 和 j，其中 $1 \leqslant i \leqslant k^*$，$l^*+1 \leqslant j \leqslant n$。假定订单 J_u 的开始时间为 t。交换订单 J_u 和 J_v 的顺序，得到新的加工顺序 $\boldsymbol{\sigma}'$。定义 $t_{[h]}$ 和 $t'_{[h]}$ 分别为排列在位置 h 的订单在加工顺序 $\boldsymbol{\sigma}$ 和 $\boldsymbol{\sigma}'$ 的开始加工时间。由引理 5.3 可知，交换两个订单的位置对订单 J_u 前及订单 J_v 后的订单不产生影响。因此，仅考虑两个订单位置的变化对两个订单以及两个订单之间的订单的成本所带来的影响。令 $z(\boldsymbol{\sigma})$ 和 $z(\boldsymbol{\sigma}')$ 分别为交换两个订单后受影响的订单在加工顺序 $\boldsymbol{\sigma}$ 和 $\boldsymbol{\sigma}'$ 下的总成本。由式（5.14）

可知，在加工顺序 $\boldsymbol{\sigma}$ 下，总成本为：

$$z(\boldsymbol{\sigma}) = \left[\alpha(i-1) + n\gamma \right] t b_u + \sum_{h=i+1}^{k^*} \left[\alpha(h-1) + n\gamma \right] b_{[h]} t_{[h]} +$$

$$n\delta \sum_{h=k^*+1}^{l^*} b_{[h]} t_{[h]} + \sum_{h=l^*+1}^{j-1} \beta(n-h-1) b_{[h]} t_{[h]} + \beta(n-j+1) b_v t_{[j]}$$

$$(5.16)$$

而在加工顺序 $\boldsymbol{\sigma}'$ 下，总成本为：

$$z(\boldsymbol{\sigma}') = \left[\alpha(i-1) + n\gamma \right] t b_v + \sum_{h=i+1}^{k^*} \left[\alpha(h-1) + n\gamma \right] b_{[h]} t'_{[h]} +$$

$$n\delta \sum_{h=k^*+1}^{l^*} b_{[h]} t'_{[h]} + \sum_{h=l^*+1}^{j-1} \beta(n-h-1) b_{[h]} t'_{[h]} + \beta(n-j+1) b_u t'_{[h]}$$

$$(5.17)$$

由式（5.16）、式（5.17）可知：

$$z(\boldsymbol{\sigma}') - z(\boldsymbol{\sigma}) = R_{i,j}(b_v - b_u) t$$

由于加工顺序 $\boldsymbol{\sigma}$ 是最优的，即 $z(\boldsymbol{\sigma}') - z(\boldsymbol{\sigma}) \geq 0$，因此，若 $R_{i,j} \geq 0$，则 $b_u \leq b_v$；若 $R_{i,j} < 0$，则 $b_u > b_v$。

3. 最优算法

由定理 5.1 至定理 5.3 可知，在 CON 交货期窗口问询方法下，*TETDW* 问题可以通过如下过程进行求解：首先根据订单退化因子的大小确定集合 $\boldsymbol{W}$ 中的订单，其次比较 $R_{i,j}$ 与 0 的大小确定如何将剩余订单划分到集合 $\boldsymbol{E}$ 或集合 $\boldsymbol{T}$ 中。在此基础上，根据引理 5.4、引理 5.5 确定最优交货期窗口，从而得到第一个 *TETDW* 问题的最优解。接下来给出求解问题 $1 \mid e, D, p_j = b_j t_j \mid \sum_{j=1}^{n} (\alpha E_j + \beta T_j + \gamma e + \delta D)$ 的具体流程。

算法 5.1

步骤 1：初始化。将所有订单按退化因子的非递减顺序排列，即 $b_1 \leq \cdots \leq b_n$。计算 $k^* = \left\lceil \dfrac{n(\delta-\gamma)}{\alpha} \right\rceil$，$l^* = \left\lceil \dfrac{n(\beta-\delta)}{\beta} \right\rceil$。令 $\boldsymbol{E} = \varnothing$，$\boldsymbol{W} = \varnothing$，$\boldsymbol{T} = \varnothing$，$u = l^* - k^* + 1$，$i = k^*$ 和 $j = l^* + 1$。

步骤 2：将订单 $J_1, \cdots, J_{l^*-k^*}$ 划分到集合 $\boldsymbol{W}$ 中。

步骤 3：计算 $R_{i,j}$。

若 $R_{i,j} \geq 0$，则令 $E := E \cup J_i$ 且 $i = k^* - 1$。且令 $u = u + 1$，转向步骤 4。

若 $R_{v,w} < 0$，则令 $T := T \cup J_u$ 且 $w = w + 1$。且令 $u = u + 1$，转向步骤 4。

步骤 4：若 $i \geq 1$ 或 $j \leq n$，则转向步骤 3。

若 $i < 1$，则令 $T := N - W - E$，转向步骤 5。

若 $j > n$，则令 $E := N - W - T$，转向步骤 5。

步骤 5：将集合 E 中的订单依 LDR 顺序排列，集合 T 中的订单依 SDR 顺序排列；令窗口大小为 $D = t_0 \prod_{j \in E} (1 + b_j) \left[\prod_{j \in W} (1 + b_j) - 1 \right]$，$e = t_0 \prod_{j \in E} (1 + b_j)$，$d = t_0 \prod_{j \in E \cup W} (1 + b_j)$，终止。

定理 5.4 算法 5.1 在 $O(n\log n)$ 时间内为问题 $1 | e, D, p_j = b_j t_j | \sum_{j=1}^{n} (\alpha E_j + \beta T_j + \gamma e + \delta D)$ 找到最优解。

证明： 算法 5.1 的正确性可通过引理 5.1~5.5、定理 5.1~5.3 进行验证。算法 5.1 的时间复杂度可通过计算算法 5.1 中每一个步骤的计算时间获知。步骤 1 由于需要对订单进行排序，时间复杂度为 $O(n\log n)$；步骤 2 到步骤 4 须将订单划分到各个集合，可在常数时间内完成；步骤 5 同样是对订单排序，时间复杂度为 $O(n\log n)$。综上所述，算法 5.1 的时间复杂度为 $O(n\log n)$。

二、TNETDW 问题

在 **TNETDW** 问题中，本部分仍采用在 **TETDW** 问题中对提前订单集合、交货期窗口内的订单集合以及延误订单集合的符号定义，即分别用符号 E、W、T 表示。

1. 最优交货期窗口问询

引理 5.6 给定订单加工顺序 $\boldsymbol{\sigma}$，对于最优的交货期窗口开始时间 e 和结束时间 d，分别存在订单 $J_{[k]}$、$J_{[l]}$，使得 $e = C_{[k]}$，$d = C_{[l]}(k \leq l)$。

证明：（1）考虑交货期窗口开始时间 e。给定加工顺序 $\boldsymbol{\sigma} = \{1, \cdots, n\}$，假定 $C_{[k]} < e < C_{[k+1]}$。令在此种情况下的总成本为 z，则：

$$z = \alpha k + \beta(n-l) + n\gamma e + n\delta(C_{[l]} - e) \tag{5.18}$$

将交货期窗口开始时间 e 向左移动至 $C_{[k]}$，并令在此种情况下的总成本为 z_1，则：

$$z_1 = \alpha k + \beta(n-l) + n\gamma C_{[k]} + n\delta(C_{[l]} - C_{[k]}) \tag{5.19}$$

再将交货期窗口开始时间 e 向右移动至 $C_{[k+1]}$，并令此时的总成本为 z_2，则：

$$z_2 = \alpha k + \beta(n-l) + n\gamma C_{[k+1]} + n\delta(C_{[l]} - C_{[k+1]}) \tag{5.20}$$

由式（5.18）至式（5.20）可知：

$$z_1 - z = n(\gamma - \delta)(C_{[k]} - e) \tag{5.21}$$

$$z_2 - z = n(\gamma - \delta)(C_{[k+1]} - e) \tag{5.22}$$

由式（5.21）、式（5.22）可知：若 $\gamma - \delta > 0$，则左移 e 可减少总成本；若 $\gamma - \delta < 0$，右移 e 可减少总成本；若 $\gamma - \delta = 0$，则左移 e 或右移 e 都不会影响总成本。因此，最优交货期窗口开始时间等于某个订单的完工时间。

（2）对于交货期窗口结束时间 d，采用类似①的证明过程可以得知：最优交货期窗口结束时间等于某个订单的完工时间。证毕。

由引理 5.6 可知，计算本节 $TNETDW$ 问题的最优交货期窗口的关键在于确定 k 和 l 的值。确定 k、l 的值后，可知：$e = t_0 + \sum_{j=1}^{k} p_{[j]}$，$d = t_0 + \sum_{j=1}^{l} p_{[j]}$，且可知排列在位置 1，…，k 上的订单属于集合 $\boldsymbol{E}$，排列在位置 $k+1$，…，l 上的订单属于集合 $\boldsymbol{W}$，排列在位置 $l+1$，…，n 上的订单属于集合 $\boldsymbol{T}$。

将 $p_{[j]} = b_{[j]} t_{[j]}$，$e = t_0 + \sum_{j=1}^{k} p_{[j]}$，$d = t_0 + \sum_{j=1}^{l} p_{[j]}$ 代入式（5.1）有：

$$z(\boldsymbol{\sigma}, \boldsymbol{e}, \boldsymbol{D}) = \alpha k + \beta(n-l) + n\gamma t_0 + n\gamma \sum_{j=1}^{k} b_{[j]} t_{[j]} + n\delta \sum_{j=k+1}^{l} b_{[j]} t_{[j]} \tag{5.23}$$

式（5.23）中，$n\gamma t_0$ 为常数。

2. 最优订单加工顺序

定理 5.5　在最优的订单加工顺序 $\boldsymbol{\sigma}$ 中，集合 $\boldsymbol{E}$、$\boldsymbol{W}$、$\boldsymbol{T}$ 中的订单可按任意加工顺序进行加工。

证明：

（1）考虑集合 $\boldsymbol{E}$ 中的订单。给定任意加工顺序 $\boldsymbol{\sigma}$，假定集合 $\boldsymbol{E}$ 中两个相邻订单 J_i 和 J_j（订单 J_i 在订单 J_j 前），它们的退化因子分别为 b_i、b_j，且订单 J_i 的开始时间为 t。交换订单 J_i 和 J_j 的位置得到新的加工顺序 $\boldsymbol{\sigma}'$。由引理 5.3 可知，在加工顺序 $\boldsymbol{\sigma}$ 和 $\boldsymbol{\sigma}'$ 下总成本的差别在于订单 J_i 和 J_j 的总成本。定义 $z(\boldsymbol{\sigma})$ 和 $z(\boldsymbol{\sigma}')$ 分别为加工顺序 $\boldsymbol{\sigma}$ 和 $\boldsymbol{\sigma}'$ 下订单 J_i 和 J_j 的总成本。根据式（5.23），可知：

$$z(\boldsymbol{\sigma}') = z(\boldsymbol{\sigma}) = 2\alpha + n\gamma(b_i t + b_j t + b_i b_j t)$$

由上面的分析可知，集合 $\boldsymbol{E}$ 中订单的加工顺序对目标函数值没有任何影响。

（2）考虑集合 $\boldsymbol{T}$ 中的订单。给定任意加工顺序 $\boldsymbol{\sigma}$，假定集合 $\boldsymbol{T}$ 中两个相邻

订单 J_i 和 J_j（订单 J_i 在订单 J_j 前），两个订单的退化因子分别为 b_i、b_j，且订单 J_i 的开始时间为 t。交换订单 J_i 和 J_j 的位置得到新的加工顺序 σ'。定义 $z(\sigma)$ 和 $z(\sigma')$ 分别为加工顺序 σ 和 σ' 下订单 J_i 和 J_j 的总成本。根据式（5.23），可知：

$$z(\sigma') = z(\sigma) = 2\beta$$

由上面的分析可知，集合 T 中的订单可按任意顺序排列。

（3）考虑集合 W 中的订单。给定任意加工顺序 σ，假定集合 W 中两个相邻订单 J_i 和 J_j（订单 J_i 在订单 J_j 前），退化因子分别为 b_i、b_j，且订单 J_i 的开始时间为 t。交换订单 J_i 和 J_j 的位置得到新的加工顺序 σ'。定义 $z(\sigma)$ 和 $z(\sigma')$ 分别为加工顺序 σ 和 σ' 下订单 J_i 和 J_j 的总成本。根据式（5.23），可知：

$$n\delta[\,b_i t + b_j(t + b_i t)\,]$$

由上述分析可知，集合 W 中订单的加工顺序对目标函数值没有影响。定理获证。

定理 5.6 集合 W 中任何订单的退化因子都小于集合 T 中订单的退化因子。

证明： 由于集合 W、T 中的订单按任意顺序进行加工排列，考虑以下情形：给定加工顺序 σ，加工顺序中两个相邻订单 J_i 和 J_j（订单 J_i 在订单 J_j 前），其中订单 J_i 是集合 W 中最后一个订单（位于位置 l），订单 J_j 是集合 T 中第一个订单（位于位置 $l+1$），且订单 J_i 的开始时间为 t，$b_i > b_j$。交换订单 J_i 和 J_j 的位置得到新的加工顺序 σ'。定义 $z(\sigma)$ 和 $z(\sigma')$ 为加工顺序 σ 和 σ' 下的总成本。根据式（5.23），可知：

$$z(\sigma') - z(\sigma) = n\delta(b_j - b_i)t$$

因为 $b_i > b_j$，所以 $z(\sigma') - z(\sigma) < 0$。因此，订单 J_j 在订单 J_i 前加工可减少总成本。这意味着集合 W 中任意订单的退化因子都小于集合 T 中订单的退化因子。

定理 5.7 ①若 $\gamma \geqslant \delta$，则集合 E 中任意订单的退化因子都小于集合 W 中订单的退化因子；②若 $\gamma < \delta$，则集合 W 中任意订单的退化因子小于集合 E 中订单的退化因子。

证明：

（1）根据定理5.5，集合 E 和集合 W 中的订单可按任意顺序进行加工，考虑以下情形：给定任意加工顺序 σ，顺序中两个相邻订单 J_i 和 J_j（订单 J_i 在订单 J_j 前），其中订单 J_i 是集合 E 中最后一个订单（排在位置 k 上），订单 J_j 是集合 W 中第一个订单（排在位置 $k+1$ 上），且订单 J_i 的开始时间为 t，$b_i > b_j$。交换订单 J_i 和 J_j 的位置得到新的加工顺序 σ'。定义 $z(\sigma)$ 和 $z(\sigma')$ 为加工顺序 σ 和 σ' 下的总成本。根据式（5.23），可知：

$$z(\boldsymbol{\sigma}') - z(\boldsymbol{\sigma}) = n(\gamma - \delta)(b_j - b_i)t$$

因为 $b_i > b_j$，$\gamma \geq \delta$，所以 $z(\boldsymbol{\sigma}') - z(\boldsymbol{\sigma}) < 0$。这意味着订单 J_j 在订单 J_i 前加工可减少总成本，即集合 E 中任意订单的退化因子都小于集合 W 中订单的退化因子。

（2）对于情形 $\gamma < \delta$ 的结论可以采用类似情形①的过程进行证明。

从定理 5.5~5.7 可知，一旦确定 k、l 的值后，若 $\gamma \geq \delta$，可根据订单的退化因子的大小将订单划分到集合 E、W、T 中；但若 $\gamma < \delta$，只能根据退化因子的大小选择出集合 W 中的订单，剩余的关键问题在于如何将其余的订单划分到集合 E、T 中。

给定 **TNETDW** 问题的最优订单加工顺序 $\boldsymbol{\sigma}$，记：

$$R_{i,j} = n\gamma \prod_{h=i+1}^{k}(1 + b_{[h]}) + n\delta \prod_{h=i+1}^{k}(1 + b_{[h]}) \left[\prod_{h=k+1}^{l}(1 + b_{[h]}) - 1\right] \quad (5.24)$$

其中，$1 \leq i \leq k$，$l+1 \leq j \leq n$。定义 $\prod_{h=i-1}^{i}(1 + b_{[h]}) = 1$。

由式（5.24）可知，$R_{i,j}$ 与集合 T 中的订单无关，为简便，定义 R_i 代替 $R_{i,j}$，则：

$$R_i = n\gamma \prod_{h=i+1}^{k}(1 + b_{[h]}) + n\delta \prod_{h=i+1}^{k}(1 + b_{[h]}) \left[\prod_{h=k+1}^{l}(1 + b_{[h]}) - 1\right]$$

定理 5.8 给定最优的订单加工顺序 $\boldsymbol{\sigma}$，集合 E 中任意订单的退化因子都小于集合 T 中订单的退化因子。

证明： 给定最优订单加工顺序 $\boldsymbol{\sigma}$，假定顺序中两个订单 J_u 和 J_v 分别排列在位置 i 和 j，其中 $1 \leq i \leq k$，$l+1 \leq j \leq n$，且订单 J_u 的开始时间为 t。交换订单 J_u 和 J_v 的位置，得到新的加工顺序 $\boldsymbol{\sigma}'$。由引理 5.3 可知，交换两订单的位置对订单 J_u 前及订单 J_v 后的订单不产生影响。因此，仅考虑两订单位置的变化对两订单以及两订单间的订单的成本带来的影响。定义 $z(\boldsymbol{\sigma})$ 和 $z(\boldsymbol{\sigma}')$ 分别为加工顺序 $\boldsymbol{\sigma}$ 和 $\boldsymbol{\sigma}'$ 下受影响订单的总成本。由式（5.23）可知，在加工顺序 $\boldsymbol{\sigma}$ 和 $\boldsymbol{\sigma}'$ 下，总成本的差别为：

$$z(\boldsymbol{\sigma}') - z(\boldsymbol{\sigma}) = R_i(b_v - b_u)t$$

因为加工顺序 $\boldsymbol{\sigma}$ 是最优的，所以 $z(\boldsymbol{\sigma}') - z(\boldsymbol{\sigma}) \geq 0$。由于 $R_i > 0$，因此 $b_u \leq b_v$。这意味着集合 E 中任意订单的退化因子都小于集合 T 中订单的退化因子。证毕。

由定理 5.5~5.8 可得到如下有关集合 E、W、T 中订单的退化因子大小的结论。

推论5.1 ①若 $\gamma \geqslant \delta$，则集合 E 中任意订单的退化因子都小于集合 W 中订单的退化因子，而集合 W 中任意订单的退化因子都小于集合 T 中订单的退化因子；②若 $\gamma < \delta$，则集合 W 中任意订单的退化因子都小于集合 E 中订单的退化因子，且集合 E 中任意订单的退化因子都小于集合 T 中订单的退化因子。

3. 最优算法

由定理 5.5~5.8 及推论 5.1 可知：求解 **TNETDW** 问题的关键在于确定 k、l 的值。因为在确定 k、l 的值后，可根据退化因子的大小以及 γ 与 δ 之间的关系将所有订单划分到集合 E、W、T 中。下面给出求解问题 $1 \mid e, D, p_j = b_j t_j \mid \sum_{j=1}^{n} (\alpha V_j + \beta U_j + \gamma e + \delta D)$ 的详细过程。

算法5.2

步骤1：初始化。将所有订单按退化因子的非递减顺序排列，即 $b_1 \leqslant \cdots \leqslant b_n$。并令 $E = \varnothing$，$W = \varnothing$，$T = \varnothing$。

步骤2：令 k 取 1 到 n 范围内的值，l 取 k 到 n 范围内的值。在每一种 (k, l) 组合情况下，进行如下步骤：

（1）若 $\gamma \geqslant \delta$，将订单 $J_1, \cdots, J_k$ 划分到集合 E 中，将订单 $J_{k+1}, \cdots, J_l$ 划分到集合 W 中，并把其余的订单划分到集合 T；否则，将订单 $J_1, \cdots, J_k$ 划分到集合 W，订单 $J_{k+1}, \cdots, J_l$ 划分到集合 E，并把其余的订单划分到集合 T。

（2）令 $e = t_0 \prod_{j \in E} (1 + b_j)$，$j = 1, \cdots, n$，$D = t_0 \prod_{j \in E} (1 + b_j) \left[\prod_{j \in W} (1 + b_j) - 1 \right]$，并根据式（5.23）计算目标函数值。

步骤3：比较各个组合 (k, l) 下的目标函数值，选择具有最小目标函数值的组合。交货期窗口中 e、D 的值可以根据步骤2得到，终止。

算法 5.2 中步骤 1 是将所有订单按退化因子的非递减顺序进行排列，并初始化集合 E、W、T。步骤 2 是在每一种组合 (k, l) 下将订单划分到集合 E、W、T 并计算在该组合情况下的最优交货期窗口问询及目标函数值。步骤 3 是选择最优的组合 (k, l)，并确定 **TNETDW** 问题的最优解。

定理5.9 算法 5.2 在 $O(n^2)$ 时间内为问题 $1 \mid e, D, p_j = b_j t_j \mid \sum_{j=1}^{n} (\alpha V_j + \beta U_j + \gamma e + \delta D)$ 找到最优解。

证明： 算法 5.2 的正确性可通过引理 5.6、定理 5.5~5.8 以及推论 5.1 进行验证。为了计算算法 5.2 的计算复杂度，可计算算法 5.2 中每个步骤的计算时间。步骤 1 对订单进行排序，至多需要 $O(n\log n)$ 时间；步骤 2 需要考虑每一种组合 (k, l)，至多可在 $O(n^2)$ 时间内完成；步骤 3 选择最优的组合情况 (k, l)，可在常数时间内完成。综上所述，算法 5.2 的时间复杂度为 $O(n^2)$。证毕。

第三节 SLK 交货期窗口问询

本节考虑与第二节类似的问题，不同的是本节假定制造商采用 SLK 交货期窗口问询方法。本节首先在 SLK 交货期窗口问询模型下分析目标为极小化因提前时间、延误时间以及交货期窗口问询产生的总成本的调度问题。其次分析目标为极小化因提前订单个数、延误订单个数以及交货期窗口问询产生的总成本的调度问题。针对这两个问题，本节依次分析问题的最优交货期窗口问询具有的性质、最优的订单加工顺序具有的性质。然后在此基础上提出求解算法。

在 SLK 交货期窗口问询模型下，订单 J_j 的交货期窗口开始时间和结束时间分别定义为：$e_j = p_j + q_1$，$d_j = p_j + q_2$，且订单的交货期窗口大小定义为：$D = q_2 - q_1$。对于本节的两个研究问题，定义集合符号 $E = \{j \in N \mid C_j < e_j\}$，$W = \{j \in N \mid e_j < C_j < d_j\}$，$O = \{j \in N \mid C_j = d_j\}$ 以及 $T = \{j \in N \mid C_j > d_j\}$。

一、TETDW 问题

1. 最优交货期窗口问询

引理 5.7 （Mosheiov 和 Oron，2010）对于给定的订单加工顺序 $\boldsymbol{\sigma}$，存在最优的 q_1、q_2，它们分别等于加工顺序 $\boldsymbol{\sigma}$ 中某一个订单的完工时间 $C_{[l^*-1]}$，$C_{[h^*-1]}$ $(1 \leq l^* \leq h^* \leq n)$，其中 $l^* = \max\left\{\left\lceil \dfrac{n(\delta - \gamma)}{\alpha} \right\rceil, 0\right\}$，$h^* = \max\left\{\left\lceil \dfrac{n(\beta - \delta)}{\beta} \right\rceil, 0\right\}$。

从引理 5.7 可知，l^* 和 h^* 的值不依赖于订单的加工时间，因此在本节研究的问题中，引理 5.7 同样成立。从引理 5.7 可知，本节研究的两个问题中的 q_1、q_2 分别被定义为 $q_1 = t_0 + \sum\limits_{i=1}^{l^*-1} b_{[i]} t_{[i]}$，$q_2 = t_0 + \sum\limits_{i=1}^{h^*-1} b_{[i]} t_{[i]}$。由于 $e_{[l^*]} = p_{[l^*]} + q_1$，$d_{[h^*]} = p_{[h^*]} + q_2$，因此 $e_{[l^*]} = C_{[l^*]}$，$d_{[h^*]} = C_{[h^*]}$。由上述讨论可知：排列在位置 $1, \cdots, l^*-1$ 的订单属于集合 E，排列在位置 $l^*, \cdots, h^*-1$ 上的订单属于集合 W，订单 h^* 属于集合 O，且排列在位置 $h^*+1, \cdots, n$ 的订单属于集合 T。

将 q_1、q_2 代入式（5.7），则在 SLK 交货期窗口问询模型下 *TETDW* 问题的目标函数可表示为：

$$z(\boldsymbol{\sigma}, \boldsymbol{e}, \boldsymbol{D}) = \sum_{j=1}^{l^*-1} (\alpha j + n\gamma) b_{[j]} t_{[j]} + \sum_{j=h^*}^{n} \beta(n-j) b_{[j]} t_{[j]} + n\gamma t_0 +$$

$$n\delta \sum_{j=l^*}^{h^*-1} b_{[j]} t_{[j]} + \sum_{j=1}^{n} \gamma b_{[j]} t_{[j]} \tag{5.25}$$

在式（5.25）中，$n\gamma t_0$ 是常数。下面分析在 SLK 交货期窗口问询模型下 *TETDW* 问题中的最优订单加工顺序具有的性质。

2. 最优订单加工顺序

定理 5.10 在最优的订单加工顺序 $\boldsymbol{\sigma}$ 中，①集合 *E* 中的订单按 LDR 顺序（最大退化因子）进行排列；②集合 $\boldsymbol{O} \cup \boldsymbol{T}$ 中的订单按 SDR 顺序（最小退化因子）进行排列；③集合 *W* 中的订单可以按任何顺序进行排列。

证明：

（1）假定加工顺序 $\boldsymbol{\sigma}$ 是最优的，且该顺序下集合 *E* 中的订单不按 LDR 顺序排列。因此，在此加工顺序下，集合 *E* 中至少存在两个相邻订单 J_j 和 J_k 排列在位置 i，$i+1(1 \leqslant i \leqslant l^*-2)$。假定订单 J_j 在订单 J_k 前加工，那么以下不等式成立：

$b_j < b_k$

假定订单 J_j 的开始加工时间为 t。在加工顺序 $\boldsymbol{\sigma}$ 中，订单 J_j 的开始加工时间为 t。交换订单 J_j 和 J_k 的位置，而其他全部订单的位置不变，得到一个新的加工顺序 $\boldsymbol{\sigma}'$。在新的加工顺序 $\boldsymbol{\sigma}'$ 中，订单 J_k 在时间 t 进行加工。根据引理 5.3，在加工顺序 $\boldsymbol{\sigma}$ 和 $\boldsymbol{\sigma}'$ 下，目标函数的差异仅在于订单 J_j 和 J_k 的成本。根据式（5.25），在加工顺序 $\boldsymbol{\sigma}$ 下，订单 J_j 和 J_k 的总成本为：

$[\alpha i + (n+1)\gamma] b_j t + [\alpha(i+1) + (n+1)\gamma] b_k (t + b_j t)$

而在加工顺序 $\boldsymbol{\sigma}'$ 下，两个订单的总成本为：

$[\alpha i + (n+1)\gamma] b_k t + [\alpha(i+1) + (n+1)\gamma] b_j (t + b_k t)$

很容易验证：若 $b_j < b_k$，在加工顺序 $\boldsymbol{\sigma}'$ 下两个订单的总成本严格小于在加工顺序 $\boldsymbol{\sigma}$ 下两个订单的总成本。这与加工顺序 $\boldsymbol{\sigma}$ 的最优性相违背，因此结论得证。

（2）考虑集合 $\boldsymbol{O} \cup \boldsymbol{T}$ 中的订单。假定加工顺序 $\boldsymbol{\sigma}$ 中，两个相邻订单 J_j 和 J_k 分别排列在位置 i 和 $i+1(h^*+1 \leqslant i < n)$ 且 $b_j > b_k$。交换两个订单 J_j 和 J_k 的位置得到新的顺序 $\boldsymbol{\sigma}'$。假定订单 J_j 的开始加工时间为 t。令 $z(\boldsymbol{\sigma})$、$z(\boldsymbol{\sigma}')$ 分别为加工顺序 $\boldsymbol{\sigma}$ 和 $\boldsymbol{\sigma}'$ 下的目标函数值，则根据引理 5.3 及式（5.25），在这两个顺序下两

个订单的总成本的差异为：

$$z(\pmb{\sigma}') - z(\pmb{\sigma}) = \beta(b_k - b_j)t$$

因为 $b_j > b_k$，所以 $z(\pmb{\sigma}') - z(\pmb{\sigma}) < 0$。这意味着集合 $\pmb{O} \cup \pmb{T}$ 中具有较小退化因子的订单应该在具有较大退化因子的订单前加工。

（3）考虑集合 $\pmb{W}$ 中的订单。假定加工顺序 $\pmb{\sigma}$ 中两个相邻订单 J_j 和 J_k 分别排列在位置 i 和 $i+1$（$l^* \leqslant i < h^*$），且两个订单的退化因子分别 b_j、b_k。交换订单 J_j 和 J_k 得到新的加工顺序 $\pmb{\sigma}'$。假定订单 J_j 的开始加工时间为 t。令 $z(\pmb{\sigma})$、$z(\pmb{\sigma}')$ 分别为顺序 $\pmb{\sigma}$ 和 $\pmb{\sigma}'$ 下的目标函数值，则根据引理 5.3 及式（5.25）可知：

$$z(\pmb{\sigma}') = z(\pmb{\sigma}) = n\delta(b_j t + b_k t + b_j b_k t)。$$

由上述分析可知，集合 $\pmb{W}$ 中的订单可按任意顺序排列。证毕。

定理 5.11 在最优的订单加工顺序中，集合 $\pmb{W}$ 中任意订单的退化因子小于集合 $\pmb{E}$、$\pmb{T}$ 和 $\pmb{O}$ 中的订单的退化因子。

证明： 首先，比较集合 $\pmb{W}$ 和集合 $\pmb{E}$ 中订单的退化因子的大小。由于集合 $\pmb{E}$ 中的订单按 LDR 顺序排列，集合 $\pmb{W}$ 中的订单的顺序是任意的，因此，考虑以下情形：假定顺序 $\pmb{\sigma}$，该顺序中两个相邻订单 J_j 和 J_k 分别位于位置 l^*-1 和 l^* 上且两个订单的退化因子满足 $b_j < b_k$。交换两个订单 J_j 和 J_k 的位置得到新的加工顺序 $\pmb{\sigma}'$。假定订单 J_j 的开始加工时间为 t。令 $z(\pmb{\sigma})$、$z(\pmb{\sigma}')$ 分别为顺序 $\pmb{\sigma}$ 和 $\pmb{\sigma}'$ 下的目标函数值，则在加工顺序 $\pmb{\sigma}$ 和 $\pmb{\sigma}'$ 下目标函数值的差异为：

$$z(\pmb{\sigma}') - z(\pmb{\sigma}) = (b_k - b_j)t[\alpha(l^*-1) + n(\gamma - \delta)]。$$

由于 $l^* = \left\lceil \dfrac{n(\delta - \gamma)}{\alpha} \right\rceil < \dfrac{n(\delta - \gamma)}{\alpha} + 1$，$b_j < b_k$，因此 $z(\pmb{\sigma}') < z(\pmb{\sigma})$。由此可知，订单 J_k 在订单 J_j 前加工可减少总成本。这意味着集合 $\pmb{W}$ 中任意订单的退化因子小于集合 $\pmb{E}$ 中订单的退化因子。

其次，比较集合 $\pmb{W}$ 和集合 $\pmb{O} \cup \pmb{T}$ 中订单的退化因子的大小。由于集合 $\pmb{O} \cup \pmb{T}$ 中的订单按 SDR 顺序排列，集合 $\pmb{W}$ 中订单的加工顺序是任意的，因此考虑以下情形：假定加工顺序 $\pmb{\sigma}$，顺序中两个相邻订单 J_j 和 J_k 分别位于位置 h^*-1 和 h^*，且退化因子满足 $b_j > b_k$。交换订单 J_j 和 J_k 的位置得到新的加工顺序 $\pmb{\sigma}'$。假定订单 J_j 的加工时间为 t，且令 $z(\pmb{\sigma})$、$z(\pmb{\sigma}')$ 分别为顺序 $\pmb{\sigma}$ 和 $\pmb{\sigma}'$ 下的目标函数值，则在加工顺序 $\pmb{\sigma}$ 和 $\pmb{\sigma}'$ 下总成本的差异为：

$$z(\pmb{\sigma}') - z(\pmb{\sigma}) = (b_k - b_j)t[n\delta - \beta(n - h^*)]$$

由于 $h^* = \left\lceil \dfrac{n(\beta-\delta)}{\beta} \right\rceil \geqslant \dfrac{n(\beta-\delta)}{\beta}$，$b_j > b_k$，因此 $z(\boldsymbol{\sigma}') - z(\boldsymbol{\sigma}) < 0$。由此可知，订单 J_k 在订单 J_j 前加工可减少总成本。这意味着集合 W 中任意订单的退化因子小于集合 $O \cup T$ 中订单的退化因子。综上可知，相对于其他集合，集合 W 中的订单具有最小的退化因子。证毕。

为了符号的简洁性，定义以下表达式：

$$
R_{j,k} = (\alpha j + n\gamma) + \sum_{i=j+1}^{l^*-1} (\alpha j + n\gamma) b_{[i]} \prod_{l=j+1}^{i-1} (1 + b_{[l]}) -
$$

$$
\beta(n-k) \prod_{l=j+1}^{k-1} (1 + b_{[l]}) + \sum_{i=h^*}^{k-1} \beta(n-i) b_{[i]} \prod_{l=j+1}^{i-1} (1 + b_{[l]}) +
$$

$$
n\delta \prod_{l=j+1}^{l^*-1} (1 + b_{[l]}) \left[\prod_{l=l^*}^{h^*-1} (1 + b_{[l]}) - 1 \right]
$$

其中，$1 \leqslant j \leqslant l^*-1$，$h^* \leqslant k \leqslant n$。定义 $\prod_{i=k-1}^{k} (1 + b_{[i]}) = 1$。

定理 5.12 假定两个订单 J_u 和 J_v 分别排列在位置 j 和 $k(1 \leqslant j \leqslant l^*-1$，$h^* \leqslant k \leqslant n)$，则有以下结论成立：①若 $R_{j,k} \geqslant 0$，则 $b_u < b_v$；②若 $R_{j,k} < 0$，则 $b_u > b_v$。

证明： 假定最优加工顺序 $\boldsymbol{\sigma}$，顺序中两个订单 J_u 和 J_v 分别排列在位置 j 和 k 上，其中 $1 \leqslant j \leqslant l^*-1$，$h^* \leqslant k \leqslant n$。交换两个订单 J_u 和 J_v 的位置得到新的加工顺序 $\boldsymbol{\sigma}'$。从引理 5.3 可知，订单 J_u 之前的订单以及订单 J_v 之后的订单都不受交换的影响。因此，只需比较订单 J_u 和 J_v 之间的订单（包括订单 J_u 和 J_v）的总成本。令 t 表示订单 J_u 的开始加工时间，且令 $z(\boldsymbol{\sigma})$、$z(\boldsymbol{\sigma}')$ 分别为顺序 $\boldsymbol{\sigma}$ 和 $\boldsymbol{\sigma}'$ 下订单 J_u 和 J_v 之间的所有订单的总成本，则在加工顺序 $\boldsymbol{\sigma}$ 下，总成本为：

$$
z(\boldsymbol{\sigma}) = (1 + b_u) t \left[\sum_{i=j+1}^{l^*-1} (\alpha j + n\gamma) b_{[i]} \prod_{l=j+1}^{i-1} (1 + b_{[l]}) + \beta(n-k) \right.
$$

$$
b_v \prod_{l=j+1}^{k-1} (1 + b_{[l]}) \right] + (\alpha j + n\gamma) t b_u + n\delta(1 + b_u) \left[\sum_{i=h^*}^{k-1} \beta(n-i) \right.
$$

$$
b_{[i]} \prod_{l=j+1}^{i-1} (1 + b_{[l]}) + \left(\prod_{l=l^*}^{h^*-1} (1 + b_{[l]}) - 1 \right) \prod_{l=j+1}^{l^*-1} (1 + b_{[l]}) \right] \tag{5.26}
$$

而在加工顺序 $\boldsymbol{\sigma}'$ 下，总成本为：

$$
z(\boldsymbol{\sigma}') = (1 + b_v) t \left[\sum_{i=j+1}^{l^*-1} (\alpha j + n\gamma) b_{[i]} \prod_{l=j+1}^{i-1} (1 + b_{[l]}) + \beta(n-k) \right.
$$

$$b_u \prod_{l=j+1}^{k-1} (1 + b_{[l]}) \Bigg] + n\delta(1 + b_v)t \Bigg[\left(\prod_{l=l^*}^{h^*-1} (1 + b_{[l]}) - 1 \right)$$

$$\prod_{l=j+1}^{l^*-1} (1 + b_{[l]}) + \sum_{i=h^*}^{k-1} \beta(n-i) b_{[i]} \prod_{l=j+1}^{i-1} (1 + b_{[l]}) \Bigg] + (\alpha j + n\gamma) t b_v$$

$$(5.27)$$

根据式（5.26）、式（5.27），很容易验证在加工顺序 $\boldsymbol{\sigma}$ 和 $\boldsymbol{\sigma}'$ 下，成本之差为：

$$z(\boldsymbol{\sigma}') - z(\boldsymbol{\sigma}) = R_{j,k}(b_v - b_u)t$$

由于加工顺序 $\boldsymbol{\sigma}$ 是最优的，即 $z(\boldsymbol{\sigma}') - z(\boldsymbol{\sigma}) \geqslant 0$，因此：若 $R_{j,k} \geqslant 0$，则 $b_u \leqslant b_v$；若 $R_{j,k} < 0$，则 $b_u > b_v$。证毕。

3. 最优算法

下面基于引理 5.7、定理 5.10~5.12 得到的关于最优交货期窗口问询以及最优订单加工顺序的性质提出求解 *TETDW* 问题的最优算法。

算法 5.3

步骤 1：将订单 $N = \{1, \cdots, n\}$ 按退化因子的非递减顺序进行排列，即 $b_1 \leqslant \cdots < b_n$。计算 $l^* = \left\lceil \dfrac{n(\delta - \gamma)}{\alpha} \right\rceil$，$h^* = \left\lceil \dfrac{n(\beta - \delta)}{\beta} \right\rceil$，并令 $\boldsymbol{E} = \varnothing$，$\boldsymbol{W} = \varnothing$，$\boldsymbol{S} = \boldsymbol{O} \cup \boldsymbol{T} = \varnothing$，$j = l^* - 1$ 以及 $k = h^*$。

步骤 2：计算 $h^* - l^*$，并将订单 J_1 到 $J_{h^*-l^*}$ 划分到集合 $\boldsymbol{W}$ 中。令 $u = h^* - l^* + 1$。

步骤 3：计算 $R_{j,k}$，若 $R_{j,k} \geqslant 0$，则将订单 J_u 划分到集合 $\boldsymbol{E}$，令 $j = j - 1$；

若 $R_{j,k} < 0$，则将订单 J_u 划分到集合 $\boldsymbol{S}$，令 $k = k + 1$。

步骤 4：$u = u + 1$。

步骤 5：若 $j \geqslant 1$ 或 $k \leqslant n$，则转向步骤 3。

若 $j < 1$，则令 $\boldsymbol{S} := \boldsymbol{N} - \boldsymbol{W} - \boldsymbol{E}$ 并转向步骤 6。

若 $k > n$，则令 $\boldsymbol{E} := \boldsymbol{N} - \boldsymbol{W} - \boldsymbol{S}$ 并转向步骤 6。

步骤 6：将集合 $\boldsymbol{E}$ 中的订单按 LDR 顺序排列，集合 $\boldsymbol{S}$ 中的订单按 SDR 顺序排列。将集合 $\boldsymbol{S}$ 中的任意一个订单划分到集合 $\boldsymbol{O}$，而将集合 $\boldsymbol{S}$ 中的其余订单划分到集合 $\boldsymbol{T}$ 并将订单按 SDR 顺序排排列。令 $e_j = t_0 \prod\limits_{j \in E} (1 + b_j)$，$j = 1, \cdots, n$，$D = t_0 \prod\limits_{j \in E} (1 + b_j) \left[\prod\limits_{j \in W} (1 + b_j) - 1 \right]$，终止。

在算法 5.3 中，步骤 1 用于将所有订单按退化因子的非递减顺序排列；步骤 2 在于选出集合 W 中的订单；步骤 3 到步骤 5 在于将其余的订单划分到各个集合；步骤 6 在于得到最优订单加工顺序和最优交货期窗口问询。

定理 5.13　算法 5.3 为问题 $1 \,|\, e_j,\ D,\ p_j = b_j t_j \,|\, \sum_{j=1}^{n} (\alpha E_j + \beta T_j + \gamma e_j + \delta D)$ 在 $O(n\log n)$ 时间内找到最优解。

证明： 算法 5.3 的正确性可由引理 5.7、定理 5.10~5.12 获证。为了估计算法 5.3 的计算复杂度，可计算算法 5.3 中每个步骤的计算时间。步骤 1 至多需要 $O(n\log n)$ 时间排列所有订单；步骤 2 到步骤 5 可在常数时间内完成；步骤 6 同样是对订单进行排列，至多需要 $O(n\log n)$ 时间。综上可知，算法 5.3 的计算复杂度为 $O(n\log n)$。

二、TNETDW 问题

1. 最优交货期窗口问询

引理 5.8　对任意给定的订单加工顺序 $\boldsymbol{\sigma}$，存在最优的 q_1、q_2 分别等于某个订单的完工时间 $C_{[l^*-1]}$、$C_{[h^*-1]}$，其中 $1 \leqslant l^* \leqslant h^* \leqslant n$。

证明：

（1）考虑 q_1 的值。假定 $C_{[l^*-1]} < q_1 < C_{[l^*]}$。根据定义，有 $C_{[l^*]} < e_{[l^*]}$ 以及 $C_{[l^*+1]} > e_{[l^*+1]}$。

首先将 q_1 向左移动使之等于 $C_{[l^*-1]}$，即 $q_1' = C_{[l^*-1]}$，则 $C_{[l^*]} = e_{[l^*]}$ 且 $C_{[l^*-1]} < e_{[l^*-1]}$。定义 z、z' 为两个取值 q_1 和 q_1' 下的目标函数值。根据式 (5.5)，z 和 z' 之间的差异为：

$$z' - z = -\alpha + n(\gamma - \delta)(q_1' - q_1)$$

其次将 q_1 向右移动使之等于 $C_{[l^*]}$，即 $q_1'' = C_{[l^*]}$，则 $C_{[l^*+1]} = e_{[l^*+1]}$ 且 $C_{[l^*]} < e_{[l^*]}$。定义 z'' 为取值 q_1'' 下的目标函数值。根据式 (5.5)，z 和 z'' 之间的差异为：

$$z'' - z = n(\gamma - \delta)(q_1'' - q_1)$$

显然，若 $\gamma \geqslant \delta$，将 q_1 向右移动可以减少总成本；否则，将 q_1 向左移动可以减少总成本。因此，q_1 等于某个订单的完工时间 $C_{[l^*-1]}$。

（2）q_2 的值可通过同样的分析过程获知。证毕。

从引理 5.8 可知，一旦确定 l^*、h^*，就可计算 q_1 和 q_2 的值，且 $q_1 = t_0 +$

$\sum_{i=1}^{l^*-1} b_{[i]} t_{[i]}$，$q_2 = t_0 + \sum_{i=1}^{h^*-1} b_{[i]} t_{[i]}$。 此外，在此条件下可知：排列在位置 1，…，l^*-1 上的订单属于集合 $\boldsymbol{E}$，排列在位置 l^*，…，h^*-1 上的订单属于集合 $\boldsymbol{W}$，排列在 h^* 位置上的订单属于集合 $\boldsymbol{O}$，而排列在位置 h^*+1，…，n 上的订单属于集合 $\boldsymbol{T}$，其中 $1 \leqslant l^* \leqslant h^* \leqslant n$。

将 $q_1 = t_0 + \sum_{i=1}^{l^*-1} b_{[i]} t_{[i]}$，$q_2 = t_0 + \sum_{i=1}^{h^*-1} b_{[i]} t_{[i]}$ 代入式（5.6），则 TNETDW 问题的目标函数可表示为：

$$z(\boldsymbol{\sigma}, \boldsymbol{e}, \boldsymbol{D}) = \alpha(l^* - 1) + \beta(n - h^*) + \gamma \sum_{j=1}^{n} b_{[j]} t_{[j]} + n\gamma t_0 +$$

$$n\gamma \sum_{j=1}^{l^*-1} b_{[j]} t_{[j]} + n\delta \sum_{j=l^*}^{h^*-1} b_{[j]} t_{[j]} \tag{5.28}$$

在式（5.28）中，式子 $n\gamma t_0$ 是常数。

2. 最优订单加工顺序

定理 5.14 在最优的订单加工顺序中，集合 $\boldsymbol{E}$、$\boldsymbol{W}$、$\boldsymbol{O} \cup \boldsymbol{T}$ 中的订单可按任意顺序进行排列。

证明：

（1）首先分析集合 $\boldsymbol{E}$ 中订单的最优加工顺序。假定加工顺序 $\boldsymbol{\sigma}$，顺序中两个相邻订单 J_j 和 J_k 排列在位置 i 和 $i+1$（$1 \leqslant i < l^* - 1$）上且两个订单的退化因子分别为 b_j、b_k。交换订单 J_j 和 J_k 得到新的加工顺序 $\boldsymbol{\sigma}'$。假定订单 J_j 的开始加工时间为 t。从引理 5.3 可知，加工顺序 $\boldsymbol{\sigma}$ 和 $\boldsymbol{\sigma}'$ 下总成本的差异在于订单 J_j 和 J_k 的成本。定义 $z(\boldsymbol{\sigma})$、$z(\boldsymbol{\sigma}')$ 分别为顺序 $\boldsymbol{\sigma}$ 和 $\boldsymbol{\sigma}'$ 下订单 J_j 和 J_k 的总成本，则：

$z(\boldsymbol{\sigma}) = z(\boldsymbol{\sigma}') = n\gamma(b_j t + b_k t + b_j b_k t)$。

由上述分析可知，集合 $\boldsymbol{E}$ 中订单的顺序对目标函数值没有任何影响。这意味着集合 $\boldsymbol{E}$ 中的订单可按任意顺序排列。

（2）集合 $\boldsymbol{W}$、$\boldsymbol{O} \cup \boldsymbol{T}$ 中订单的最优加工顺序可用类似情形（1）的方式证明。证毕。

定理 5.15 在最优的订单加工顺序中，集合 $\boldsymbol{W}$ 中任意订单的退化因子小于集合 $\boldsymbol{O} \cup \boldsymbol{T}$ 中订单的退化因子。

证明： 由于集合 $\boldsymbol{W}$ 和集合 $\boldsymbol{O} \cup \boldsymbol{T}$ 中的订单可按任意顺序加工，因此考虑以下情形：假定加工顺序 $\boldsymbol{\sigma}$，顺序中两个相邻订单 J_j 和 J_k 排列在位置 h^*-1 和 h^*，

且两个订单的退化因子满足 $b_j > b_k$。交换订单 J_j 和 J_k 的位置得到新的加工顺序 $\boldsymbol{\sigma}'$。假定订单 J_j 的开始加工时间为 t。定义 $z(\boldsymbol{\sigma})$、$z(\boldsymbol{\sigma}')$ 分别为顺序 $\boldsymbol{\sigma}$ 和 $\boldsymbol{\sigma}'$ 下的总成本，则在两个顺序下的总成本差异为：

$$z(\boldsymbol{\sigma}') - z(\boldsymbol{\sigma}) = n\delta(b_k - b_j)t$$

由于 $b_j > b_k$，因此 $z(\boldsymbol{\sigma}') < z(\boldsymbol{\sigma})$。这意味着订单 J_k 在订单 J_j 前加工可减少总成本。由此可知，集合 $\boldsymbol{W}$ 中订单的退化因子小于集合 $\boldsymbol{O} \cup \boldsymbol{T}$ 中订单的退化因子。证毕。

定理 5.16 在最优的订单加工顺序中，①若 $\gamma \geq \delta$，则集合 $\boldsymbol{E}$ 中订单的退化因子小于集合 $\boldsymbol{W}$ 中订单的退化因子；②若 $\gamma < \delta$，则集合 $\boldsymbol{W}$ 中订单的退化因子小于集合 $\boldsymbol{E}$ 中订单的退化因子。

证明：

（1）由于集合 $\boldsymbol{E}$、$\boldsymbol{W}$ 中的订单可按任意顺序加工，因此考虑比较集合 $\boldsymbol{E}$ 中最后一个订单和集合 $\boldsymbol{W}$ 中第一个订单的退化因子之间的大小。假定加工顺序 $\boldsymbol{\sigma}$，顺序中两个相邻订单 J_j 和 J_k 排列在位置 l^*-1 和 l^* 且两个订单的退化因子满足 $b_j > b_k$。交换订单 J_j 和 J_k 的位置得到新的加工顺序 $\boldsymbol{\sigma}'$。假定订单 J_j 的开始加工时间为 t。定义 $z(\boldsymbol{\sigma})$、$z(\boldsymbol{\sigma}')$ 分别为顺序 $\boldsymbol{\sigma}$ 和 $\boldsymbol{\sigma}'$ 下的总成本，则两个加工顺序下的成本差异为：

$$z(\boldsymbol{\sigma}') - z(\boldsymbol{\sigma}) = n(\gamma - \delta)(b_k - b_j)t$$

因为 $\gamma \geq \delta$，$b_j > b_k$，所以 $z(\boldsymbol{\sigma}') < z(\boldsymbol{\sigma})$。这意味着集合 $\boldsymbol{E}$ 中任意订单的退化因子小于集合 $\boldsymbol{W}$ 中订单的退化因子。

（2）对于情形 $\gamma < \delta$，可以采取类似于情形（1）的证明过程获知：集合 $\boldsymbol{E}$ 中任意订单的退化因子大于集合 $\boldsymbol{W}$ 中订单的退化因子。证毕。

从定理 5.14~5.16 可知，在情形 $\gamma \geq \delta$ 下，一旦确定 l^*、h^*，很容易将订单划分到集合 $\boldsymbol{E}$、$\boldsymbol{W}$、$\boldsymbol{O}$ 和 $\boldsymbol{T}$ 中。因为，若 $\gamma \geq \delta$，集合 $\boldsymbol{E}$ 中任意订单的退化因子小于集合 $\boldsymbol{W}$ 中订单的退化因子，而集合 $\boldsymbol{W}$ 中任意订单的退化因子小于集合 $\boldsymbol{O} \cup \boldsymbol{T}$ 中订单的退化因子。而在情形 $\gamma < \delta$ 下，仅仅知道集合 $\boldsymbol{W}$ 中任意订单的退化因子小于集合 $\boldsymbol{E}$ 和集合 $\boldsymbol{O} \cup \boldsymbol{T}$ 中订单的退化因子。因此，在情形 $\gamma < \delta$ 下，求解 TNET-DW 问题的关键在于如何将订单划分到集合 $\boldsymbol{E}$ 和集合 $\boldsymbol{O} \cup \boldsymbol{T}$ 中。

为了符号的简洁性，定义如下表达式：

$$R_{j,k} = n\gamma \prod_{l=j+1}^{l^*-1}(1+b_{[l]}) + n\delta \prod_{l=j+1}^{l^*-1}(1+b_{[l]})\left[\prod_{l=l^*}^{h^*-1}(1+b_{[l]})-1\right] \tag{5.29}$$

其中 $1 \leqslant j \leqslant l^* - 1$，且 $h^* \leqslant k \leqslant n$。定义 $\prod\limits_{i=k-1}^{k}(1 + b_{[i]}) = 1$。

由式（5.29）可知，$R_{j,k}$ 与集合 $O \cup T$ 中的订单无关。为了简单起见，用 R_j 代替 $R_{j,k}$：

$$R_j = n\gamma \prod_{l=j+1}^{l^*-1}(1 + b_{[l]}) + n\delta \prod_{l=j+1}^{l^*-1}(1 + b_{[l]}) \left[\prod_{l=l^*}^{h^*-1}(1 + b_{[l]}) - 1 \right] \qquad (5.30)$$

由式（5.30）可知，对任意 $1 \leqslant j \leqslant l^* - 1$，有 $R_j > 0$。

定理 5.17 在最优的订单加工顺序中，集合 E 中任意订单的退化因子小于集合 $O \cup T$ 中订单的退化因子。

证明： 假定最优的订单加工顺序 $\boldsymbol{\sigma}$，顺序中两个订单 J_u 和 J_v 分别排列在位置 j 和 k 上，其中 $1 \leqslant j \leqslant l^* - 1$ 且 $h^* \leqslant k \leqslant n$。交换订单 J_u 和 J_v 的位置得到新的加工顺序 $\boldsymbol{\sigma}'$。假定订单 J_u 的开始加工时间为 t。定义 $z(\boldsymbol{\sigma})$、$z(\boldsymbol{\sigma}')$ 分别为顺序 $\boldsymbol{\sigma}$ 和 $\boldsymbol{\sigma}'$ 下的总成本，则两个顺序下的总成本差异为：

$$z(\boldsymbol{\sigma}') - z(\boldsymbol{\sigma}) = R_j(b_v - b_u)t$$

由于加工顺序 $\boldsymbol{\sigma}$ 是最优的，因此 $z(\boldsymbol{\sigma}') - z(\boldsymbol{\sigma}) \geqslant 0$。又因为对任何 $1 \leqslant j \leqslant l^* - 1$，有 $R_j > 0$，所以 $b_u \leqslant b_v$。因此，集合 E 中任意订单的退化因子小于集合 $O \cup T$ 中订单的退化因子。证毕。

从上面的分析可以得到如下有关集合 E、W 和 $O \cup T$ 中订单的退化因子之间的大小关系，见推论 5.2。

推论 5.2 在最优的订单加工顺序中：

（1）若 $\gamma \geqslant \delta$，则集合 E 中任意订单的退化因子小于集合 W 中订单的退化因子，且集合 W 中任意订单的退化因子小于集合 $O \cup T$ 中订单的退化因子；

（2）若 $\gamma < \delta$，则集合 W 中任意订单的退化因子小于集合 E 中订单的退化因子，且集合 E 中任意订单的退化因子小于集合 $O \cup T$ 中订单的退化因子。

3. 最优算法

下面基于引理 5.8 中有关最优交货期窗口问询的结论以及定理 5.14~5.17 中有关最优订单加工顺序的结论提出求解 **TNETDW** 问题的算法。

算法 5.4

步骤 1：将所有订单 $N = \{1, \cdots, n\}$ 按退化因子的非递减顺序进行排列，即 $b_1 \leqslant \cdots \leqslant b_n$。

步骤 2：令 $E = \varnothing$，$W = \varnothing$，$S = T \cup O = \varnothing$。

步骤 3：令 l^* 取 1 到 n 的值，且 h^* 取 l^* 到 n 的值。对任意的组合（l^*，h^*），应用以下的步骤确定最优的订单加工顺序：

（1）若 $\gamma \geq \delta$，将订单 J_1 到 J_{l^*-1} 划分到集合 E，订单 J_{l^*} 到 J_{h^*-1} 划分到集合 W 且将其余的订单划分到集合 S；否则，将订单 J_1 到 J_{l^*-1} 划分到集合 W，将订单 J_{l^*} 到 J_{h^*-1} 划分到集合 E 且将其余的订单划分到集合 S。

（2）从集合 S 中选择任意一个订单划分到集合 O 并将其余的订单划分到集合 T。

（3）令 $e_j = t_0 \prod_{j \in E}(1+b_j)$，$j = 1, \cdots, n$，$D = t_0 \prod_{j \in E}(1+b_j)\left[\prod_{j \in W}(1+b_j) - 1\right]$，并根据式（5.28）计算总成本。

步骤 4：选择具有最小目标函数值的组合（l^*，h^*）。最优的 e_j、D 以及最优的订单加工顺序可从步骤 3 获知。终止。

在算法 5.4 中，步骤 1 在于将所有订单按退化因子的非递减顺序排列，步骤 2 是初始化，步骤 3 是在每一种组合（l^*，h^*）下将所有订单划分到集合 E、W、O 和 T 并计算最优的交货期窗口问询以及目标函数值，步骤 4 是比较每一种组合（l^*，h^*）并选出问题的最优解。

定理 5.18 算法 5.4 为问题 $1 | e_j, D, p_j = b_j t_j | \sum_{j=1}^{n}(\alpha V_j + \beta U_j + \gamma e_j + \delta D)$ 在 $O(n^2 \log n)$ 时间内找到最优解。

证明： 算法 5.4 的正确性可从引理 5.8、定理 5.14~5.17 获知。同样地，通过计算算法 5.4 中每个步骤需要的计算时间可估计算法 5.4 的计算复杂度。步骤 1 为排列所有订单至多需要 $O(n\log n)$ 时间，步骤 2 可在常数时间内完成，步骤 3 需要考虑每一种组合（l^*，h^*），至多需要 $O(n^2)$ 时间，步骤 4 可在常数时间内完成。因此，算法 5.4 的计算复杂度为 $O(n^2)$。证毕。

第四节 DIF 交货期窗口问询

本节考虑与第二、第三节中类似的问题，不同的是本节采用 DIF 交货期窗口问询方法。本节首先在 DIF 交货期窗口问询模型下分析目标为极小化因提前时间、延误时间以及交货期窗口问询产生的总成本的调度问题。其次分析目标为极小化因提前订单个数、延误订单个数以及交货期窗口问询产生的总成本的调度问题。在这两个问题中，本节依次分析问题的最优交货期窗口问询具有的性质、最优订单加工顺序具有的性质。最后在此基础上提出求解各问题的算法。

在 DIF 交货期窗口问询模型下，订单 J_j 的交货期窗口开始时间和结束时间分别定义为：e_j、d_j，且订单 J_j 的交货期窗口大小定义为：$D_j = d_j - e_j$。对于本节的两个研究问题，仍采用第三节中对集合 **E**、**W**、**O** 和 **T** 的符号定义。

一、TETDW 问题

1. 最优交货期窗口问询

由式（5.7）可知：对于给定的订单加工顺序 **σ**，本节研究的 **TETDW** 问题中的目标函数是可分离的。具体来说，确定订单 J_j 的最优交货期窗口，相当于极小化下面的目标函数：

$$z_j(e_j, D_j) = \alpha \max(0, e_j - C_j) + \beta \max(0, C_j - d_j) + \gamma e_j + \delta(d_j - e_j) \qquad (5.31)$$

引理5.9　给定订单加工顺序 **σ**，对于订单 J_j，最优的交货期窗口开始时间以及结束时间均不大于 C_j，即 $e_j \leq d_j \leq C_j$。

证明： 通过反证法可得出此结论。假设以下两种情形中的任意一种情形成立：① $e_j \leq C_j < d_j$；② $C_j < e_j \leq d_j$。

（1）$e_j \leq C_j < d_j$。

根据式（5.31），在此种情形下，订单 J_j 的成本为：

$$z_j(e_j, D_j) = \gamma e_j + \delta(d_j - e_j)$$

将 d_j 向左移动使之等于 C_j，即 $d_{j1} = C_j$，并令在此种情形下订单 J_j 的总成本为 $z_{j1}(e_j, D_{j1})$，则：

$$z_{j1}(e_j, D_{j1}) = \gamma e_j + \delta(d_{j1} - e_j)$$

显然，$z_{j1}(e_j, D_{j1}) < z_j(e_j, D_j)$。因此，情形①不是最优的交货期窗口问询。

（2）$C_j < e_j \leq d_j$。

根据式（5.31），在此情形下，订单 J_j 的总成本为：

$$z_j(e_j, D_j) = \alpha \max(0, e_j - C_j) + \gamma e_j + \delta(d_j - e_j)$$

将 e_j、d_j 向左移动使之等于 C_j，即 $e_{j2} = d_{j2} = C_j$，并令在此种情形下订单 J_j 的成本为 z_{j2}，则：

$$z_{j2} = \gamma C_j$$

显然 $z_{j2} < z_j$。因此，情形②也不是最优的交货期窗口问询。综上所述，最优

— 123 —

的交货期窗口开始时间与结束时间位置满足 $e_j \leqslant d_j \leqslant C_j$。证毕。

引理 5.10 对于给定的订单加工顺序 $\boldsymbol{\sigma}$，订单 J_j 的最优交货期窗口开始时间 e_j 和最优交货期窗口结束时间 d_j 应按下面的规则进行确定：①若 $\gamma \geqslant \delta$，$\delta \geqslant \beta$，则令 $e_j = d_j = 0$；②若 $\gamma \geqslant \delta$，$\delta < \beta$，则令 $e_j = 0$，$d_j = C_j$；③若 $\gamma < \delta$，$\gamma \geqslant \beta$，则令 $e_j = d_j = 0$；④若 $\gamma < \delta$，$\gamma < \beta$，则令 $e_j = d_j = C_j$。

证明： 首先考虑前两个情况①和②。利用引理 5.9 和式（5.31），订单 J_j 的总成本为：

$$z_j = \beta C_j + (\gamma - \delta) e_j + (\delta - \beta) d_j \text{。} \tag{5.32}$$

由式（5.32）可知，若 $\gamma \geqslant \delta$，则令 $e_j = 0$。剩下的问题在于极小化 $\beta C_j + (\delta - \beta) d_j$ 以确定 d_j 的值。显然，若 $\delta \geqslant \beta$，则令 $d_j = 0$；若 $\delta < \beta$，则令 $d_j = C_j$。因此，若 $\gamma \geqslant \delta$，$\delta \geqslant \beta$，则令 $e_j = d_j = 0$；若 $\gamma \geqslant \delta$，$\delta < \beta$，则令 $e_j = 0$，$d_j = C_j$。

其次，考虑后两种情况③和④。由式（5.32）可知，若 $\gamma < \delta$，则令 $e_j = d_j$。剩余的问题在于极小化 $\beta C_j + (\gamma - \beta) d_j$ 以确定 d_j。显然，若 $\gamma \geqslant \beta$，则令 $d_j = 0$；若 $\gamma < \beta$，则令 $d_j = C_j$。因此，若 $\gamma < \delta$，$\gamma \geqslant \beta$，则令 $e_j = d_j = 0$；若 $\gamma < \delta$，$\gamma < \beta$，则令 $e_j = d_j = C_j$。证毕。

2. 最优订单加工顺序

定理 5.19 所有订单按退化因子 b_j 的非递减顺序进行加工，即 $b_1 \leqslant \cdots \leqslant b_n$。

证明： 基于引理 5.9～5.10，在 DIF 交货期窗口问询模型下，本节研究的 *TETDW* 问题的目标函数转化为以下三种情形：①βC_j；②δC_j；③γC_j。对于这三种情形，通过交换相邻订单的位置很容易验证：当所有订单按退化因子 b_j 的非递增顺序加工时，问题具有最小的目标函数值。证毕。

3. 最优算法

下面基于引理 5.9、引理 5.10 中有关最优的交货期窗口问询具有的性质以及定理 5.19 中有关最优订单加工顺序的结论为 *TNETDW* 问题提出最优的求解算法。

算法 5.5

步骤 1：将所有订单 $N = \{1, \cdots, n\}$ 按退化因子的非递减顺序排列，即 $b_1 \leqslant \cdots \leqslant b_n$。

步骤 2：对于订单 J_j，根据引理 5.10 确定最优交货期窗口的开始时间和结束时间，即：①若 $\gamma \geqslant \delta$，$\delta \geqslant \beta$，则令 $e_j = d_j = 0$；②若 $\gamma \geqslant \delta$，$\delta < \beta$，则令 $e_j = 0$，$d_j = C_j$；③若 $\gamma < \delta$，$\gamma \geqslant \beta$，则令 $e_j = d_j = 0$；④若 $\gamma < \delta$，$\gamma < \beta$，则令 $e_j = d_j = C_j$。

步骤 3：对 $j = 1, \cdots, n$，令 $D_j = d_j - e_j$。终止。

在算法 5.5 中，步骤 1 是将所有订单按退化因子的非递减顺序排列，步骤 2 是确定每个订单的最优交货期窗口的开始时间和结束时间，步骤 3 是确定每个订单的最优交货期窗口的大小。

定理 5.20 算法 5.5 为问题 $1 \mid e_j,\ D_j,\ p_j = b_j t_j \mid \sum_{j=1}^{n} (\alpha E_j + \beta T_j + \gamma e_j + \delta D_j)$ 在 $O(n\log n)$ 时间内找到最优解。

证明：算法 5.5 的正确性可从引理 5.9~5.10 以及定理 5.19 获证。为了计算算法 5.5 的计算复杂度，可计算算法 5.5 中每个步骤所需要的计算时间。在算法 5.5 中，步骤 1 的时间复杂度为 $O(n\log n)$，步骤 2 和步骤 3 的时间复杂度为 $O(n)$。因此，算法 5.5 的时间复杂度为 $O(n\log n)$。证毕。

二、TNETDW 问题

1. 最优交货期窗口问询

类似于本节研究的 TNETDW 问题，在 TNETDW 问题中，给定订单的加工顺序 $\boldsymbol{\sigma}$，每个订单 J_j 的目标函数具有可分离性。这意味着：在给定的订单加工顺序下 $\boldsymbol{\sigma}$，订单 J_j 的最优的交货期窗口问询可通过极小化式（5.33）得到：

$$z_j = \alpha V_j + \beta U_j + \gamma e_j + \delta(d_j - e_j) \tag{5.33}$$

引理 5.11 给定订单加工顺序 $\boldsymbol{\sigma}$，订单 J_j 的最优交货期窗口的开始时间和结束时间不大于 C_j，即 $e_j \leqslant d_j \leqslant C_j$。

证明：引理 5.11 可通过类似于引理 5.9 的证明过程进行证明。

引理 5.12 对于给定的订单加工顺序 $\boldsymbol{\sigma}$，订单 J_j 的最优交货期窗口开始时间 e_j 和最优交货期窗口结束时间 d_j 应按下面的规则进行确定：①若 $\gamma \geqslant \delta$，$\beta \geqslant \delta C_j$，则令 $e_j = 0$，$d_j = C_j$；②若 $\gamma \geqslant \delta$，$\beta < \delta C_j$，则令 $e_j = d_j = 0$；③若 $\gamma < \delta$，$\beta \geqslant \gamma C_j$，则令 $e_j = d_j = C_j$；④若 $\gamma < \delta$，$\beta < \gamma C_j$，则令 $e_j = d_j = 0$。

证明：首先考虑前两种情形①和②。根据引理 5.11，订单 J_j 的总成本为：

$$z_j = \beta U_j + (\gamma - \delta) e_j + \delta d_j \tag{5.34}$$

由式（5.34）可知：若 $\gamma \geqslant \delta$，则令 $e_j = 0$。剩余的问题在于极小化 $\beta U_j + \delta d_j$ 以确定 d_j。若 $d_j = C_j$，则总成本为 δC_j。而若 $d_j < C_j$，总成本为 $\beta + \delta d_j$ 且该总成本随 d_j 递增。因此，若 $d_j < C_j$，则令 $d_j = 0$。比较上面两种情形，可知若 $\beta < \delta C_j$，则令 $d_j = 0$；若 $\beta \geqslant \delta C_j$，则令 $d_j = C_j$。因此，若 $\gamma \geqslant \delta$，$\beta < \delta C_j$，则令 $e_j = d_j = 0$；若 $\gamma \geqslant \delta$，$\beta \geqslant \delta C_j$，则令 $e_j = 0$，$d_j = C_j$。

其次，考虑后两种情形③和④。同样地，根据式（5.34），可知：若 $\gamma<\delta$，则令 $e_j=d_j$。剩余的问题在于极小化 $\beta U_j+\gamma d_j$ 以确定 d_j。若 $d_j=C_j$，总成本为 γC_j。而若 $d_j<C_j$，总成本为 $\beta+\gamma d_j$ 且该总成本随 d_j 递增。因此，若 $d_j<C_j$，则令 $d_j=0$。比较上述两种情形，可知：若 $\beta<\gamma C_j$，则令 $d_j=0$；若 $\beta\geqslant\gamma C_j$，则令 $d_j=C_j$。综上可知：若 $\gamma<\delta$，$\beta<\gamma C_j$，则令 $e_j=d_j=0$；若 $\gamma<\delta$，$\beta\geqslant\gamma C_j$，则令 $e_j=d_j=C_j$。

2. 最优订单加工顺序

定理 5.21 所有订单按退化因子 b_j 的非递减顺序加工，即 $b_1\leqslant\cdots\leqslant b_n$。

证明：根据引理 5.12，在 DIF 交货期窗口问询模型下，**TNETDW** 问题的目标函数（5.33）可转化为以下三种情形：①δC_j；②β；③γC_j。对于这三种情形，通过交换相邻订单的位置很容易验证：当所有订单按退化因子 b_j 的非递减顺序排列时，问题具有最小的目标函数值。证毕。

3. 最优算法

下面基于引理 5.11 ~ 5.12 中有关最优的交货期窗口问询的结论以及定理 5.22 中有关最优订单加工顺序的结论为本节研究的 **TNETDW** 问题提出最优算法。

算法 5.6

步骤 1：将所有订单 $N=\{1,\cdots,n\}$ 按退化因子的非递减顺序排列，即 $b_1\leqslant\cdots\leqslant b_n$。

步骤 2：对于每个订单 J_j，根据引理 5.12 确定最优的交货期窗口的开始、结束时间：①若 $\gamma\geqslant\delta$，$\beta\geqslant\delta C_j$，则令 $e_j=0$，$d_j=C_j$；②若 $\gamma\geqslant\delta$，$\beta<\delta C_j$，则令 $e_j=d_j=0$；③若 $\gamma<\delta$，$\beta\geqslant\gamma C_j$，则令 $e_j=d_j=C_j$；④若 $\gamma<\delta$，$\beta<\gamma C_j$，则令 $e_j=d_j=0$。

步骤 3：对 $j=1,\cdots,n$，令 $D_j=d_j-e_j$。终止。

在算法 5.6 中，步骤 1 是将所有订单按退化因子的非递减顺序排列，步骤 2 是确定为每个订单的最优交货期窗口的开始时间和结束时间，步骤 3 是计算每个订单的最优交货期窗口的大小。

定理 5.22 算法 5.6 为问题 $1|e_j,D_j,p_j=b_jt_j|\sum_{j=1}^{n}(\alpha V_j+\beta U_j+\gamma e_j+\delta D_j)$ 在 $O(n\log n)$ 时间内找到最优解。

证明：算法 5.6 的正确性可从引理 5.11 ~ 5.12 以及定理 5.22 进行验证。为计算算法 5.6 的计算复杂度，可计算算法 5.6 中每个步骤的计算时间。在算法 5.6 中，步骤 1 对所有订单排序至多需要 $O(n\log n)$ 时间，步骤 2 和步骤 3 都可以在常数时间内完成。因此，算法 5.6 的计算复杂度为 $O(n\log n)$。证毕。

第五节　本章小结

本章研究了存在线性退化效应的交货期窗口问询调度问题。研究问题假定订单的实际加工时间是其开始加工时间的线性函数且每个订单具有不同的退化因子，同时研究问题考虑了三种不同的交货期窗口问询模型，包括 CON 交货期窗口问询模型、SLK 交货期窗口问询模型以及 DIF 交货期窗口问询模型。在每一类交货期窗口问询模型下，本章研究了两个不同的目标函数：①确定最优的订单加工排序和最优的交货期窗口问询以极小化因订单提前时间、延迟时间以及交货期窗口问询产生的总成本；②确定最优的订单加工排序和最优的交货期窗口问询以极小化因提前订单个数、延误订单个数以及交货期窗口问询产生的总成本。

针对每类交货期窗口问询模型下的两个研究问题，首先利用传统的生产排序与调度语言构建调度模型，其次在此基础上分析了最优交货期窗口问询以及最优订单加工顺序具有的性质，最后基于上述最优性质提出了最优求解算法。研究结果表明：本章研究的每个问题均可在多项式时间内找到最优解。

为深化本章的研究，在未来的研究中可以考虑更为复杂、更具普遍性的目标函数，如极小化因加权提前时间、延误时间以及交货期窗口问询产生的总成本，极小化因加权提前订单个数、延误订单个数以及交货期窗口问询产生的总成本。同时，在调度模型构建过程中考虑更具一般性的线性退化函数 $p_j = a_j + b_j t_j$ 也是很有价值的。目前，在 CON、SLK、DIF 这三类交货期窗口问询方法下，考虑具有一般性的线性退化函数的交货期窗口问询排序问题的研究较少。此外，可以考虑机器维护、启动时间等影响运营系统绩效的因素或者考虑更复杂的机器环境以对本章的研究作进一步的拓展。

第六章　具有随机加工时间的交货期窗口问询调度问题

在第五章的研究问题中，存在如下假设：订单的加工时间是事先给定的。结合第一、第四章的描述可知：在许多现实情形中，众多不确定性源的存在以及决策者没有关于随机加工时间的足够信息的事实使得决策者在结束订单加工前无法准确获知订单的实际加工时间。同时，具有随机订单加工时间的交货期窗口问询调度问题广泛存在于制造商的运营系统中。因此，很有必要探索随机环境下的交货期窗口问询调度问题。对于随机加工时间，尽管决策者难以准确地对其进行预测，但在许多实际情形下，决策者能够准确地估计出随机加工时间的一些分布信息，如均值和方差。此外，利用均值和方差对随机加工时间的不确定性进行建模的这种方式也广泛存在于运营管理文献中（Bertsimas 等，2004；Mak 等，2014）。更进一步地，在一些情况下，决策者甚至能通过一些分布模式对随机加工时间进行近似。其中，在生产排序与调度文献中，正态分布常被用于描述随机加工时间。

鉴于上述事实，本章在单机环境下研究两类具有随机订单加工时间的交货期窗口问询调度问题。这两类问题的共同点在于：它们的决策目标均为同时确定所有订单的交货期窗口以及加工顺序以极小化由提前时间、延误时间和交货期窗口问询产生的总期望加权成本。而两类问题的差别在于：决策者对于订单随机加工时间的分布信息的了解程度不同。其中，在第一类问题中，决策者明确订单随机加工时间服从已知均值和方差的正态分布；而第二类问题中，决策者仅已知订单随机加工时间的均值和方差，但没有任何关于具体分布形式的信息。此外，对于交货期窗口问询方法，本章假设决策者采用 DIF 交货期窗口问询方法确定所有订单的交货期窗口以突出订单之间的差异性。

本章的研究与 Xia 等（2008）以及 Elyasi 和 Salmasi（2013）的研究非常相关，但本章的研究与他们的研究的不同在于决策者须作出的决策。在本章的研究中，决策者须为每个订单确定交货期窗口，但在他们的研究中，决策者须为每个订单确定交货期。此外，本章的研究将 Xia 等（2008）提出的近似算法拓展到交货期窗口问询调度问题中。首先，本章利用识别出的上界和下界的线性函数而不是均值对目标函数值进行了近似，以说明上界（或下界）值的比例对问题近似效果的影响。其次，本章为近似问题寻求最优解而不是近似最优解，并对问题的近似效果进行了评估。

第一节　问题描述及模型建立

本节将对本章研究的两类问题进行正式描述。有一组相互独立的订单 $N = \{1, \cdots, n\}$ 可在时间 t_0 由单个制造商在其单个生产线上进行加工。制造商加工订单 J_j 需要花费 p_j 个单位时间。对于订单 J_j 的加工时间 p_j，假设它是一个相互独立的随机变量，制造商有关于其均值和方差的准确信息，分别表示为 u_j 和 v_j^2。然而，对于加工时间的分布模式，本章考虑两种情况：①所有订单的加工时间均服从正态分布；②没有关于订单加工时间分布模式的任何信息。

为了清楚起见，本章将在上述两种情况下研究的问题分别称为已知正态分布的问题 P1 和仅已知均值和方差的问题 P2。在这两个问题中，制造商首先应用 DIF 交货期窗口问询方法为每个订单 $J_j(j = 1, \cdots, n)$ 确定交货期窗口 $[e_j, d_j]$ $(0 \leqslant e_j \leqslant d_j)$。换句话说，制造商为订单 J_j 确定交货期窗口开始时间 e_j 和交货期窗口结束时间 d_j。因此，订单 J_j 的交货期窗口大小 D_j 为 $D_j = d_j - e_j \geqslant 0$。然后，制造商在没有空闲时间的情况下非中断加工所有订单，并在其单条生产线上一次加工一个订单。对于任何给定的加工顺序 $\boldsymbol{\sigma}$，在交货期窗口开始时间之前完成的订单会产生提前惩罚成本，而在交货期窗口结束时间之后完成的订单则会受到延迟惩罚，但在交货期窗口内完成的订单则不会产生任何成本。两类研究问题的目标在于同时确定：①所有订单的加工顺序；②一组交货期窗口开始时间 $\boldsymbol{e} = \{e_1, \cdots, e_n\}$；③一组交货期窗口结束时间 $\boldsymbol{d} = \{d_1, \cdots, d_n\}$，以极小化因提前时间、延迟时间和交货期窗口问询而产生的总期望加权成本。

给定订单加工顺序 $\boldsymbol{\sigma}$，令 $J_{[i]}$ 表示在位置 i 加工的订单，那么本章研究的两类问题的目标是极小化 $z(\boldsymbol{\sigma}, \boldsymbol{e}, \boldsymbol{d})$ 的值，其被定义为：

$$z(\boldsymbol{\sigma}, \boldsymbol{e}, \boldsymbol{d}) = \mathbf{E}\left[\sum_{i=1}^{n}(\alpha_{[i]}E_{[i]} + \beta_{[i]}T_{[i]} + \gamma_{[i]}e_{[i]} + \delta_{[i]}D_{[i]})\right] \tag{6.1}$$

其中，$D_{[i]} = d_{[i]} - e_{[i]}$。式（6.1）中，$\alpha_{[i]} \geq 0$、$\beta_{[i]} \geq 0$、$\gamma_{[i]} \geq 0$ 和 $\delta_{[i]} \geq 0$ 分别表示订单 $J_{[i]}$ 的提前时间、延迟时间、交货期窗口开始时间和交货期窗口大小的非负单位成本，$C_{[i]}$ 是订单 $J_{[i]}$ 的完成时间，$E_{[i]} = \max(0, e_{[i]} - C_{[i]})$ 是订单 $J_{[i]}$ 的提前时间，以及 $T_{[i]} = \max(0, C_{[i]} - d_{[i]})$ 是订单 $J_{[i]}$ 的延误时间。

显然，式（6.1）中的目标函数 $z(\boldsymbol{\sigma}, \boldsymbol{e}, \boldsymbol{d})$ 是可分离的。令 $z_{[i]}(\boldsymbol{\sigma}, \boldsymbol{e}, \boldsymbol{d})$ 表示订单 $J_{[i]}$ 的目标函数，其中，$i = 1, \cdots, n$，则根据上面的描述，可以得到：

$$\begin{aligned}
z_{[i]}(\boldsymbol{\sigma}, \boldsymbol{e}, \boldsymbol{d}) &= \mathbf{E}[\alpha_{[i]}E_{[i]} + \beta_{[i]}T_{[i]} + \gamma_{[i]}e_{[i]} + \delta_{[i]}D_{[i]}] \\
&= \alpha_{[i]}\mathbf{E}[E_{[i]}] + \beta_{[i]}\mathbf{E}[T_{[i]}] + (\gamma_{[i]} - \delta_{[i]})e_{[i]} + \delta_{[i]}d_{[i]} \\
&= \alpha_{[i]}\mathbf{E}[\max(e_{[i]} - C_{[i]}, 0)] + \beta_{[i]}\mathbf{E}[\max(C_{[i]} - d_{[i]}, 0)] + \\
&\quad (\gamma_{[i]} - \delta_{[i]})e_{[i]} + \delta_{[i]}d_{[i]}
\end{aligned} \tag{6.2}$$

利用式（6.1）、式（6.2），可以统一使用以下优化模型（P）来表述本章研究的两个问题：

$$(\mathrm{P}) \quad \min_{\boldsymbol{\sigma}, \boldsymbol{e}, \boldsymbol{d}} z(\boldsymbol{\sigma}, \boldsymbol{e}, \boldsymbol{d}) = \min_{\boldsymbol{\sigma}, \boldsymbol{e}, \boldsymbol{d}} \sum_{i=1}^{n} z_{[i]}(\boldsymbol{\sigma}, \boldsymbol{e}, \boldsymbol{d})$$

给定订单加工顺序 $\boldsymbol{\sigma}$，订单 $J_{[i]}$ 的完成时间为 $C_{[i]} = \sum_{l=1}^{i} p_{[l]}$。由于加工时间是相互独立的随机变量，其均值 $\mathbf{E}[C_{[i]}]$ 和方差 $\mathbf{Var}[C_{[i]}]$ 独立于交货期窗口和 $C_{[i]}$ 的分布。将 $\mu_{[i]}$ 和 $\sigma_{[i]}^2$ 分别定义为订单 $J_{[i]}$ 的完成时间 $C_{[i]}$ 的平均值和方差，然后它们可表示为：

$$\mu_{[i]} = \mathbf{E}[C_{[i]}] = \mathbf{E}\left[\sum_{l=1}^{i} p_{[l]}\right] = \sum_{l=1}^{i} u_{[l]}$$

$$\sigma_{[i]}^2 = \mathbf{Var}[C_{[i]}] = \mathbf{Var}\left[\sum_{l=1}^{i} p_{[l]}\right] = \sum_{l=1}^{i} v_{[l]}^2 \tag{6.3}$$

引理 6.1 若 $\gamma_{[i]} - \delta_{[i]} \geq 0$，订单 $J_{[i]}$ 的最优交货期窗口开始时间 $e_{[i]}^*$ 被设置为 $e_{[i]}^* = 0$。

证明： 根据式（6.2），为了极小化 $z_{[i]}(\boldsymbol{\sigma}, \boldsymbol{e}, \boldsymbol{d})$，很明显，如果 $\gamma_{[i]} \geq \delta_{[i]}$，则最优交货期窗口开始时间 $e_{[i]}^*$ 应设置为 $e_{[i]}^* = 0$。证毕。

第二节　已知正态分布的问题（P1）

本节考虑以下情况：订单 $J_{[i]}(i=1, \cdots, n)$ 的加工时间 $p_{[i]}$ 服从具有已知密度函数的正态分布。设 $\phi(x)$ 和 $\Phi(x)$ 分别表示标准正态分布的密度函数和累积分布函数，则可得到：

$$\phi(x) = \frac{1}{\sqrt{2\pi}}\exp\left(-\frac{x^2}{2}\right), \quad \Phi(x) = \frac{1}{\sqrt{2\pi}}\int_{-\infty}^{x}\exp\left(-\frac{t^2}{2}\right)dt$$

引理 6.2　对于已知正态分布的问题（P1），订单 $J_{[i]}$ 的期望提前时间 $\mathbf{E}[E_{[i]}]$ 和期望延迟时间 $\mathbf{E}[T_{[i]}]$ 计算如下：

$$\mathbf{E}[E_{[i]}] = \sigma_{[i]}[\phi(\theta_{[i]}) + \theta_{[i]}\Phi(\theta_{[i]})]$$

$$\mathbf{E}[T_{[i]}] = \sigma_{[i]}[\phi(\omega_{[i]}) - \omega_{[i]}(1 - \Phi(\omega_{[i]}))]$$

其中，$\theta_{[i]} = \dfrac{e_{[i]} - \mu_{[i]}}{\sigma_{[i]}}$，$\omega_{[i]} = \dfrac{d_{[i]} - \mu_{[i]}}{\sigma_{[i]}}$。

证明：给定加工顺序 $\boldsymbol{\sigma}$，令 $g(C_{[i]})$ 来表示订单 $J_{[i]}(i=1, \cdots, n)$ 的完成时间 $C_{[i]}$ 的密度函数。根据式（6.3）和上述对正态分布密度函数的定义，可以得到：

$$g(C_{[i]}) = \frac{1}{\sigma_{[i]}\sqrt{2\pi}}\exp\left(-\frac{(C_{[i]} - \mu_{[i]})^2}{2\sigma_{[i]}^2}\right)$$

（1）根据密度函数 $g(C_{[i]})$ 的定义，订单 $J_{[i]}$ 的期望提前时间 $\mathbf{E}[E_{[i]}]$ 可计算如下：

$$\mathbf{E}[E_{[i]}] = \mathbf{E}[\max(e_{[i]} - C_{[i]}, 0)]$$

$$= \int_{-\infty}^{+\infty}\max(e_{[i]} - C_{[i]}, 0)\frac{1}{\sigma_{[i]}\sqrt{2\pi}}\exp\left(-\frac{(C_{[i]} - \mu_{[i]})^2}{2\sigma_{[i]}^2}\right)dC_{[i]}$$

$$= \int_{-\infty}^{e_{[i]}}(e_{[i]} - C_{[i]})\frac{1}{\sigma_{[i]}\sqrt{2\pi}}\exp\left(-\frac{(C_{[i]} - \mu_{[i]})^2}{2\sigma_{[i]}^2}\right)dC_{[i]}$$

令 $y_{[i]} = \dfrac{C_{[i]} - \mu_{[i]}}{\sigma_{[i]}}$ 和 $\theta_{[i]} = \dfrac{e_{[i]} - \mu_{[i]}}{\sigma_{[i]}}$，然后可以得到：$C_{[i]} = \mu_{[i]} + y_{[i]}\sigma_{[i]}$，$dC_{[i]} = \sigma_{[i]}dy_{[i]}$，以及 $e_{[i]} = \mu_{[i]} + \theta_{[i]}\sigma_{[i]}$。因此，可对 $\mathbf{E}[E_{[i]}]$ 进行以下转化：

$$\mathbf{E}[E_{[i]}] = \int_{-\infty}^{e_{[i]}}\left(\frac{e_{[i]} - \mu_{[i]}}{\sigma_{[i]}} - \frac{C_{[i]} - \mu_{[i]}}{\sigma_{[i]}}\right)\frac{1}{\sqrt{2\pi}}\exp\left(-\frac{(C_{[i]} - \mu_{[i]})^2}{2\sigma_{[i]}^2}\right)dC_{[i]}$$

$$= \sigma_{[i]}\int_{-\infty}^{\theta_{[i]}}(\theta_{[i]} - y_{[i]})\phi(y_{[i]})dy_{[i]}$$

$$= \sigma_{[i]}\left[\int_{-\infty}^{\theta_{[i]}}(\theta_{[i]} - y_{[i]})\phi(y_{[i]})dy_{[i]} + \int_{\theta_{[i]}}^{+\infty}(\theta_{[i]} - y_{[i]})\phi(y_{[i]})dy_{[i]} + \right.$$

$$\left. \int_{\theta_{[i]}}^{+\infty}(y_{[i]} - \theta_{[i]})\phi(y_{[i]})dy_{[i]}\right]$$

$$= \sigma_{[i]}\left\{\mathbf{E}[\theta_{[i]} - y_{[i]}] + \int_{\theta_{[i]}}^{+\infty}(y_{[i]} - \theta_{[i]})\phi(y_{[i]})dy_{[i]}\right\}$$

$$= \sigma_{[i]}\left\{\mathbf{E}\left[\frac{e_{[i]} - \mu_{[i]}}{\sigma_{[i]}} - \frac{C_{[i]} - \mu_{[i]}}{\sigma_{[i]}}\right] + \int_{\theta_{[i]}}^{+\infty}(y_{[i]} - \theta_{[i]})\phi(y_{[i]})dy_{[i]}\right\}$$

$$= \sigma_{[i]}\left\{\mathbf{E}\left[\frac{e_{[i]} - C_{[i]}}{\sigma_{[i]}}\right] + \int_{\theta_{[i]}}^{+\infty}(y_{[i]} - \theta_{[i]})\phi(y_{[i]})dy_{[i]}\right\}$$

$$= \sigma_{[i]}\left[\theta_{[i]} + \int_{\theta_{[i]}}^{+\infty}(y_{[i]} - \theta_{[i]})\phi(y_{[i]})dy_{[i]}\right]$$

对于 $\int_{\theta_{[i]}}^{+\infty}(y_{[i]} - \theta_{[i]})\phi(y_{[i]})dy_{[i]}$，可以得到：

$$\int_{\theta_{[i]}}^{+\infty}(y_{[i]} - \theta_{[i]})\phi(y_{[i]})dy_{[i]} = \int_{\theta_{[i]}}^{+\infty}(y_{[i]} - \theta_{[i]})\frac{1}{\sqrt{2\pi}}\exp\left(-\frac{y_{[i]}^2}{2}\right)dy_{[i]}$$

$$= \int_{\theta_{[i]}}^{+\infty}y_{[i]}\frac{1}{\sqrt{2\pi}}\exp\left(-\frac{y_{[i]}^2}{2}\right)dy_{[i]} -$$

$$\theta_{[i]}\int_{\theta_{[i]}}^{+\infty}\frac{1}{\sqrt{2\pi}}\exp\left(-\frac{y_{[i]}^2}{2}\right)dy_{[i]}$$

$$= -\phi(y_{[i]})\big|_{\theta_{[i]}}^{+\infty} - \theta_{[i]}(1 - \Phi(\theta_{[i]}))$$

$$= \phi(\theta_{[i]}) - \theta_{[i]}(1 - \Phi(\theta_{[i]}))$$

因此，订单 $J_{[i]}$ 的期望提前时间 $\mathbf{E}[E_{[i]}]$ 可以写成：

$$\mathbf{E}[E_{[i]}] = \sigma_{[i]}[\phi(\theta_{[i]}) + \theta_{[i]}\Phi(\theta_{[i]})]$$

（2）类似地，订单 $J_{[i]}$ 的期望延误时间 $\mathbf{E}[T_{[i]}]$ 可计算如下：

$$\mathbf{E}[T_{[i]}] = \mathbf{E}[\max(C_{[i]} - d_{[i]}, 0)]$$

$$= \int_{-\infty}^{+\infty}\max(C_{[i]} - d_{[i]}, 0)\frac{1}{\sigma_{[i]}\sqrt{2\pi}}\exp\left(-\frac{(C_{[i]} - \mu_{[i]})^2}{2\sigma_{[i]}^2}\right)dC_{[i]}$$

$$= \int_{d_{[i]}}^{+\infty} (C_{[i]} - d_{[i]}) \frac{1}{\sigma_{[i]} \sqrt{2\pi}} \exp\left(-\frac{(C_{[i]} - \mu_{[i]})^2}{2\sigma_{[i]}^2}\right) dC_{[i]}$$

令 $y_{[i]} = \dfrac{C_{[i]} - \mu_{[i]}}{\sigma_{[i]}}$ 和 $\omega_{[i]} = \dfrac{d_{[i]} - \mu_{[i]}}{\sigma_{[i]}}$，然后可以得到：$C_{[i]} = \mu_{[i]} + y_{[i]} \sigma_{[i]}$，$dC_{[i]} = \sigma_{[i]} dy_{[i]}$，以及 $d_{[i]} = \mu_{[i]} + \omega_{[i]} \sigma_{[i]}$。因此，可以得到关于 $\mathbf{E}[T_{[i]}]$ 的如下转化：

$$\begin{aligned}
\mathbf{E}[T_{[i]}] &= \int_{d_{[i]}}^{+\infty} \left(\frac{C_{[i]} - \mu_{[i]}}{\sigma_{[i]}} - \frac{d_{[i]} - \mu_{[i]}}{\sigma_{[i]}}\right) \frac{1}{\sqrt{2\pi}} \exp\left(-\frac{(C_{[i]} - \mu_{[i]})^2}{2\sigma_{[i]}^2}\right) dC_{[i]} \\
&= \sigma_{[i]} \int_{\omega_{[i]}}^{+\infty} (y_{[i]} - \omega_{[i]}) \phi(y_{[i]}) dy_{[i]} \\
&= \sigma_{[i]} \left[\int_{\omega_{[i]}}^{+\infty} y_{[i]} \frac{1}{\sqrt{2\pi}} \exp\left(-\frac{y_{[i]}^2}{2}\right) dy_{[i]} - \omega_{[i]} \int_{\omega_{[i]}}^{+\infty} \frac{1}{\sqrt{2\pi}} \exp\left(-\frac{y_{[i]}^2}{2}\right) dy_{[i]}\right] \\
&= \sigma_{[i]} \left[-\phi(y_{[i]}) \Big|_{\omega_{[i]}}^{+\infty} - \omega_{[i]}(1 - \Phi(\omega_{[i]}))\right] \\
&= \sigma_{[i]} \left[\phi(\omega_{[i]}) - \omega_{[i]}(1 - \Phi(\omega_{[i]}))\right]
\end{aligned}$$

因此，订单 $J_{[i]}$ 的期望延误时间 $\mathbf{E}[T_{[i]}]$ 可表示如下：

$\mathbf{E}[T_{[i]}] = \sigma_{[i]}[\phi(\omega_{[i]}) - \omega_{[i]}(1 - \Phi(\omega_{[i]}))]$。证毕。

基于引理 6.2，对于已知正态分布的问题，式（6.2）中的订单 $J_{[i]}$（$i = 1, \cdots, n$）的目标函数 $z_{[i]}(\boldsymbol{\sigma}, \boldsymbol{e}, \boldsymbol{d})$ 被转换为 $z_{[i]}^1(\boldsymbol{\sigma}, \boldsymbol{e}, \boldsymbol{d})$，如下：

$$\begin{aligned}
z_{[i]}^1(\boldsymbol{\sigma}, \boldsymbol{e}, \boldsymbol{d}) &= \alpha_{[i]} \mathbf{E}[E_{[i]}] + \beta_{[i]} \mathbf{E}[T_{[i]}] + (\gamma_{[i]} - \delta_{[i]}) e_{[i]} + \delta_{[i]} d_{[i]} \\
&= \alpha_{[i]} \sigma_{[i]}[\phi(\theta_{[i]}) + \theta_{[i]} \Phi(\theta_{[i]})] + \beta_{[i]} \sigma_{[i]}[\phi(\omega_{[i]}) + \omega_{[i]} \Phi(\omega_{[i]})] + \\
&\quad (\gamma_{[i]} - \delta_{[i]}) e_{[i]} + (\delta_{[i]} - \beta_{[i]}) d_{[i]} + \beta_{[i]} \mu_{[i]}
\end{aligned} \tag{6.4}$$

其中，$\theta_{[i]} = \dfrac{e_{[i]} - \mu_{[i]}}{\sigma_{[i]}}$，$\omega_{[i]} = \dfrac{d_{[i]} - \mu_{[i]}}{\sigma_{[i]}}$，$\phi(\theta_{[i]}) = \dfrac{1}{\sqrt{2\pi}} \exp\left(-\dfrac{\theta_{[i]}^2}{2}\right)$，$\phi(\omega_{[i]}) = \dfrac{1}{\sqrt{2\pi}} \exp\left(-\dfrac{\omega_{[i]}^2}{2}\right)$，$\Phi(\theta_{[i]}) = \dfrac{1}{\sqrt{2\pi}} \int_{-\infty}^{\theta_{[i]}} \exp\left(-\dfrac{t^2}{2}\right) dt$，$\Phi(\omega_{[i]}) = \dfrac{1}{\sqrt{2\pi}} \int_{-\infty}^{\omega_{[i]}} \exp\left(-\dfrac{t^2}{2}\right) dt$。

为了简单起见，将已知正态分布的问题称为 P1。利用式（6.4），现在正式将问题（P1）表示如下：

（P1）$\displaystyle \min_{\boldsymbol{\sigma}, \boldsymbol{e}, \boldsymbol{d}} z^1(\boldsymbol{\sigma}, \boldsymbol{e}, \boldsymbol{d}) = \min_{\boldsymbol{\sigma}, \boldsymbol{e}, \boldsymbol{d}} \sum_{i=1}^{n} z_{[i]}^1(\boldsymbol{\sigma}, \boldsymbol{e}, \boldsymbol{d})$

一、给定加工顺序下的最优交货期窗口问询

为了确定给定加工顺序 $\boldsymbol{\sigma}$ 下的最优交货期窗口问询，接下来对每个订单 $J_{[i]}$

$(i=1, \cdots, n)$ 计算 $e_{[i]}$ 和 $d_{[i]}$ 的一阶和二阶偏导。由于 $0 \leqslant \phi(x) \leqslant \dfrac{1}{\sqrt{2\pi}}$ 以及

$0 \leqslant \Phi(x) \leqslant 1$，可以得到：

$$\gamma_{[i]} - \delta_{[i]} \leqslant \frac{\partial z_{[i]}^1(\boldsymbol{\sigma}, \boldsymbol{e}, \boldsymbol{d})}{\partial e_{[i]}} = \alpha_{[i]} \Phi(\theta_{[i]}) + \gamma_{[i]} - \delta_{[i]} \leqslant \alpha_{[i]} + \gamma_{[i]} - \delta_{[i]}$$

$$\delta_{[i]} - \beta_{[i]} \leqslant \frac{\partial z_{[i]}^1(\boldsymbol{\sigma}, \boldsymbol{e}, \boldsymbol{d})}{\partial d_{[i]}} = \beta_{[i]} \Phi(\omega_{[i]}) + \delta_{[i]} - \beta_{[i]} \leqslant \delta_{[i]}$$

$$\frac{\partial^2 z_{[i]}^1(\boldsymbol{\sigma}, \boldsymbol{e}, \boldsymbol{d})}{\partial e_{[i]} \partial d_{[i]}} = \frac{\partial^2 z_{[i]}^1(\boldsymbol{\sigma}, \boldsymbol{e}, \boldsymbol{d})}{\partial d_{[i]} \partial e_{[i]}} = 0, \quad \frac{\partial^2 z_{[i]}^1(\boldsymbol{\sigma}, \boldsymbol{e}, \boldsymbol{d})}{\partial e_{[i]}^2} = \frac{\alpha_{[i]}}{\sigma_{[i]}} \phi(\theta_{[i]}) \geqslant 0,$$

$$\frac{\partial^2 z_{[i]}^1(\boldsymbol{\sigma}, \boldsymbol{e}, \boldsymbol{d})}{\partial d_{[i]}^2} = \frac{\beta_{[i]}}{\sigma_{[i]}} \phi(\omega_{[i]}) \geqslant 0 \tag{6.5}$$

引理 6.3 对于问题（P1），给定加工顺序 $\boldsymbol{\sigma}$，订单 $J_{[i]}(i=1, \cdots, n)$ 的最优交货期窗口开始时间 $e_{[i]}^*$ 和最优交货期窗口结束时间 $d_{[i]}^*$ 满足以下条件：若 $\alpha_{[i]} + \gamma_{[i]} - \delta_{[i]} \leqslant 0$ 或 $\delta_{[i]} - \beta_{[i]} \geqslant 0$，则设置 $e_{[i]}^* = d_{[i]}^*$。

证明： 根据式（6.5），$e_{[i]}$ 和 $d_{[i]}$ 的一阶偏导满足：

$$\gamma_{[i]} - \delta_{[i]} \leqslant \frac{\partial z_{[i]}^1(\boldsymbol{\sigma}, \boldsymbol{e}, \boldsymbol{d})}{\partial e_{[i]}} = \alpha_{[i]} \Phi(\theta_{[i]}) + \gamma_{[i]} - \delta_{[i]} \leqslant \alpha_{[i]} + \gamma_{[i]} - \delta_{[i]}$$

$$\delta_{[i]} - \beta_{[i]} \leqslant \frac{\partial z_{[i]}^1(\boldsymbol{\sigma}, \boldsymbol{e}, \boldsymbol{d})}{\partial d_{[i]}} = \beta_{[i]} \Phi(\omega_{[i]}) + \delta_{[i]} - \beta_{[i]} \leqslant \delta_{[i]}$$

$$\frac{\partial^2 z_{[i]}^1(\boldsymbol{\sigma}, \boldsymbol{e}, \boldsymbol{d})}{\partial e_{[i]}^2} \cdot \frac{\partial^2 z_{[i]}^1(\boldsymbol{\sigma}, \boldsymbol{e}, \boldsymbol{d})}{\partial d_{[i]}^2} - \left(\frac{\partial^2 z_{[i]}^1(\boldsymbol{\sigma}, \boldsymbol{e}, \boldsymbol{d})}{\partial e_{[i]} \partial d_{[i]}} \right)^2$$

$$= \frac{\alpha_{[i]} \beta_{[i]}}{\sigma_{[i]}^2} \phi(\theta_{[i]}) \phi(\omega_{[i]}) \geqslant 0$$

（1）若 $\alpha_{[i]} + \gamma_{[i]} - \delta_{[i]} \leqslant 0$，则 $\dfrac{\partial z_{[i]}^1(\boldsymbol{\sigma}, \boldsymbol{e}, \boldsymbol{d})}{\partial e_{[i]}} \leqslant 0$。连同以下事实 $0 \leqslant e_{[i]} \leqslant d_{[i]}$，最优的最早交货时间 $e_{[i]}^*$ 应被设置为 $e_{[i]}^* = d_{[i]}^*$。

（2）若 $\delta_{[i]} - \beta_{[i]} \geqslant 0$，则 $\dfrac{\partial z_{[i]}^1(\boldsymbol{\sigma}, \boldsymbol{e}, \boldsymbol{d})}{\partial d_{[i]}} \geqslant 0$。连同以下事实 $0 \leqslant e_{[i]} \leqslant d_{[i]}$，最优的最晚交货时间 $d_{[i]}^*$ 应被设置为 $e_{[i]}^* = d_{[i]}^*$。证毕。

根据引理 6.3，如果 $\alpha_{[i]} + \gamma_{[i]} - \delta_{[i]} \leqslant 0$ 或 $\delta_{[i]} - \beta_{[i]} \geqslant 0$，则设置 $e_{[i]} = d_{[i]}$。现在式（6.4）中的目标函数 $z_{[i]}^1(\boldsymbol{\sigma}, \boldsymbol{e}, \boldsymbol{d})$ 被简化为：

$$z_{[i]}^1(\boldsymbol{\sigma},\, \boldsymbol{e},\, \boldsymbol{d}) = (\alpha_{[i]}+\beta_{[i]})\sigma_{[i]}\big[\phi(\theta_{[i]})+\theta_{[i]}\Phi(\theta_{[i]})\big]+$$
$$(\gamma_{[i]}-\beta_{[i]})e_{[i]}+\beta_{[i]}\mu_{[i]}$$

且对应的 $e_{[i]}$ 的一阶导数和二阶导数为：

$$\gamma_{[i]}-\beta_{[i]}\leqslant\frac{\partial z_{[i]}^1(\boldsymbol{\sigma},\, \boldsymbol{e},\, \boldsymbol{d})}{\partial e_{[i]}}=(\alpha_{[i]}+\beta_{[i]})\Phi(\theta_{[i]})+\gamma_{[i]}-\beta_{[i]}\leqslant\alpha_{[i]}+\gamma_{[i]}$$

$$\frac{\partial^2 z_{[i]}^1(\boldsymbol{\sigma},\, \boldsymbol{e},\, \boldsymbol{d})}{\partial e_{[i]}^2}=\frac{(\alpha_{[i]}+\beta_{[i]})}{\sigma_{[i]}}\phi(\theta_{[i]})\geqslant0 \tag{6.6}$$

根据式（6.5）、式（6.6），对于问题 P1，给定加工顺序 $\boldsymbol{\sigma}$，订单 $J_{[i]}(i=1,\cdots,n)$ 的最优交货期窗口开始时间 $e_{[i]}^*$ 和最优交货期窗口结束时间 $d_{[i]}^*$ 取决于 $\gamma_{[i]}-\delta_{[i]}$、$\alpha_{[i]}+\gamma_{[i]}-\delta_{[i]}$、$\delta_{[i]}-\beta_{[i]}$ 以及 $\gamma_{[i]}-\beta_{[i]}$ 的值。将它们与零进行比较，可以得出成本参数之间关系的八种可能情况：①$\alpha_{[i]}+\gamma_{[i]}-\delta_{[i]}\leqslant0$ 且 $\delta_{[i]}-\beta_{[i]}<0$；②$\alpha_{[i]}+\gamma_{[i]}-\delta_{[i]}\leqslant0$，$\delta_{[i]}-\beta_{[i]}\geqslant0$，且 $\gamma_{[i]}-\beta_{[i]}<0$；③$\alpha_{[i]}+\gamma_{[i]}-\delta_{[i]}\leqslant0$，$\delta_{[i]}-\beta_{[i]}\geqslant0$，且 $\gamma_{[i]}-\beta_{[i]}\geqslant0$；④$\alpha_{[i]}+\gamma_{[i]}-\delta_{[i]}>0$，$\gamma_{[i]}-\delta_{[i]}<0$ 且 $\delta_{[i]}-\beta_{[i]}<0$；⑤$\alpha_{[i]}+\gamma_{[i]}-\delta_{[i]}>0$，$\gamma_{[i]}-\delta_{[i]}<0$，且 $\gamma_{[i]}-\beta_{[i]}\geqslant0$；⑥$\alpha_{[i]}+\gamma_{[i]}-\delta_{[i]}>0$，$\gamma_{[i]}-\beta_{[i]}<0$，且 $\delta_{[i]}-\beta_{[i]}\geqslant0$；⑦$\gamma_{[i]}-\delta_{[i]}\geqslant0$ 且 $\delta_{[i]}-\beta_{[i]}<0$；⑧$\gamma_{[i]}-\delta_{[i]}\geqslant0$ 且 $\delta_{[i]}-\beta_{[i]}\geqslant0$。

下文确定上述每种情况下订单 $J_{[i]}(i=1,\cdots,n)$ 的最优交货期窗口开始时间 $e_{[i]}^*$ 和最优交货期窗口结束时间 $d_{[i]}^*$，结果总结在引理 6.4～6.7 中。在这些结果中，应注意到 $\Phi^{-1}(a)$ 表示 $x=a$ 时的 $\Phi(x)$ 的逆函数，且它的值可从标准正态累积分布函数表中找到。

引理 6.4 对于问题（P1），给定订单加工顺序 $\boldsymbol{\sigma}$，可以根据以下规则设置情况①～③和情况⑤～⑥下订单 $J_{[i]}$ 的最优交货期窗口开始时间 $e_{[i]}^*$ 和最优交货期窗口结束时间 $d_{[i]}^*$：若情形①（$\alpha_{[i]}+\gamma_{[i]}-\delta_{[i]}\leqslant0$ 且 $\delta_{[i]}-\beta_{[i]}<0$）或情形②（$\alpha_{[i]}+\gamma_{[i]}-\delta_{[i]}\leqslant0$，$\delta_{[i]}-\beta_{[i]}\geqslant0$，且 $\gamma_{[i]}-\beta_{[i]}<0$）或情形⑥（$\alpha_{[i]}+\gamma_{[i]}-\delta_{[i]}>0$，$\gamma_{[i]}-\beta_{[i]}<0$，且 $\delta_{[i]}-\beta_{[i]}\geqslant0$）成立，则设置 $e_{[i]}^*=d_{[i]}^*=\mu_{[i]}+\theta_{[i]}^{1*}\sigma_{[i]}$，其中 $\theta_{[i]}^{1*}=\Phi^{-1}\left(\dfrac{\beta_{[i]}-\gamma_{[i]}}{\alpha_{[i]}+\beta_{[i]}}\right)$；若情形③（$\alpha_{[i]}+\gamma_{[i]}-\delta_{[i]}\leqslant0$，$\delta_{[i]}-\beta_{[i]}\geqslant0$，且 $\gamma_{[i]}-\beta_{[i]}\geqslant0$）或情形⑤（$\alpha_{[i]}+\gamma_{[i]}-\delta_{[i]}>0$，$\gamma_{[i]}-\delta_{[i]}<0$ 且 $\gamma_{[i]}-\beta_{[i]}\geqslant0$）成立，则设置 $e_{[i]}^*=d_{[i]}^*=0$。

证明： 对于情形①～③，有 $\alpha_{[i]}+\gamma_{[i]}-\delta_{[i]}\leqslant0$，且对于情形⑤～⑥，有 $\delta_{[i]}-\beta_{[i]}\geqslant0$。特别地，对于情形⑤，$\delta_{[i]}-\beta_{[i]}\geqslant0$ 可以通过 $\gamma_{[i]}-\delta_{[i]}<0$ 和 $\gamma_{[i]}-\beta_{[i]}\geqslant0$

得到。根据引理 6.3，有 $e_{[i]}=d_{[i]}$ 以及 $\omega_{[i]}=\theta_{[i]}=\dfrac{e_{[i]}-\mu_{[i]}}{\sigma_{[i]}}$。然后，式（6.4）中

的订单 $J_{[i]}$ 的目标函数 $z_{[i]}^1(\boldsymbol{\sigma},\ \boldsymbol{e},\ \boldsymbol{d})$ 被简化为：

$$z_{[i]}^1(\boldsymbol{\sigma},\ \boldsymbol{e},\ \boldsymbol{d})=(\alpha_{[i]}+\beta_{[i]})\sigma_{[i]}[\phi(\theta_{[i]})+\theta_{[i]}\Phi(\theta_{[i]})]+$$
$$(\gamma_{[i]}-\beta_{[i]})e_{[i]}+\beta_{[i]}\mu_{[i]}$$

根据式（6.6），$e_{[i]}$ 的一阶偏导和二阶偏导可计算如下：

$$\frac{\partial z_{[i]}^1(\boldsymbol{\sigma},\ \boldsymbol{e},\ \boldsymbol{d})}{\partial e_{[i]}}=(\alpha_{[i]}+\beta_{[i]})\Phi(\theta_{[i]})+\gamma_{[i]}-\beta_{[i]}$$

$$\frac{\partial^2 z_{[i]}^1(\boldsymbol{\sigma},\ \boldsymbol{e},\ \boldsymbol{d})}{\partial e_{[i]}^2}=\frac{\alpha_{[i]}+\beta_{[i]}}{\sigma_{[i]}}\phi(\theta_{[i]})\geq 0$$

在情形①、情形②和情形⑥下，有 $\gamma_{[i]}-\beta_{[i]}<0$。特别地，对于情形①，根据

情形 $\alpha_{[i]}+\gamma_{[i]}-\delta_{[i]}\leq 0$，可以得到 $\gamma_{[i]}-\delta_{[i]}\leq 0$。连同如下事实：$\delta_{[i]}-\beta_{[i]}<0$，能总

结出 $\gamma_{[i]}-\beta_{[i]}<0$。由于 $\phi(\theta_{[i]})>0$ 以及 $\dfrac{\partial^2 z_{[i]}^1(\boldsymbol{\sigma},\ \boldsymbol{e},\ \boldsymbol{d})}{\partial e_{[i]}^2}>0$，最优的交货期窗口开

始时间 $e_{[i]}^*$ 使得 $\dfrac{\partial z_{[i]}^1(\boldsymbol{\sigma},\ \boldsymbol{e},\ \boldsymbol{d})}{\partial e_{[i]}^*}=0$。这意味着 $\Phi(\theta_{[i]}^{1*})=\dfrac{\beta_{[i]}-\gamma_{[i]}}{\alpha_{[i]}+\beta_{[i]}}$。由于 $\theta_{[i]}^{1*}=$

$\dfrac{e_{[i]}^*-\mu_{[i]}}{\sigma_{[i]}}$，最优的交货期窗口设置满足：$e_{[i]}^*=d_{[i]}^*=\mu_{[i]}+\theta_{[i]}^{1*}\sigma_{[i]}$，其中 $\theta_{[i]}^{1*}=$

$\Phi^{-1}\left(\dfrac{\beta_{[i]}-\gamma_{[i]}}{\alpha_{[i]}+\beta_{[i]}}\right)$。

在情形③和情形⑤下，有 $\gamma_{[i]}-\beta_{[i]}\geq 0$ 和 $\dfrac{\partial z_{[i]}^1(\boldsymbol{\sigma},\ \boldsymbol{e},\ \boldsymbol{d})}{\partial e_{[i]}}\geq 0$。由于

$\dfrac{\partial^2 z_{[i]}^1(\boldsymbol{\sigma},\ \boldsymbol{e},\ \boldsymbol{d})}{\partial e_{[i]}^2}>0$，最优交货期窗口开始时间 $e_{[i]}^*$ 和最优交货期窗口结束时间

$d_{[i]}^*$ 满足 $e_{[i]}^*=d_{[i]}^*=0$。因此，可以得到 $\theta_{[i]}^{2*}=-\dfrac{\mu_{[i]}}{\sigma_{[i]}}$。证毕。

基于式（6.4）和引理 6.4，对于问题 P1，给定加工顺序 $\boldsymbol{\sigma}$，可以计算情形

①、②、⑥下订单 $J_{[i]}$ 的最优目标函数值 $z_{[i]}^{1*}(\boldsymbol{\sigma},\ \boldsymbol{e},\ \boldsymbol{d})$ 如下：

$$z_{[i]}^{1*}(\boldsymbol{\sigma},\ \boldsymbol{e},\ \boldsymbol{d})=(\alpha_{[i]}+\beta_{[i]})\sigma_{[i]}\left[\phi(\theta_{[i]}^{1*})+\theta_{[i]}^{1*}\frac{\beta_{[i]}-\gamma_{[i]}}{\alpha_{[i]}+\beta_{[i]}}\right]+$$
$$(\gamma_{[i]}-\beta_{[i]})(\mu_{[i]}+\theta_{[i]}^{1*}\sigma_{[i]})+\beta_{[i]}\mu_{[i]}$$

$$= (\alpha_{[i]} + \beta_{[i]}) \sigma_{[i]} \phi(\theta_{[i]}^{1*}) + (\beta_{[i]} - \gamma_{[i]}) \theta_{[i]}^{1*} \sigma_{[i]} +$$
$$(\gamma_{[i]} - \beta_{[i]})(\mu_{[i]} + \theta_{[i]}^{1*} \sigma_{[i]}) + \beta_{[i]} \mu_{[i]}$$
$$= (\alpha_{[i]} + \beta_{[i]}) \sigma_{[i]} \phi(\theta_{[i]}^{1*}) + \gamma_{[i]} \mu_{[i]}$$

类似地，可以计算情形③、⑤下订单 $J_{[i]}$ 的最优目标函数值 $z_{[i]}^{1*}(\boldsymbol{\sigma}, \boldsymbol{e}, \boldsymbol{d})$。总之，对于问题（P1），给定加工顺序 $\boldsymbol{\sigma}$，可以得到情形①~③和情形⑤~⑥下订单 $J_{[i]}$ 的最优目标函数值 $z_{[i]}^{1*}(\boldsymbol{\sigma}, \boldsymbol{e}, \boldsymbol{d})$，如下所示：

$$z_{[i]}^{1*}(\boldsymbol{\sigma}, \boldsymbol{e}, \boldsymbol{d}) = \begin{cases} (\alpha_{[i]} + \beta_{[i]}) \sigma_{[i]} \phi(\theta_{[i]}^{1*}) + \gamma_{[i]} \mu_{[i]}, & \text{情形①，②，⑥} \\ (\alpha_{[i]} + \beta_{[i]}) \sigma_{[i]} [\phi(\theta_{[i]}^{2*}) + \theta_{[i]}^{2*} \Phi(\theta_{[i]}^{2*})] + \beta_{[i]} \mu_{[i]}, & \text{情形③，⑤} \end{cases}$$

$$(6.7)$$

其中，$\theta_{[i]}^{1*} = \Phi^{-1}\left(\frac{\beta_{[i]} - \gamma_{[i]}}{\alpha_{[i]} + \beta_{[i]}}\right)$，$\theta_{[i]}^{2*} = -\frac{\mu_{[i]}}{\sigma_{[i]}}$。

引理 6.5 对于问题（P1），给定加工顺序 $\boldsymbol{\sigma}$，若情形④（$\alpha_{[i]} + \gamma_{[i]} - \delta_{[i]} > 0$，$\gamma_{[i]} - \delta_{[i]} < 0$ 且 $\delta_{[i]} - \beta_{[i]} < 0$）成立，则订单 $J_{[i]}$ 的最优交货期窗口开始时间 $e_{[i]}^*$ 和最优交货期窗口结束时间 $d_{[i]}^*$ 满足：$e_{[i]}^* = \mu_{[i]} + \theta_{[i]}^{3*} \sigma_{[i]}$，$d_{[i]}^* = \mu_{[i]} + \omega_{[i]}^* \sigma_{[i]}$，其中 $\theta_{[i]}^{3*} = \Phi^{-1}\left(\frac{\delta_{[i]} - \gamma_{[i]}}{\alpha_{[i]}}\right)$，$\omega_{[i]}^* = \Phi^{-1}\left(\frac{\beta_{[i]} - \delta_{[i]}}{\beta_{[i]}}\right)$。

证明： 根据引理 6.3 的证明，$e_{[i]}$ 和 $d_{[i]}$ 的一阶偏导和二阶偏导计算如下：

$$\gamma_{[i]} - \delta_{[i]} \leqslant \frac{\partial z_{[i]}^1(\boldsymbol{s}, \boldsymbol{e}, \boldsymbol{d})}{\partial e_{[i]}} = \alpha_{[i]} \Phi(\theta_{[i]}) + \gamma_{[i]} - \delta_{[i]} \leqslant \alpha_{[i]} + \gamma_{[i]} - \delta_{[i]}$$

$$\delta_{[i]} - \beta_{[i]} \leqslant \frac{\partial z_{[i]}^1(\boldsymbol{s}, \boldsymbol{e}, \boldsymbol{d})}{\partial d_{[i]}} = \beta_{[i]} \Phi(\omega_{[i]}) + \delta_{[i]} - \beta_{[i]} \leqslant \delta_{[i]}$$

$$\frac{\partial^2 z_{[i]}^1(\boldsymbol{s}, \boldsymbol{e}, \boldsymbol{d})}{\partial e_{[i]}^2} \cdot \frac{\partial^2 z_{[i]}^1(\boldsymbol{s}, \boldsymbol{e}, \boldsymbol{d})}{\partial d_{[i]}^2} - \left(\frac{\partial^2 z_{[i]}^1(\boldsymbol{s}, \boldsymbol{e}, \boldsymbol{d})}{\partial e_{[i]} \partial d_{[i]}}\right)^2$$

$$= \frac{\alpha_{[i]} \beta_{[i]}}{\sigma_{[i]}^2} \phi(\theta_{[i]}) \phi(\omega_{[i]}) \geqslant 0$$

在情形④下，即 $\alpha_{[i]} + \gamma_{[i]} - \delta_{[i]} > 0$，$\gamma_{[i]} - \delta_{[i]} < 0$ 且 $\delta_{[i]} - \beta_{[i]} < 0$，最优交货期窗口问询使 $\frac{\partial z_{[i]}^1(\boldsymbol{s}, \boldsymbol{e}, \boldsymbol{d})}{\partial e_{[i]}} = 0$ 以及 $\frac{\partial z_{[i]}^1(\boldsymbol{s}, \boldsymbol{e}, \boldsymbol{d})}{\partial d_{[i]}} = 0$。这意味着：

$$\Phi(\theta_{[i]}^{3*}) = \frac{\delta_{[i]} - \gamma_{[i]}}{\alpha_{[i]}}, \quad \Phi(\omega_{[i]}^*) = \frac{\beta_{[i]} - \delta_{[i]}}{\beta_{[i]}}$$

由于 $\theta_{[i]}^{3*} = \dfrac{e_{[i]}^* - \mu_{[i]}}{\sigma_{[i]}}$ 以及 $\omega_{[i]}^* = \dfrac{d_{[i]}^* - \mu_{[i]}}{\sigma_{[i]}}$，得到如下最优交货期窗口问询：

$e_{[i]}^* = \mu_{[i]} + \theta_{[i]}^{3*} \sigma_{[i]}$，$d_{[i]}^* = \mu_{[i]} + \omega_{[i]}^* \sigma_{[i]}$，其中 $\theta_{[i]}^{3*} = \Phi^{-1}\left(\dfrac{\delta_{[i]} - \gamma_{[i]}}{\alpha_{[i]}}\right)$，$\omega_{[i]}^* = \Phi^{-1}\left(\dfrac{\beta_{[i]} - \delta_{[i]}}{\beta_{[i]}}\right)$。

利用式（6.4）和引理 6.5，对于问题（P1），给定加工顺序 $\boldsymbol{\sigma}$，情形④下订单 $J_{[i]}$ 的最优目标函数值 $z_{[i]}^{1*}(\boldsymbol{\sigma}, \boldsymbol{e}, \boldsymbol{d})$ 计算如下：

$$z_{[i]}^{1*}(\boldsymbol{\sigma}, \boldsymbol{e}, \boldsymbol{d}) = \sigma_{[i]}\left[\alpha_{[i]}\phi(\theta_{[i]}^{3*}) + \beta_{[i]}\Phi(\omega_{[i]}^*)\right] + \gamma_{[i]}\mu_{[i]} \tag{6.8}$$

其中，$\theta_{[i]}^{3*} = \Phi^{-1}\left(\dfrac{\delta_{[i]} - \gamma_{[i]}}{\alpha_{[i]}}\right)$，$\omega_{[i]}^* = \Phi^{-1}\left(\dfrac{\beta_{[i]} - \delta_{[i]}}{\beta_{[i]}}\right)$。

引理 6.6 对于问题（P1），给定加工顺序 $\boldsymbol{\sigma}$，可以根据以下规则确定情形 ⑦、⑧下的最优交货期窗口开始时间 $e_{[i]}^*$ 和最优交货期窗口结束时间 $d_{[i]}^*$：若情形⑦（$\gamma_{[i]} - \delta_{[i]} \geq 0$ 且 $\delta_{[i]} - \beta_{[i]} < 0$），则设置 $e_{[i]}^* = 0$，$d_{[i]}^* = \mu_{[i]} + \omega_{[i]}^* \sigma_{[i]}$，其中 $\omega_{[i]}^* = \Phi^{-1}\left(\dfrac{\beta_{[i]} - \delta_{[i]}}{\beta_{[i]}}\right)$；若情形⑧（$\gamma_{[i]} - \delta_{[i]} \geq 0$ 且 $\delta_{[i]} - \beta_{[i]} \geq 0$）成立，则设置 $e_{[i]}^* = d_{[i]}^* = 0$。

证明： 根据式（6.5），$e_{[i]}$ 和 $d_{[i]}$ 的一阶偏导和二阶偏导计算如下：

$$\gamma_{[i]} - \delta_{[i]} \leq \frac{\partial z_{[i]}^1(\boldsymbol{\sigma}, \boldsymbol{e}, \boldsymbol{d})}{\partial e_{[i]}} = \alpha_{[i]}\Phi(\theta_{[i]}) + \gamma_{[i]} - \delta_{[i]} \leq \alpha_{[i]} + \gamma_{[i]} - \delta_{[i]}$$

$$\delta_{[i]} - \beta_{[i]} \leq \frac{\partial z_{[i]}^1(\boldsymbol{\sigma}, \boldsymbol{e}, \boldsymbol{d})}{\partial d_{[i]}} = \beta_{[i]}\Phi(\omega_{[i]}) + \delta_{[i]} - \beta_{[i]} \leq \delta_{[i]}$$

$$\frac{\partial^2 z_{[i]}^1(\boldsymbol{\sigma}, \boldsymbol{e}, \boldsymbol{d})}{\partial e_{[i]}^2} \cdot \frac{\partial^2 z_{[i]}^1(\boldsymbol{\sigma}, \boldsymbol{e}, \boldsymbol{d})}{\partial d_{[i]}^2} - \left(\frac{\partial^2 z_{[i]}^1(\boldsymbol{\sigma}, \boldsymbol{e}, \boldsymbol{d})}{\partial e_{[i]} \partial d_{[i]}}\right)^2$$

$$= \frac{\alpha_{[i]}\beta_{[i]}}{\sigma_{[i]}^2}\phi(\theta_{[i]})\phi(\omega_{[i]}) \geq 0$$

在情形⑦和情形⑧下，有 $\gamma_{[i]} - \delta_{[i]} \geq 0$ 以及 $\dfrac{\partial z_{[i]}^1(\boldsymbol{\sigma}, \boldsymbol{e}, \boldsymbol{d})}{\partial e_{[i]}} > 0$。因此，最优的交货期窗口开始时间 $e_{[i]}^*$ 满足 $e_{[i]}^* = 0$。在情形⑦下，有 $\delta_{[i]} - \beta_{[i]} < 0$。因此，最优的交货期窗口结束时间 $d_{[i]}^*$ 使得 $\dfrac{\partial z_{[i]}^1(\boldsymbol{\sigma}, \boldsymbol{e}, \boldsymbol{d})}{\partial d_{[i]}} = 0$。这意味着 $\Phi(\omega_{[i]}^*) = $

$\dfrac{\beta_{[i]}-\delta_{[i]}}{\beta_{[i]}}$。利用 $\omega^*_{[i]}=\dfrac{d^*_{[i]}-\mu_{[i]}}{\sigma_{[i]}}$，有 $d^*_{[i]}=\mu_{[i]}+\omega^*_{[i]}\sigma_{[i]}$ 以及 $\omega^*_{[i]}=\varPhi^{-1}\left(\dfrac{\beta_{[i]}-\delta_{[i]}}{\beta_{[i]}}\right)$。

在情形⑧下，有 $\delta_{[i]}-\beta_{[i]}\geqslant 0$ 以及 $\dfrac{\partial z^1_{[i]}(\boldsymbol{\sigma},\boldsymbol{e},\boldsymbol{d})}{\partial d_{[i]}}\geqslant 0$。因此，可以得到：$d^*_{[i]}=0$。

证毕。

利用式（6.4）和引理 6.6，对于问题（P1），给定加工顺序 $\boldsymbol{\sigma}$，可以计算情形⑦、⑧下订单 $J_{[i]}$ 的最优目标函数值 $z^{1*}_{[i]}(\boldsymbol{\sigma},\boldsymbol{e},\boldsymbol{d})$，如下：

$$z^{1*}_{[i]}(\boldsymbol{\sigma},\boldsymbol{e},\boldsymbol{d})=\begin{cases}\alpha_{[i]}\sigma_{[i]}\left[\phi(\theta^{2*}_{[i]})+\theta^{2*}_{[i]}\varPhi(\theta^{2*}_{[i]})\right]+\beta_{[i]}\sigma_{[i]}\phi(\omega^*_{[i]})+\delta_{[i]}\mu_{[i]}, & 情形⑦\\(\alpha_{[i]}+\beta_{[i]})\sigma_{[i]}\left[\phi(\theta^{2*}_{[i]})+\theta^{2*}_{[i]}\varPhi(\theta^{2*}_{[i]})\right]+\beta_{[i]}\mu_{[i]}, & 情形⑧\end{cases}$$

$$(6.9)$$

其中，$\theta^{2*}_{[i]}=-\dfrac{\mu_{[i]}}{\sigma_{[i]}}$，$\omega^*_{[i]}=\varPhi^{-1}\left(\dfrac{\beta_{[i]}-\delta_{[i]}}{\beta_{[i]}}\right)$。

基于引理 6.4~6.6 和式（6.7）~式（6.9），对于问题（P1），给定加工顺序 $\boldsymbol{\sigma}$，订单 $J_{[i]}$ 的最优交货期窗口开始时间 $e^*_{[i]}$ 和最优交货期窗口结束时间 $d^*_{[i]}$ 以及最优目标函数值 $z^{1*}_{[i]}(\boldsymbol{\sigma},\boldsymbol{e},\boldsymbol{d})$ 满足：

$$e^*_{[i]}=\begin{cases}0, & 情形③，⑤，⑦，⑧\\\mu_{[i]}+\theta^{1*}_{[i]}\sigma_{[i]}, & 情形①，②，⑥\\\mu_{[i]}+\theta^{3*}_{[i]}\sigma_{[i]}, & 情形④\end{cases}$$

$$d^*_{[i]}=\begin{cases}0, & 情形③，⑤，⑧\\\mu_{[i]}+\theta^{1*}_{[i]}\sigma_{[i]}, & 情形①，②，⑥\\\mu_{[i]}+\omega^*_{[i]}\sigma_{[i]}, & 情形④，⑦\end{cases}$$

$$z^{1*}_{[i]}(\boldsymbol{\sigma},\boldsymbol{e},\boldsymbol{d})=\begin{cases}(\alpha_{[i]}+\beta_{[i]})\sigma_{[i]}\left[\phi(\theta^{2*}_{[i]})+\theta^{2*}_{[i]}\varPhi(\theta^{2*}_{[i]})\right]+\beta_{[i]}\mu_{[i]}, & 情形③，⑤，⑧\\(\alpha_{[i]}+\beta_{[i]})\sigma_{[i]}\phi(\theta^{1*}_{[i]})+\gamma_{[i]}\mu_{[i]}, & 情形①，②，⑥\\\sigma_{[i]}\left[\alpha_{[i]}\phi(\theta^{3*}_{[i]})+\beta_{[i]}\phi(\omega^*_{[i]})\right]+\gamma_{[i]}\mu_{[i]}, & 情形④\\\alpha_{[i]}\sigma_{[i]}\left[\phi(\theta^{2*}_{[i]})+\theta^{2*}_{[i]}\varPhi(\theta^{2*}_{[i]})\right]+\beta_{[i]}\sigma_{[i]}\phi(\omega^*_{[i]})+\delta_{[i]}\mu_{[i]}, & 情形⑦\end{cases}$$

$$(6.10)$$

其中，$\theta^{1*}_{[i]}=\varPhi^{-1}\left(\dfrac{\beta_{[i]}-\gamma_{[i]}}{\alpha_{[i]}+\beta_{[i]}}\right)$，$\theta^{2*}_{[i]}=-\dfrac{\mu_{[i]}}{\sigma_{[i]}}$，$\theta^{3*}_{[i]}=\varPhi^{-1}\left(\dfrac{\delta_{[i]}-\gamma_{[i]}}{\alpha_{[i]}}\right)$，$\omega^*_{[i]}=\varPhi^{-1}\left(\dfrac{\beta_{[i]}-\delta_{[i]}}{\beta_{[i]}}\right)$。

通过以上讨论，对于问题（P1），给定加工顺序 $\boldsymbol{\sigma}$，可以根据引理 6.4~6.6 确定每个订单的最优交货期窗口。因此，问题（P1）被简化为寻找最优加工顺序 $\boldsymbol{\sigma}$，以极小化 $z^1(\boldsymbol{\sigma}, \boldsymbol{e}, \boldsymbol{d})$，表示为：

$$(\text{P1}) \min_{\boldsymbol{\sigma}} z^1(\boldsymbol{\sigma}, \boldsymbol{e}, \boldsymbol{d}) = \min_{\boldsymbol{\sigma}} \sum_{i=1}^{n} z_{[i]}^{1*}(\boldsymbol{\sigma}, \boldsymbol{e}, \boldsymbol{d})$$

二、求解算法

根据式（6.10）和简化的问题（P1），可以知道：直接寻求最优加工顺序 $\boldsymbol{\sigma}$ 是具有挑战性的。因此，一种自然的方法是枚举所有可能的加工顺序以找到最优加工顺序。然而，枚举非常耗时。因此，本节提出一种易于实现的分支定界算法来求解问题（P1）。为了完成这项任务，下面提出 $z^1(\boldsymbol{\sigma}, \boldsymbol{e}, \boldsymbol{d})$ 的下界和上界。

1. 下界

对于符号 $\phi(x) = \dfrac{1}{\sqrt{2\pi}} \exp\left(-\dfrac{x^2}{2}\right)$ 和 $\varPhi(x) = \dfrac{1}{\sqrt{2\pi}} \int_{-\infty}^{x} \exp\left(-\dfrac{t^2}{2}\right) \mathrm{d}t$，有 $0 \leqslant \phi(x) \leqslant \dfrac{1}{\sqrt{2\pi}}$ 和 $0 \leqslant \varPhi(x) \leqslant 1$。因此，给定加工顺序 $\boldsymbol{\sigma}$，很明显，式（6.10）中订单 $J_{[i]}(i = 1, \cdots, n)$ 的最优目标函数值 $z_{[i]}^{1*}(\boldsymbol{\sigma}, \boldsymbol{e}, \boldsymbol{d})$ 满足以下不等式：

$$z_{[i]}^{1*}(\boldsymbol{\sigma}, \boldsymbol{e}, \boldsymbol{d}) \geqslant \begin{cases} \beta_{[i]}\mu_{[i]}, & \text{情形①、⑤、⑧} \\ \gamma_{[i]}\mu_{[i]}, & \text{情形①、②、④、⑥} \\ \delta_{[i]}\mu_{[i]}, & \text{情形⑦} \end{cases}$$

上述不等式表明，$z_{[i]}^{1*}(\boldsymbol{\sigma}, \boldsymbol{e}, \boldsymbol{d}) \geqslant \max\{\beta_{[i]}, \gamma_{[i]}, \delta_{[i]}\}\mu_{[i]}$，$i = 1, \cdots, n$。因此，给定订单加工顺序 $\boldsymbol{\sigma}$，可以得到 $z^1(\boldsymbol{\sigma}, \boldsymbol{e}, \boldsymbol{d}) \geqslant \sum_{i=1}^{n} \max\{\beta_{[i]}, \gamma_{[i]}, \delta_{[i]}\}\mu_{[i]}$。这意味着：可以得到简化问题（P1）中 $z^1(\boldsymbol{\sigma}, \boldsymbol{e}, \boldsymbol{d})$ 的一个下界 $z^{1\_lb}(\boldsymbol{\sigma}, \boldsymbol{e}, \boldsymbol{d})$ 如下：

$$z^{1\_lb}(\boldsymbol{\sigma}, \boldsymbol{e}, \boldsymbol{d}) = \min_{\boldsymbol{\sigma}} \sum_{i=1}^{n} \max\{\beta_{[i]}, \gamma_{[i]}, \delta_{[i]}\}\mu_{[i]} \tag{6.11}$$

定理 6.1 为计算式（6.11）中下界 z^{1_lb} 的值，可以得出：所有订单按 $\dfrac{u_i}{\max\{\beta_i, \gamma_i, \delta_i\}}$ 的非递减顺序排列加工是最优的。

证明：定理 6.1 的结果可以通过成对交换策略直接进行验证（Pinedo，

2016）。

2. 上界

由于 $0 \leq \phi(x) \leq \dfrac{1}{\sqrt{2\pi}}$ 和 $0 \leq \Phi(x) \leq 1$，给定加工顺序 $\boldsymbol{\sigma}$，很容易验证式

（6.10）中的最优目标函数值 $z_{[i]}^{1*}(\boldsymbol{\sigma}, \boldsymbol{e}, \boldsymbol{d})$，$i=1, \cdots, n$，满足：

$$z_{[i]}^{1*}(\boldsymbol{\sigma}, \boldsymbol{e}, \boldsymbol{d}) \leq \begin{cases} \dfrac{1}{\sqrt{2\pi}}(\alpha_{[i]}+\beta_{[i]})\sigma_{[i]}+\beta_{[i]}\mu_{[i]}, & \text{情形③、⑤、⑧} \\[3mm] \dfrac{1}{\sqrt{2\pi}}(\alpha_{[i]}+\beta_{[i]})\sigma_{[i]}+\gamma_{[i]}\mu_{[i]}, & \text{情形①、②、④、⑥} \\[3mm] \dfrac{1}{\sqrt{2\pi}}(\alpha_{[i]}+\beta_{[i]})\sigma_{[i]}+\delta_{[i]}\mu_{[i]}, & \text{情形⑦} \end{cases}$$

令 $\rho_{[i]}^{1}=\dfrac{1}{\sqrt{2\pi}}(\alpha_{[i]}+\beta_{[i]})$ 以及 $\rho_{[i]}^{2}=\begin{cases} \beta_{[i]}, & \text{情形③、⑤、⑧} \\[2mm] \gamma_{[i]}, & \text{情形①、②、④、⑥}，\text{然后可以} \\[2mm] \delta_{[i]}, & \text{情形⑦} \end{cases}$

得到：

$$z^{1}(\boldsymbol{\sigma}, \boldsymbol{e}, \boldsymbol{d}) = \sum_{i=1}^{n} z_{[i]}^{1*}(\boldsymbol{\sigma}, \boldsymbol{e}, \boldsymbol{d}) \leq \sum_{i=1}^{n}(\rho_{[i]}^{1}\sigma_{[i]}+\rho_{[i]}^{2}\mu_{[i]})。$$

对于 $\sigma_{[i]}$ 以及 $\mu_{[i]}$，得到 $\sigma_{[i]}=\sqrt{\sum\limits_{k=1}^{i} v_{[k]}^{2}} \leq \sum\limits_{k=1}^{i} v_{[k]}$ 以及 $\mu_{[i]}=\sum\limits_{k=1}^{i} u_{[k]}$。因此，

给定一个加工顺序 $\boldsymbol{\sigma}$，可以推导出以下不等式：

$$z^{1}(\boldsymbol{\sigma}, \boldsymbol{e}, \boldsymbol{d}) \leq \sum_{i=1}^{n}\left(\rho_{[i]}^{1}\sum_{k=1}^{i} v_{[k]}+\rho_{[i]}^{2}\sum_{k=1}^{i} u_{[k]}\right)$$

$$\leq \sum_{i=1}^{n}\max(\rho_{[i]}^{1}, \rho_{[i]}^{2})\sum_{k=1}^{i}(v_{[k]}+u_{[k]})$$

$$= \sum_{i=1}^{n}(v_{[i]}+u_{[i]})\sum_{k=i}^{n}\max(\rho_{[k]}^{1}, \rho_{[k]}^{2})$$

基于上述讨论，给定订单的加工顺序 $\boldsymbol{\sigma}$，可以得到 $z^{1}(\boldsymbol{\sigma}, \boldsymbol{e}, \boldsymbol{d}) \leq \sum\limits_{i=1}^{n}(v_{[i]}+$

$u_{[i]})\sum\limits_{k=i}^{n}\max(\rho_{[k]}^{1}, \rho_{[k]}^{2})$。因此，简化问题（P1）中的 $z^{1}(\boldsymbol{\sigma}, \boldsymbol{e}, \boldsymbol{d})$ 的一个上界

$z^{1\_ub}(\boldsymbol{\sigma}, \boldsymbol{e}, \boldsymbol{d})$ 可得到：

$$z^{1\_ub}(\boldsymbol{\sigma}, \boldsymbol{e}, \boldsymbol{d}) = \min_{s}\sum_{i=1}^{n}(v_{[i]}+u_{[i]})\sum_{k=i}^{n}\max(\rho_{[k]}^{1}, \rho_{[k]}^{2}) \qquad (6.12)$$

类似地，下面的定理 6.2 可以很容易通过成对交换策略来证明。

定理 6.2 为计算式（6.12）中下界 z^{1-ub} 的值，可知：按 $\dfrac{u_i+v_i}{\max(\rho_i^1,\ \rho_i^2)}$ 的非递减顺序排列加工所有订单是最优的。

分支定界算法是生产排序与调度文献（Pinedo，2016）中寻找最优解的一种通用方法，且初始化、分支和定界是该算法的三个关键组成部分。下面正式提出分支定界算法以寻找问题 P1 的最优解。

算法 6.1 分支定界算法。

步骤 1：初始化。输入订单的相关已知信息，包括平均值、方差、加工时间的分布和成本参数。在此基础上，利用式（6.12）和定理 6.2 计算问题 P1 的上界。

步骤 2：分支。对于一个节点，通过将新订单分配给尚未分配订单的位置来生成新节点。因此，一旦确定了新位置中的订单，就得到了新的部分序列。

步骤 3：定界。对于步骤 2 中生成的每个具有一个新节点的部分序列，计算其下界。具体地，对于已确定位置的订单，使用式（6.10）计算目标函数值，而对于其他订单，利用定理 6.1 的思想和式（6.11）计算目标函数值。然后，将上述计算出的下界与步骤 1 中计算的上界进行比较，以确定是否消除该部分序列。一旦该部分序列包含所有订单，利用式（6.10）计算目标函数值，并将其与步骤 1 中的上界进行比较，以确定是否用它来替换上界。

步骤 4：重复和输出。重复步骤 2 和步骤 3，直到无法生成新节点为止。对于所有剩余的节点，计算目标函数值，通过比较它们并选择具有最小目标函数值的节点来获得最优加工顺序。最后，输出最优解。

第三节　仅已知均值与方差的问题（P2）

在第二节中，制造商有关于订单加工时间的精确分布信息。本节考虑另外一种情况，即制造商仅已知加工时间的平均值和方差，并研究相应的交货期窗口问询调度问题。为了简单起见，本节将仅已知加工时间的均值和方差的问题称为问题（P2）。然后，根据第二节的描述，问题（P2）可正式表述如下：

(P2) $\min\limits_{\boldsymbol{\sigma},\ \boldsymbol{e},\ \boldsymbol{d}} z^2(\boldsymbol{\sigma},\ \boldsymbol{e},\ \boldsymbol{d}) = \min\limits_{\boldsymbol{\sigma},\ \boldsymbol{e},\ \boldsymbol{d}} \sum\limits_{i=1}^{n} z_{[i]}^2(\boldsymbol{\sigma},\ \boldsymbol{e},\ \boldsymbol{d})$

在上述问题（P2）中，$z_{[i]}^2(\boldsymbol{\sigma},\ \boldsymbol{e},\ \boldsymbol{d}) = \alpha_{[i]}\mathbf{E}[\max(e_{[i]} - C_{[i]},\ 0)] + \beta_{[i]}\mathbf{E}[\max(C_{[i]} - d_{[i]},\ 0)] + (\gamma_{[i]} - \delta_{[i]})e_{[i]} + \delta_{[i]}d_{[i]}$。

由于没有关于订单加工时间的具体分布模式，因此很难直接计算问题（P2）中 $z_{[i]}^2(\boldsymbol{\sigma},\ \boldsymbol{e},\ \boldsymbol{d})$ 和 $z^2(\boldsymbol{\sigma},\ \boldsymbol{e},\ \boldsymbol{d})$ 的值。为了求解问题（P2），下面首先构建对应的近似问题，然后提出分支定界算法以寻找近似问题的最优解。

一、近似问题

为了构建问题（P2）的近似问题，本节首先在给定订单加工顺序 $\boldsymbol{\sigma}$ 下为 $z^2(\boldsymbol{\sigma},\ \boldsymbol{e},\ \boldsymbol{d})$ 提出上界和下界，然后使用它们的线性函数对原问题 P2 的目标函数进行近似。

1. 上界

根据 Yue（2000）中的结果，可以得到以下引理 6.7。

引理 6.7 令 y 是满足均值为 U 和方差为 V^2 的一定概率分布的随机变量。同时令：

$F(q) = t_1\mathbf{E}[\max(q - y,\ 0)] + t_2\mathbf{E}[\max(y - q,\ 0)]$，

其中，$t_1 > 0$，$t_2 > 0$ 是两个非负常数，$q \geqslant 0$ 是决策变量，且 $F(q)$ 是总加权期望值。下面的不等式对于所有的 q 值都成立：

$t_1\max(q - U,\ 0) + t_2\max(U - q,\ 0) \leqslant F(q)$

$\leqslant \dfrac{1}{2}\left[(t_1 - t_2)(q - U) + (t_1 + t_2)\sqrt{V^2 + (q - U)^2}\right]$

基于引理 6.7 和下述事实 $0 \leqslant e_{[i]} \leqslant d_{[i]}$，问题（P2）中每个订单 $J_{[i]}$ 的目标函数值 $z_{[i]}^2(\boldsymbol{\sigma},\ \boldsymbol{e},\ \boldsymbol{d})$ 满足：

$z_{[i]}^2(\boldsymbol{\sigma},\ \boldsymbol{e},\ \boldsymbol{d}) = \alpha_{[i]}\mathbf{E}[\max(e_{[i]} - C_{[i]},\ 0)] + \beta_{[i]}\mathbf{E}[\max(C_{[i]} - d_{[i]},\ 0)] +$
$\qquad\qquad\qquad (\gamma_{[i]} - \delta_{[i]})e_{[i]} + \delta_{[i]}d_{[i]}$

$\qquad\quad \leqslant \alpha_{[i]}\mathbf{E}[\max(d_{[i]} - C_{[i]},\ 0)] + \beta_{[i]}\mathbf{E}[\max(C_{[i]} - d_{[i]},\ 0)] +$
$\qquad\qquad\qquad (\gamma_{[i]} - \delta_{[i]})e_{[i]} + \delta_{[i]}d_{[i]}$

$\qquad\quad \leqslant \dfrac{1}{2}\left[(\alpha_{[i]} - \beta_{[i]})(d_{[i]} - \mu_{[i]}) + (\alpha_{[i]} + \beta_{[i]})\sqrt{\sigma_{[i]}^2 + (d_{[i]} - \mu_{[i]})^2}\right] +$
$\qquad\qquad\qquad (\gamma_{[i]} - \delta_{[i]})e_{[i]} + \delta_{[i]}d_{[i]}$

因此，给定任何订单加工顺序 $\boldsymbol{\sigma}$，可以得到问题 P2 中 $z^2(\boldsymbol{\sigma}, \boldsymbol{e}, \boldsymbol{d})$ 的一个上界 $z^{2-ub}(\boldsymbol{\sigma}, \boldsymbol{e}, \boldsymbol{d})$，如下所示：

$$z^{2-ub}(\boldsymbol{\sigma}, \boldsymbol{e}, \boldsymbol{d}) = \sum_{i=1}^{n} \frac{1}{2} \left[(\alpha_{[i]} - \beta_{[i]})(d_{[i]} - \mu_{[i]}) + (\alpha_{[i]} + \beta_{[i]}) \sqrt{\sigma_{[i]}^2 + (d_{[i]} - \mu_{[i]})^2} \right] +$$

$$\sum_{i=1}^{n} \left[(\gamma_{[i]} - \delta_{[i]}) e_{[i]} + \delta_{[i]} d_{[i]} \right] \tag{6.13}$$

2. 下界

利用下述事实 $\max(e_{[i]} - C_{[i]}, 0) \geqslant 0$ 以及 $\max(C_{[i]} - d_{[i]}, 0) \geqslant 0$，可以得到：

$$z_{[i]}^2(\boldsymbol{\sigma}, \boldsymbol{e}, \boldsymbol{d}) \geqslant (\gamma_{[i]} - \delta_{[i]}) e_{[i]} + \delta_{[i]} d_{[i]}$$

因此，给定任何订单加工顺序 $\boldsymbol{\sigma}$，可以得到问题 P2 中 $z^2(\boldsymbol{\sigma}, \boldsymbol{e}, \boldsymbol{d})$ 的一个下界 $z^{2-lb}(\boldsymbol{\sigma}, \boldsymbol{e}, \boldsymbol{d})$，如下所示：

$$z^{2-lb}(\boldsymbol{\sigma}, \boldsymbol{e}, \boldsymbol{d}) = \sum_{i=1}^{n} \left[(\gamma_{[i]} - \delta_{[i]}) e_{[i]} + \delta_{[i]} d_{[i]} \right] \tag{6.14}$$

对于任何给定的加工顺序 $\boldsymbol{\sigma}$，现在使用式（6.13）、式（6.14）中提出的上界和下界的线性函数来近似问题 P2 中的 $z^2(\boldsymbol{\sigma}, \boldsymbol{e}, \boldsymbol{d})$。设 $A(\boldsymbol{\sigma}, \boldsymbol{e}, \boldsymbol{d})$ 表示近似目标函数，并令 λ 为线性函数中上界 $z^{2-ub}(\boldsymbol{\sigma}, \boldsymbol{e}, \boldsymbol{d})$ 的比例，则 $A(\boldsymbol{\sigma}, \boldsymbol{e}, \boldsymbol{d})$ 可以表示为：

$$A(\boldsymbol{\sigma}, \boldsymbol{e}, \boldsymbol{d}) = \lambda z^{2-ub}(\boldsymbol{\sigma}, \boldsymbol{e}, \boldsymbol{d}) + (1 - \lambda) z^{2-lb}(\boldsymbol{\sigma}, \boldsymbol{e}, \boldsymbol{d})$$

$$= \sum_{i=1}^{n} \left[(\gamma_{[i]} - \delta_{[i]}) e_{[i]} + \delta_{[i]} d_{[i]} + \frac{\lambda}{2} \left[(\alpha_{[i]} - \beta_{[i]}) R_{[i]} + (\alpha_{[i]} + \beta_{[i]})(\sigma_{[i]}^2 + R_{[i]}^2)^{\frac{1}{2}} \right] \right] \tag{6.15}$$

其中，$R_{[i]} = d_{[i]} - \mu_{[i]}$。

通过以上描述，可以构造问题（P2）的近似问题（AP）如下所示：

（AP）$\min_{\boldsymbol{\sigma}, \boldsymbol{e}, \boldsymbol{d}} A(\boldsymbol{\sigma}, \boldsymbol{e}, \boldsymbol{d})$

二、给定加工顺序下问题 AP 的最优交货期窗口问询

根据式（6.15），问题（AP）的目标函数 $A(\boldsymbol{\sigma}, \boldsymbol{e}, \boldsymbol{d})$ 是可分离的。令 $A_{[i]}(\boldsymbol{\sigma}, \boldsymbol{e}, \boldsymbol{d})$ 表示订单 $J_{[i]}(i = 1, \cdots, n)$ 的目标函数，则有：

$$A_{[i]}(\boldsymbol{\sigma}, \boldsymbol{e}, \boldsymbol{d}) = (\gamma_{[i]} - \delta_{[i]}) e_{[i]} + \delta_{[i]} d_{[i]} + \frac{\lambda}{2} \left[(\alpha_{[i]} - \beta_{[i]}) R_{[i]} + (\alpha_{[i]} + \beta_{[i]})(\sigma_{[i]}^2 + R_{[i]}^2)^{\frac{1}{2}} \right] \tag{6.16}$$

其中，$R_{[i]}=d_{[i]}-\mu_{[i]}$。

给定订单加工顺序 $\boldsymbol{\sigma}$，为确定订单 $J_{[i]}$（$i=1$，$\cdots$，n）的最优交货期窗口开始时间 $e_{[i]}^{*}$ 和交货期窗口结束时间 $d_{[i]}^{*}$，下面针对订单 $J_{[i]}$ 计算 $e_{[i]}$ 和 $d_{[i]}$ 的一阶偏导和二阶偏导：

$$\frac{\partial A_{[i]}(\boldsymbol{\sigma},\ \boldsymbol{e},\ \boldsymbol{d})}{\partial e_{[i]}}=\gamma_{[i]}-\delta_{[i]}$$

$$\frac{\partial A_{[i]}(\boldsymbol{\sigma},\ \boldsymbol{e},\ \boldsymbol{d})}{\partial d_{[i]}}=\frac{\lambda}{2}(\alpha_{[i]}-\beta_{[i]})+\delta_{[i]}+\frac{\lambda}{2}(\alpha_{[i]}+\beta_{[i]})R_{[i]}(\sigma_{[i]}^{2}+R_{[i]}^{2})^{-\frac{1}{2}}$$

$$\frac{\partial^{2}A_{[i]}(\boldsymbol{\sigma},\ \boldsymbol{e},\ \boldsymbol{d})}{\partial e_{[i]}^{2}}=0,\quad \frac{\partial^{2}A_{[i]}(\boldsymbol{\sigma},\ \boldsymbol{e},\ \boldsymbol{d})}{\partial e_{[i]}\partial d_{[i]}}=\frac{\partial^{2}A_{[i]}(\boldsymbol{\sigma},\ \boldsymbol{e},\ \boldsymbol{d})}{\partial d_{[i]}e_{[i]}}=0$$

$$\frac{\partial^{2}A_{[i]}(\boldsymbol{\sigma},\ \boldsymbol{e},\ \boldsymbol{d})}{\partial d_{[i]}^{2}}=\frac{\lambda(\alpha_{[i]}+\beta_{[i]})\sigma_{[i]}^{2}}{2}(\sigma_{[i]}^{2}+R_{[i]}^{2})^{-\frac{3}{2}}>0 \tag{6.17}$$

引理 6.8 对于问题（AP），给定一个订单加工顺序 $\boldsymbol{\sigma}$，订单 $J_{[i]}$（$i=1$，$\cdots$，n）的最优交货期窗口开始时间 $e_{[i]}^{*}$ 和交货期窗口结束时间 $d_{[i]}^{*}$ 满足：如果 $\gamma_{[i]}-\delta_{[i]}<0$，则 $e_{[i]}^{*}=d_{[i]}^{*}$。

证明： 在式（6.16）中，仅有 $(\gamma_{[i]}-\delta_{[i]})e_{[i]}$ 取决于 $e_{[i]}$。根据如下事实 $0\leqslant e_{[i]}\leqslant d_{[i]}$，为极小化 $(\gamma_{[i]}-\delta_{[i]})e_{[i]}$，如果 $\gamma_{[i]}-\delta_{[i]}<0$，则最优交货期窗口开始时间 $e_{[i]}^{*}$ 应被设置为 $e_{[i]}^{*}=d_{[i]}^{*}$。证毕。

根据引理 6.8，如果 $\gamma_{[i]}-\delta_{[i]}<0$，则设置 $e_{[i]}=d_{[i]}$，那么式（6.16）中的目标函数 $A_{[i]}(\boldsymbol{\sigma},\ \boldsymbol{e},\ \boldsymbol{d})$ 简化为：

$$A_{[i]}(\boldsymbol{\sigma},\ \boldsymbol{e},\ \boldsymbol{d})=\gamma_{[i]}d_{[i]}+\frac{\lambda}{2}[(\alpha_{[i]}-\beta_{[i]})R_{[i]}+(\alpha_{[i]}+\beta_{[i]})(\sigma_{[i]}^{2}+R_{[i]}^{2})^{\frac{1}{2}}]$$

并且 $d_{[i]}$ 的一阶偏导和二阶偏导为：

$$\frac{\partial A_{[i]}(\boldsymbol{\sigma},\ \boldsymbol{e},\ \boldsymbol{d})}{\partial d_{[i]}}=\frac{\lambda}{2}(\alpha_{[i]}-\beta_{[i]})+\gamma_{[i]}+\frac{\lambda}{2}(\alpha_{[i]}+\beta_{[i]})R_{[i]}(\sigma_{[i]}^{2}+R_{[i]}^{2})^{-\frac{1}{2}}$$

$$\frac{\partial^{2}A_{[i]}(\boldsymbol{\sigma},\ \boldsymbol{e},\ \boldsymbol{d})}{\partial d_{[i]}^{2}}=\frac{\lambda(\alpha_{[i]}+\beta_{[i]})\sigma_{[i]}^{2}}{2}(\sigma_{[i]}^{2}+R_{[i]}^{2})^{-\frac{3}{2}}>0 \tag{6.18}$$

通过式（6.17）、式（6.18）可以发现：对于问题（AP），给定加工顺序 $\boldsymbol{\sigma}$，订单 $J_{[i]}$（$i=1$，$\cdots$，n）的最优交货期窗口开始时间 $e_{[i]}^{*}$ 和交货期窗口结束时间 $d_{[i]}^{*}$ 取决于 $\gamma_{[i]}-\delta_{[i]}$、$\frac{\lambda}{2}(\alpha_{[i]}-\beta_{[i]})+\delta_{[i]}$、$\frac{\lambda}{2}(\alpha_{[i]}-\beta_{[i]})+\gamma_{[i]}$、$\lambda\beta_{[i]}-\gamma_{[i]}$ 以及

$\lambda\beta_{[i]}-\delta_{[i]}$ 的值。其中，$\lambda\beta_{[i]}-\delta_{[i]}$ 以及 $\lambda\beta_{[i]}-\gamma_{[i]}$ 是在式（6.17）、式（6.18）中计算一阶偏导等于 0 时引入的两个式子。通过将上述式子与零进行比较，可以得出成本参数之间关系的八种可能情况：① $\gamma_{[i]}-\delta_{[i]}\geq 0$，$\frac{\lambda}{2}(\alpha_{[i]}-\beta_{[i]})+\delta_{[i]}>0$ 且 $\lambda\beta_{[i]}-\delta_{[i]}>0$；② $\gamma_{[i]}-\delta_{[i]}\geq 0$，$\frac{\lambda}{2}(\alpha_{[i]}-\beta_{[i]})+\delta_{[i]}>0$ 且 $\lambda\beta_{[i]}-\delta_{[i]}\leq 0$；③ $\gamma_{[i]}-\delta_{[i]}\geq 0$，$\frac{\lambda}{2}(\alpha_{[i]}-\beta_{[i]})+\delta_{[i]}=0$；④ $\gamma_{[i]}-\delta_{[i]}\geq 0$，$\frac{\lambda}{2}(\alpha_{[i]}-\beta_{[i]})+\delta_{[i]}<0$；⑤ $\gamma_{[i]}-\delta_{[i]}<0$，$\frac{\lambda}{2}(\alpha_{[i]}-\beta_{[i]})+\delta_{[i]}>0$ 且 $\lambda\beta_{[i]}-\gamma_{[i]}>0$；⑥ $\gamma_{[i]}-\delta_{[i]}<0$，$\frac{\lambda}{2}(\alpha_{[i]}-\beta_{[i]})+\delta_{[i]}>0$，$\frac{\lambda}{2}(\alpha_{[i]}-\beta_{[i]})+\gamma_{[i]}>0$ 且 $\lambda\beta_{[i]}-\gamma_{[i]}\leq 0$；⑦ $\gamma_{[i]}-\delta_{[i]}<0$，$\frac{\lambda}{2}(\alpha_{[i]}-\beta_{[i]})+\gamma_{[i]}=0$；⑧ $\gamma_{[i]}-\delta_{[i]}<0$，$\frac{\lambda}{2}(\alpha_{[i]}-\beta_{[i]})+\gamma_{[i]}<0$。

令 $H_{[i]}^{1*}=\dfrac{[\lambda(\beta_{[i]}-\alpha_{[i]})-2\delta_{[i]}]\sigma_{[i]}}{2\sqrt{(\lambda\alpha_{[i]}+\delta_{[i]})(\lambda\beta_{[i]}-\delta_{[i]})}}$ 和 $H_{[i]}^{2*}=\dfrac{[\lambda(\beta_{[i]}-\alpha_{[i]})-2\gamma_{[i]}]\sigma_{[i]}}{2\sqrt{(\lambda\alpha_{[i]}+\delta_{[i]})(\lambda\beta_{[i]}-\gamma_{[i]})}}$，则给定一个加工顺序 $\boldsymbol{\sigma}$，每个情形下订单 $J_{[i]}(i=1,\cdots,n)$ 的最优交货期窗口开始时间 $e_{[i]}^{*}$ 和交货期窗口结束时间 $d_{[i]}^{*}$ 的结果展示在引理 6.9~6.11 中。

引理 6.9 对于问题（AP），给定一个加工顺序 $\boldsymbol{\sigma}$，情形①~④下订单 $J_{[i]}$ $(i=1,\cdots,n)$ 的最优交货期窗口开始时间 $e_{[i]}^{*}$ 和交货期窗口结束时间 $d_{[i]}^{*}$ 的结果可依据以下准则进行计算：若情形①（$\gamma_{[i]}-\delta_{[i]}\geq 0$，$\frac{\lambda}{2}(\alpha_{[i]}-\beta_{[i]})+\delta_{[i]}>0$ 且 $\lambda\beta_{[i]}-\delta_{[i]}>0$）或情形④（$\gamma_{[i]}-\delta_{[i]}\geq 0$，$\frac{\lambda}{2}(\alpha_{[i]}-\beta_{[i]})+\delta_{[i]}<0$）成立，则令 $e_{[i]}^{*}=0$ 以及 $d_{[i]}^{*}=\mu_{[i]}+H_{[i]}^{1*}$；若情形②（$\gamma_{[i]}-\delta_{[i]}\geq 0$，$\frac{\lambda}{2}(\alpha_{[i]}-\beta_{[i]})+\delta_{[i]}>0$ 且 $\lambda\beta_{[i]}-\delta_{[i]}\leq 0$）成立，则设置 $e_{[i]}^{*}=d_{[i]}^{*}=0$；若情形③（$\gamma_{[i]}-\delta_{[i]}\geq 0$，$\frac{\lambda}{2}(\alpha_{[i]}-\beta_{[i]})+\delta_{[i]}=0$）成立，则设置 $e_{[i]}^{*}=0$ 以及 $d_{[i]}^{*}=\mu_{[i]}$。

证明： 在情形①~④下，有 $\gamma_{[i]}-\delta_{[i]}\geq 0$。根据引理 6.1，订单 $J_{[i]}$ 的最优交货期窗口开始时间 $e_{[i]}^{*}$ 应被设置为 $e_{[i]}^{*}=0$。现在聚焦在确定订单 $J_{[i]}$ 的最优交货期窗口结束时间 $d_{[i]}^{*}$。根据式（6.17），$A_{[i]}(\boldsymbol{\sigma},\boldsymbol{e},\boldsymbol{d})$ 中 $d_{[i]}$ 的一阶偏导和二阶

偏导计算如下：

$$\frac{\partial A_{[i]}(\boldsymbol{\sigma},\ \boldsymbol{e},\ \boldsymbol{d})}{\partial d_{[i]}}=\frac{\lambda}{2}(\alpha_{[i]}-\beta_{[i]})+\delta_{[i]}+\frac{\lambda}{2}(\alpha_{[i]}+\beta_{[i]})R_{[i]}(\sigma_{[i]}^2+R_{[i]}^2)^{-\frac{1}{2}}$$

$$\frac{\partial^2 A_{[i]}(\boldsymbol{\sigma},\ \boldsymbol{e},\ \boldsymbol{d})}{\partial d_{[i]}^2}=\frac{\lambda(\alpha_{[i]}+\beta_{[i]})\sigma_{[i]}^2}{2}(\sigma_{[i]}^2+R_{[i]}^2)^{-\frac{3}{2}}>0$$

为确定订单 $J_{[i]}$ 的最优交货期窗口结束时间 $d_{[i]}^*$，考虑以下 $R_{[i]}$ 的两类情形：

（i）$R_{[i]}=d_{[i]}-\mu_{[i]}\geqslant0$；（ii）$R_{[i]}=d_{[i]}-\mu_{[i]}\leqslant0$。

（i）$R_{[i]}=d_{[i]}-\mu_{[i]}\geqslant0$。

情形①~③：在情形①和情形②下，有 $\frac{\lambda}{2}(\alpha_{[i]}-\beta_{[i]})+\delta_{[i]}>0$，然而在情形③

下，有 $\frac{\lambda}{2}(\alpha_{[i]}-\beta_{[i]})+\delta_{[i]}=0$。因为 $R_{[i]}=d_{[i]}-\mu_{[i]}\geqslant0$，所以可以得到

$\frac{\partial A_{[i]}(\boldsymbol{\sigma},\ \boldsymbol{e},\ \boldsymbol{d})}{\partial d_{[i]}}\geqslant0$。利用如下事实 $\frac{\partial^2 A_{[i]}(\boldsymbol{\sigma},\ \boldsymbol{e},\ \boldsymbol{d})}{\partial d_{[i]}^2}>0$，有 $d_{[i]}^*=\mu_{[i]}$。根据式

（6.16），给定一个加工顺序 $\boldsymbol{\sigma}$，最优目标函数值 $A_{[i]}^*(\boldsymbol{\sigma},\ \boldsymbol{e},\ \boldsymbol{d})$ 计算如下：

$$A_{[i]}^*(\boldsymbol{\sigma},\ \boldsymbol{e},\ \boldsymbol{d})=\delta_{[i]}\mu_{[i]}+\frac{\lambda}{2}(\alpha_{[i]}+\beta_{[i]})\sigma_{[i]}$$

情形④：在情形④下，有 $\frac{\lambda}{2}(\alpha_{[i]}-\beta_{[i]})+\delta_{[i]}<0$。这意味着 $\lambda\beta_{[i]}-2\delta_{[i]}>\lambda\alpha_{[i]}$，

而上述结果进一步说明 $\lambda\beta_{[i]}-\delta_{[i]}>0$。令 $\frac{\partial A_{[i]}(\boldsymbol{\sigma},\ \boldsymbol{e},\ \boldsymbol{d})}{\partial d_{[i]}}=0$，则有：

$$\frac{\lambda}{2}(\alpha_{[i]}-\beta_{[i]})+\delta_{[i]}+\frac{\lambda}{2}(\alpha_{[i]}+\beta_{[i]})R_{[i]}(\sigma_{[i]}^2+R_{[i]}^2)^{-\frac{1}{2}}=0$$

因为 $R_{[i]}\geqslant0$，$\frac{\partial^2 A_{[i]}(\boldsymbol{\sigma},\ \boldsymbol{e},\ \boldsymbol{d})}{\partial d_{[i]}^2}>0$，$\lambda\alpha_{[i]}+\delta_{[i]}>0$ 以及 $\lambda\beta_{[i]}-\delta_{[i]}>0$，因此存

在最优的交货期窗口结束货时间 $d_{[i]}^*$。具体来说，可以得到 $d_{[i]}^*=\mu_{[i]}+H_{[i]}^{1*}$，其中

$H_{[i]}^{1*}=\dfrac{[\lambda(\beta_{[i]}-\alpha_{[i]})-2\delta_{[i]}]\sigma_{[i]}}{2\sqrt{(\lambda\alpha_{[i]}+\delta_{[i]})(\lambda\beta_{[i]}-\delta_{[i]})}}$。利用式（6.16），给定一个加工顺序 $\boldsymbol{\sigma}$，最优

目标函数值 $A_{[i]}^*(\boldsymbol{\sigma},\ \boldsymbol{e},\ \boldsymbol{d})$ 计算如下：

$$A_{[i]}^*(\boldsymbol{\sigma},\ \boldsymbol{e},\ \boldsymbol{d})=\delta_{[i]}(\mu_{[i]}+H_{[i]}^{1*})+\frac{\lambda}{2}\left[(\alpha_{[i]}-\beta_{[i]})H_{[i]}^{1*}+(\alpha_{[i]}+\beta_{[i]})(\sigma_{[i]}^2+H_{[i]}^{1*2})^{\frac{1}{2}}\right]$$

（ii）$R_{[i]} = d_{[i]} - \mu_{[i]} \leqslant 0$。

情形①：在情形①下，有 $\dfrac{\lambda}{2}(\alpha_{[i]} - \beta_{[i]}) + \delta_{[i]} > 0$ 以及 $\lambda\beta_{[i]} - \delta_{[i]} > 0$。由于

$\dfrac{\partial^2 A_{[i]}(\boldsymbol{\sigma}, \boldsymbol{e}, \boldsymbol{d})}{\partial d_{[i]}^2} > 0$，因此最优的交货期窗口结束时间 $d_{[i]}^*$ 使得 $\dfrac{\partial A_{[i]}(\boldsymbol{\sigma}, \boldsymbol{e}, \boldsymbol{d})}{\partial d_{[i]}^*} = 0$。

这意味着：

$$\frac{\lambda}{2}(\alpha_{[i]} - \beta_{[i]}) + \delta_{[i]} + \frac{\lambda}{2}(\alpha_{[i]} + \beta_{[i]})R_{[i]}(\sigma_{[i]}^2 + R_{[i]}^2)^{-\frac{1}{2}} = 0$$

因此，可以得到 $d_{[i]}^* = \mu_{[i]} + H_{[i]}^{1*}$，其中 $H_{[i]}^{1*} = \dfrac{[\lambda(\beta_{[i]} - \alpha_{[i]}) - 2\delta_{[i]}]\sigma_{[i]}}{2\sqrt{(\lambda\alpha_{[i]} + \delta_{[i]})(\lambda\beta_{[i]} - \delta_{[i]})}}$。利

用式（6.16），给定一个加工顺序 $\boldsymbol{\sigma}$，最优目标函数值 $A_{[i]}^*(\boldsymbol{\sigma}, \boldsymbol{e}, \boldsymbol{d})$ 计算如下：

$$A_{[i]}^*(\boldsymbol{\sigma}, \boldsymbol{e}, \boldsymbol{d}) = \delta_{[i]}(\mu_{[i]} + H_{[i]}^{1*}) + \frac{\lambda}{2}\left[(\alpha_{[i]} - \beta_{[i]})H_{[i]}^{1*} + (\alpha_{[i]} + \beta_{[i]})(\sigma_{[i]}^2 + H_{[i]}^{1*2})^{\frac{1}{2}}\right]$$

情形②：在情形②下，有 $\dfrac{\lambda}{2}(\alpha_{[i]} - \beta_{[i]}) + \delta_{[i]} > 0$ 且 $\lambda\beta_{[i]} - \delta_{[i]} \leqslant 0$。连同如下事

实 $R_{[i]} \leqslant 0$，可以得到：

$$\frac{\partial A_{[i]}(\boldsymbol{\sigma}, \boldsymbol{e}, \boldsymbol{d})}{\partial d_{[i]}} \geqslant \frac{\lambda}{2}(\alpha_{[i]} - \beta_{[i]}) + \delta_{[i]} - \frac{\lambda}{2}(\alpha_{[i]} + \beta_{[i]})$$

因为 $d_{[i]} \geqslant 0$，可以得到 $d_{[i]}^* = 0$。利用式（6.16），给定一个加工顺序 $\boldsymbol{\sigma}$，最
优目标函数值 $A_{[i]}^*(\boldsymbol{\sigma}, \boldsymbol{e}, \boldsymbol{d})$ 计算如下：

$$A_{[i]}^*(\boldsymbol{\sigma}, \boldsymbol{e}, \boldsymbol{d}) = \frac{\lambda}{2}\left[-(\alpha_{[i]} - \beta_{[i]})\mu_{[i]} + (\alpha_{[i]} + \beta_{[i]})(\sigma_{[i]}^2 + \mu_{[i]}^2)^{\frac{1}{2}}\right]$$

情形③和情形④：在情形③下，有 $\dfrac{\lambda}{2}(\alpha_{[i]} - \beta_{[i]}) + \delta_{[i]} = 0$。然而在情形④下，

有 $\dfrac{\lambda}{2}(\alpha_{[i]} - \beta_{[i]}) + \delta_{[i]} < 0$。因为 $R_{[i]} = d_{[i]} - \mu_{[i]} \leqslant 0$，所以 $\dfrac{\partial A_{[i]}(\boldsymbol{\sigma}, \boldsymbol{e}, \boldsymbol{d})}{\partial d_{[i]}} \leqslant 0$。因

此，最优的交货期窗口结束时间 $d_{[i]}^*$ 满足 $d_{[i]}^* = \mu_{[i]}$。利用式（6.16），给定一个
加工顺序 $\boldsymbol{\sigma}$，最优目标函数值 $A_{[i]}^*(\boldsymbol{\sigma}, \boldsymbol{e}, \boldsymbol{d})$ 计算如下：

$$A_{[i]}^*(\boldsymbol{\sigma}, \boldsymbol{e}, \boldsymbol{d}) = \delta_{[i]}\mu_{[i]} + \frac{\lambda}{2}(\alpha_{[i]} + \beta_{[i]})\sigma_{[i]}$$

将所有结果结合在一起并比较两种情况下的目标函数值：（i）$R_{[i]} = d_{[i]} - \mu_{[i]} \geqslant 0$ 以及（ii）$R_{[i]} = d_{[i]} - \mu_{[i]} \leqslant 0$，可以得到以下结论。对于订单 $J_{[i]}$ 的最优交

货期窗口开始时间 $e_{[i]}^*$ 和最优交货期窗口结束时间 $d_{[i]}^*$，它们满足：若情形①或情形④成立，则令 $e_{[i]}^*=0$ 以及 $d_{[i]}^*=\mu_{[i]}+H_{[i]}^{1*}$；若情形②成立，则令 $e_{[i]}^*=d_{[i]}^*=0$；若情形③成立，则令 $e_{[i]}^*=0$ 以及 $d_{[i]}^*=\mu_{[i]}$。证毕。

利用式（6.16）以及引理6.9，对于问题（AP），给定一个加工顺序 $\boldsymbol{\sigma}$，在情形①~④下订单 $J_{[i]}$ 的目标函数值 $A_{[i]}^*(\boldsymbol{\sigma},\boldsymbol{e},\boldsymbol{d})$ 可计算如下：

$$A_{[i]}^*(\boldsymbol{\sigma},\boldsymbol{e},\boldsymbol{d})=\begin{cases}\delta_{[i]}(\mu_{[i]}+H_{[i]}^{1*})+\dfrac{\lambda}{2}\left[(\alpha_{[i]}-\beta_{[i]})H_{[i]}^{1*}+(\alpha_{[i]}+\beta_{[i]})(\sigma_{[i]}^2+H_{[i]}^{1*2})^{\frac{1}{2}}\right],\text{情形①,④}\\[4mm]\dfrac{\lambda}{2}\left[-(\alpha_{[i]}-\beta_{[i]})\mu_{[i]}+(\alpha_{[i]}+\beta_{[i]})(\sigma_{[i]}^2+\mu_{[i]}^2)^{\frac{1}{2}}\right],\qquad\qquad\text{情形②}\\[4mm]\delta_{[i]}\mu_{[i]}+\dfrac{\lambda}{2}(\alpha_{[i]}+\beta_{[i]})\sigma_{[i]},\qquad\qquad\qquad\qquad\qquad\text{情形③}\end{cases}$$

$$(6.19)$$

引理 6.10 对于问题（AP），给定加工顺序 $\boldsymbol{\sigma}$，在情形⑤~⑦下，订单 $J_{[i]}$（$i=1,\cdots,n$）的最优交货期窗口开始时间 $e_{[i]}^*$ 和最优交货期窗口结束时间 $d_{[i]}^*$ 可根据以下规则进行计算：若情形⑤（$\gamma_{[i]}-\delta_{[i]}<0$，$\dfrac{\lambda}{2}(\alpha_{[i]}-\beta_{[i]})+\delta_{[i]}>0$ 且 $\lambda\beta_{[i]}-\gamma_{[i]}>0$），则设置 $e_{[i]}^*=d_{[i]}^*=\mu_{[i]}+H_{[i]}^{2*}$；若情形⑥（即，$\gamma_{[i]}-\delta_{[i]}<0$，$\dfrac{\lambda}{2}(\alpha_{[i]}-\beta_{[i]})+\delta_{[i]}>0$，$\dfrac{\lambda}{2}(\alpha_{[i]}-\beta_{[i]})+\gamma_{[i]}>0$ 且 $\lambda\beta_{[i]}-\gamma_{[i]}\leqslant0$）成立，则设置 $e_{[i]}^*=d_{[i]}^*=0$；若情形⑦（$\gamma_{[i]}-\delta_{[i]}<0$，$\dfrac{\lambda}{2}(\alpha_{[i]}-\beta_{[i]})+\gamma_{[i]}=0$）成立，则设置 $e_{[i]}^*=d_{[i]}^*=\mu_{[i]}$。

证明： 在情形⑤~⑦下，有 $\gamma_{[i]}-\delta_{[i]}<0$。根据引理6.8，最优的交货期窗口问询满足 $e_{[i]}=d_{[i]}$。现在对于问题（AP），式（6.16）中的 $A_{[i]}(\boldsymbol{\sigma},\boldsymbol{e},\boldsymbol{d})$ 可简化为：

$$A_{[i]}(\boldsymbol{\sigma},\boldsymbol{e},\boldsymbol{d})=\gamma_{[i]}d_{[i]}+\frac{\lambda}{2}\left[(\alpha_{[i]}-\beta_{[i]})R_{[i]}+(\alpha_{[i]}+\beta_{[i]})(\sigma_{[i]}^2+R_{[i]}^2)^{\frac{1}{2}}\right]$$

利用式（6.18），订单 $J_{[i]}$ 的 $d_{[i]}$ 的一阶偏导和二阶偏导计算如下：

$$\frac{\partial A_{[i]}(\boldsymbol{\sigma},\boldsymbol{e},\boldsymbol{d})}{\partial d_{[i]}}=\frac{\lambda}{2}(\alpha_{[i]}-\beta_{[i]})+\gamma_{[i]}+\frac{\lambda}{2}(\alpha_{[i]}+\beta_{[i]})R_{[i]}(\sigma_{[i]}^2+R_{[i]}^2)^{-\frac{1}{2}}$$

$$\frac{\partial^2 A_{[i]}(\boldsymbol{\sigma},\boldsymbol{e},\boldsymbol{d})}{\partial d_{[i]}^2}=\frac{\lambda(\alpha_{[i]}+\beta_{[i]})\sigma_{[i]}^2}{2}(\sigma_{[i]}^2+R_{[i]}^2)^{-\frac{3}{2}}>0$$

为确定订单 $J_{[i]}$ 的最优交货期窗口结束时间 $d_{[i]}^*$，考虑 $R_{[i]}$ 的两类情形：(i) $R_{[i]}=d_{[i]}-\mu_{[i]}\geq0$；(ii) $R_{[i]}=d_{[i]}-\mu_{[i]}\leq0$。

(i) $R_{[i]}=d_{[i]}-\mu_{[i]}\geq0$。

对于情形⑤和情形⑥，有 $\frac{\lambda}{2}(\alpha_{[i]}-\beta_{[i]})+\gamma_{[i]}>0$；然而对于情形⑦，有

$\frac{\lambda}{2}(\alpha_{[i]}-\beta_{[i]})+\gamma_{[i]}=0$。由于 $R_{[i]}\geq0$，可以知道 $\frac{\partial A_{[i]}(\boldsymbol{\sigma},\ \boldsymbol{e},\ \boldsymbol{d})}{\partial d_{[i]}}\geq0$。连同事实

$d_{[i]}\geq\mu_{[i]}$ 以及 $\frac{\partial^2 A_{[i]}(\boldsymbol{\sigma},\ \boldsymbol{e},\ \boldsymbol{d})}{\partial d_{[i]}^2}>0$，情形⑤~⑦下的最优交货期窗口问询应该满足

$e_{[i]}^*=d_{[i]}^*=\mu_{[i]}$。然后，根据式（6.16），给定一个加工顺序 $\boldsymbol{\sigma}$，最优目标函数值 $A_{[i]}^*(\boldsymbol{\sigma},\ \boldsymbol{e},\ \boldsymbol{d})$ 可计算如下：

$$A_{[i]}^*(\boldsymbol{\sigma},\ \boldsymbol{e},\ \boldsymbol{d})=\gamma_{[i]}\mu_{[i]}+\frac{\lambda}{2}(\alpha_{[i]}+\beta_{[i]})\sigma_{[i]}$$

(ii) $R_{[i]}=d_{[i]}-\mu_{[i]}\leq0$。

情形⑤：在情形⑤下，有 $\frac{\lambda}{2}(\alpha_{[i]}-\beta_{[i]})+\gamma_{[i]}>0$ 以及 $\lambda\beta_{[i]}-\gamma_{[i]}>0$。连同如下

事实 $R_{[i]}\leq0$ 以及 $\frac{\partial^2 A_{[i]}(\boldsymbol{\sigma},\ \boldsymbol{e},\ \boldsymbol{d})}{\partial d_{[i]}^2}>0$，最优交货期窗口结束时间 $d_{[i]}^*$ 应满足：

$$\frac{\partial A_{[i]}(\boldsymbol{\sigma},\ \boldsymbol{e},\ \boldsymbol{d})}{\partial d_{[i]}^*}=\frac{\lambda}{2}(\alpha_{[i]}-\beta_{[i]})+\delta_{[i]}+\frac{\lambda}{2}(\alpha_{[i]}+\beta_{[i]})R_{[i]}(\sigma_{[i]}^2+R_{[i]}^2)^{-\frac{1}{2}}=0$$

因此，可以得到 $e_{[i]}^*=d_{[i]}^*=\mu_{[i]}+H_{[i]}^{2*}$，其中 $H_{[i]}^{2*}=\frac{[\lambda(\beta_{[i]}-\alpha_{[i]})-2\gamma_{[i]}]\sigma_{[i]}}{2\sqrt{(\lambda\alpha_{[i]}+\delta_{[i]})(\lambda\beta_{[i]}-\gamma_{[i]})}}$。然

后，目标函数值 $A_{[i]}^*(\boldsymbol{\sigma},\ \boldsymbol{e},\ \boldsymbol{d})$ 可计算如下：

$$A_{[i]}^*(\boldsymbol{\sigma},\ \boldsymbol{e},\ \boldsymbol{d})=\gamma_{[i]}(\mu_{[i]}+H_{[i]}^{2*})+\frac{\lambda}{2}\left[(\alpha_{[i]}-\beta_{[i]})H_{[i]}^{2*}+(\alpha_{[i]}+\beta_{[i]})(\sigma_{[i]}^2+H_{[i]}^{2*2})^{\frac{1}{2}}\right]$$

情形⑥：在情形⑥下，有 $\frac{\lambda}{2}(\alpha_{[i]}-\beta_{[i]})+\gamma_{[i]}>0$ 以及 $\lambda\beta_{[i]}-\gamma_{[i]}\leq0$。连同事实

$R_{[i]}\leq0$，$d_{[i]}$ 的一阶偏导计算如下：

$$\frac{\partial A_{[i]}(\boldsymbol{\sigma},\ \boldsymbol{e},\ \boldsymbol{d})}{\partial d_{[i]}}\geq\frac{\lambda}{2}(\alpha_{[i]}-\beta_{[i]})+\gamma_{[i]}-\frac{\lambda}{2}(\alpha_{[i]}+\beta_{[i]})\geq0$$

由于 $\frac{\partial^2 A_{[i]}(\boldsymbol{\sigma},\ \boldsymbol{e},\ \boldsymbol{d})}{\partial d_{[i]}^2}>0$ 以及 $0\leq d_{[i]}\leq\mu_{[i]}$，有 $e_{[i]}^*=d_{[i]}^*=0$。然后，根据式

（6.16），给定一个加工顺序 $\boldsymbol{\sigma}$，在情形⑥下订单 $J_{[i]}$ 的目标函数值 $A_{[i]}^*(\boldsymbol{\sigma},\boldsymbol{e},\boldsymbol{d})$ 可计算如下：

$$A_{[i]}^*(\boldsymbol{s},\boldsymbol{e},\boldsymbol{d})=\frac{\lambda}{2}\big[-(\alpha_{[i]}-\beta_{[i]})\mu_{[i]}+(\alpha_{[i]}+\beta_{[i]})(\sigma_{[i]}^2+\mu_{[i]}^2)^{\frac{1}{2}}\big]$$

情形⑦：在情形⑦下，有 $\frac{\lambda}{2}(\alpha_{[i]}-\beta_{[i]})+\gamma_{[i]}=0$。由于 $R_{[i]}\le 0$，有 $\frac{\partial A_{[i]}(\boldsymbol{\sigma},\boldsymbol{e},\boldsymbol{d})}{\partial d_{[i]}}\le 0$。连同事实 $\frac{\partial^2 A_{[i]}(\boldsymbol{s},\boldsymbol{e},\boldsymbol{d})}{\partial d_{[i]}^2}>0$ 以及 $0\le d_{[i]}\le \mu_{[i]}$，有 $e_{[i]}^*=d_{[i]}^*=\mu_{[i]}$。给定一个加工顺序 $\boldsymbol{\sigma}$，在情形⑦下订单 $J_{[i]}$ 的目标函数值 $A_{[i]}^*(\boldsymbol{\sigma},\boldsymbol{e},\boldsymbol{d})$ 可计算如下：

$$A_{[i]}^*(\boldsymbol{\sigma},\boldsymbol{e},\boldsymbol{d})=\gamma_{[i]}\mu_{[i]}+\frac{\lambda}{2}(\alpha_{[i]}+\beta_{[i]})\sigma_{[i]}$$

将所有结果结合在一起并比较两种情况下的目标函数值：（i）$R_{[i]}=d_{[i]}-\mu_{[i]}\ge 0$；（ii）$R_{[i]}=d_{[i]}-\mu_{[i]}\le 0$，可以得到以下结论。对于订单 $J_{[i]}$ 的最优交货期窗口开始时间 $e_{[i]}^*$ 和最优交货期窗口结束时间 $d_{[i]}^*$，它们满足：若情形⑤成立，则令 $e_{[i]}^*=d_{[i]}^*=\mu_{[i]}+H_{[i]}^{2*}$；若情形⑥成立，则令 $e_{[i]}^*=d_{[i]}^*=0$；若情形⑦成立，则令 $e_{[i]}^*=d_{[i]}^*=\mu_{[i]}$。证毕。

基于式（6.16）以及引理 6.10，对于问题（AP），给定一个订单加工顺序 $\boldsymbol{\sigma}$，在情形⑤～⑦下订单 $J_{[i]}$ 的目标函数值 $A_{[i]}^*(\boldsymbol{\sigma},\boldsymbol{e},\boldsymbol{d})$ 可计算如下：

$$A_{[i]}^*(\boldsymbol{\sigma},\boldsymbol{e},\boldsymbol{d})=\begin{cases}\gamma_{[i]}(\mu_{[i]}+H_{[i]}^{2*})+\frac{\lambda}{2}\big[(\alpha_{[i]}-\beta_{[i]})H_{[i]}^{2*}+(\alpha_{[i]}+\beta_{[i]})(\sigma_{[i]}^2+H_{[i]}^{2*2})^{\frac{1}{2}}\big], & \text{情形⑤}\\[2mm]\frac{\lambda}{2}\big[-(\alpha_{[i]}-\beta_{[i]})\mu_{[i]}+(\alpha_{[i]}+\beta_{[i]})(\sigma_{[i]}^2+\mu_{[i]}^2)^{\frac{1}{2}}\big], & \text{情形⑥}\\[2mm]\gamma_{[i]}\mu_{[i]}+\frac{\lambda}{2}(\alpha_{[i]}+\beta_{[i]})\sigma_{[i]}, & \text{情形⑦}\end{cases}$$

$$(6.20)$$

引理 6.11 对于问题（AP），给定一个订单加工顺序 $\boldsymbol{\sigma}$，若情形⑧（$\gamma_{[i]}-\delta_{[i]}<0$，$\frac{\lambda}{2}(\alpha_{[i]}-\beta_{[i]})+\gamma_{[i]}<0$）成立，则订单 $J_{[i]}(i=1,\cdots,n)$ 的最优交货期窗口开始时间 $e_{[i]}^*$ 和最优交货期窗口结束时间 $d_{[i]}^*$ 被设置为 $e_{[i]}^*=d_{[i]}^*=\mu_{[i]}+H_{[i]}^{2*}$。

证明： 在情形⑧下，有 $\frac{\lambda}{2}(\alpha_{[i]}-\beta_{[i]})+\gamma_{[i]}<0$。与引理 6.10 的证明类似，可

以知道 $e_{[i]}=d_{[i]}$，目标函数 $A_{[i]}(\boldsymbol{\sigma},\ \boldsymbol{e},\ \boldsymbol{d})$ 被简化为：

$$A_{[i]}(\boldsymbol{\sigma},\ \boldsymbol{e},\ \boldsymbol{d})=\gamma_{[i]}d_{[i]}+\frac{\lambda}{2}\big[\,(\alpha_{[i]}-\beta_{[i]}\,)R_{[i]}+(\alpha_{[i]}+\beta_{[i]}\,)(\sigma_{[i]}^2+R_{[i]}^2\,)^{\frac{1}{2}}\,\big]$$

然后 $d_{[i]}$ 的一阶偏导和二阶偏导计算如下：

$$\frac{\partial A_{[i]}(\boldsymbol{\sigma},\ \boldsymbol{e},\ \boldsymbol{d})}{\partial d_{[i]}}=\frac{\lambda}{2}(\alpha_{[i]}-\beta_{[i]}\,)+\gamma_{[i]}+\frac{\lambda}{2}(\alpha_{[i]}+\beta_{[i]}\,)R_{[i]}(\sigma_{[i]}^2+R_{[i]}^2\,)^{-\frac{1}{2}}$$

$$\frac{\partial^2 A_{[i]}(\boldsymbol{\sigma},\ \boldsymbol{e},\ \boldsymbol{d})}{\partial d_{[i]}^2}=\frac{\lambda(\alpha_{[i]}+\beta_{[i]}\,)\sigma_{[i]}^2}{2}(\sigma_{[i]}^2+R_{[i]}^2\,)^{-\frac{3}{2}}>0$$

为确定订单 $J_{[i]}$ 的最优交货期窗口结束时间 $d_{[i]}^*$，考虑以下 $R_{[i]}$ 的两类情形：
(i) $R_{[i]}=d_{[i]}-\mu_{[i]}\geqslant 0$；(ii) $R_{[i]}=d_{[i]}-\mu_{[i]}\leqslant 0$。

(i) $R_{[i]}=d_{[i]}-\mu_{[i]}\geqslant 0$。

在情形⑧下，有 $\frac{\lambda}{2}(\alpha_{[i]}-\beta_{[i]}\,)+\gamma_{[i]}<0$。这意味着 $\lambda\beta_{[i]}-2\gamma_{[i]}>\lambda\alpha_{[i]}$，这进一步说明 $\lambda\beta_{[i]}-\gamma_{[i]}>0$。令 $\frac{\partial A_{[i]}(\boldsymbol{\sigma},\ \boldsymbol{e},\ \boldsymbol{d})}{\partial d_{[i]}}=0$，有：

$$\frac{\lambda}{2}(\alpha_{[i]}-\beta_{[i]}\,)+\gamma_{[i]}+\frac{\lambda}{2}(\alpha_{[i]}+\beta_{[i]}\,)R_{[i]}(\sigma_{[i]}^2+R_{[i]}^2\,)^{-\frac{1}{2}}=0$$

由于 $R_{[i]}\geqslant 0$，$\frac{\partial^2 A_{[i]}(\boldsymbol{\sigma},\ \boldsymbol{e},\ \boldsymbol{d})}{\partial d_{[i]}^2}>0$，$\lambda\beta_{[i]}-\gamma_{[i]}>0$ 以及 $\lambda\alpha_{[i]}+\gamma_{[i]}>0$，存在最优的交货期窗口间询 $e_{[i]}^*=d_{[i]}^*=\mu_{[i]}+H_{[i]}^{2*}$，其中 $H_{[i]}^{2*}=\dfrac{\big[\lambda(\beta_{[i]}-\alpha_{[i]}\,)-2\gamma_{[i]}\big]\sigma_{[i]}}{2\sqrt{(\lambda\alpha_{[i]}+\delta_{[i]}\,)(\lambda\beta_{[i]}-\gamma_{[i]}\,)}}$。

给定一个订单加工顺序 $\boldsymbol{\sigma}$，在情形⑤~情形⑦下订单 $J_{[i]}$ 的目标函数值 $A_{[i]}^*(\boldsymbol{\sigma},\ \boldsymbol{e},\ \boldsymbol{d})$ 可计算如下：

$$A_{[i]}^*(\boldsymbol{\sigma},\ \boldsymbol{e},\ \boldsymbol{d})=\gamma_{[i]}(\mu_{[i]}+H_{[i]}^{2*})+\frac{\lambda}{2}\big[\,(\alpha_{[i]}-\beta_{[i]}\,)H_{[i]}^{2*}+(\alpha_{[i]}+\beta_{[i]}\,)(\sigma_{[i]}^2+H_{[i]}^{2*2}\,)^{\frac{1}{2}}\,\big]\,。$$

(ii) $R_{[i]}=d_{[i]}-\mu_{[i]}\leqslant 0$。

在情形⑧下，有 $\frac{\lambda}{2}(\alpha_{[i]}-\beta_{[i]}\,)+\gamma_{[i]}<0$。因为 $R_{[i]}\leqslant 0$，所以 $\frac{\partial A_{[i]}(\boldsymbol{\sigma},\ \boldsymbol{e},\ \boldsymbol{d})}{\partial d_{[i]}}<0$。

利用如下事实：$\frac{\partial^2 A_{[i]}(\boldsymbol{\sigma},\ \boldsymbol{e},\ \boldsymbol{d})}{\partial d_{[i]}^2}>0$ 以及 $0\leqslant d_{[i]}\leqslant\mu_{[i]}$，最优的交货期窗口开始时间 $d_{[i]}^*$ 应被设置为 $e_{[i]}^*=d_{[i]}^*=\mu_{[i]}$。给定一个订单加工顺序 $\boldsymbol{\sigma}$，在情形⑧下订单

$J_{[i]}$ 的目标函数值 $A_{[i]}^*(\boldsymbol{\sigma},\ \boldsymbol{e},\ \boldsymbol{d})$ 可计算如下：

$$A_{[i]}^*(\boldsymbol{\sigma},\ \boldsymbol{e},\ \boldsymbol{d})=\gamma_{[i]}\mu_{[i]}+\frac{\lambda}{2}(\alpha_{[i]}+\beta_{[i]})\sigma_{[i]}$$

将所有结果结合在一起并比较两种情况下的目标函数值：$R_{[i]}=d_{[i]}-\mu_{[i]}\geqslant 0$ 以及 $R_{[i]}=d_{[i]}-\mu_{[i]}\leqslant 0$，可得到：如果情形⑧成立，则令 $e_{[i]}^*=d_{[i]}^*=\mu_{[i]}+H_{[i]}^{2*}$。证毕。

基于式（6.16）以及引理 6.11，对于问题（AP），给定一个订单加工顺序 $\boldsymbol{\sigma}$，在情形⑧下订单 $J_{[i]}$ 的目标函数值 $A_{[i]}^*(\boldsymbol{\sigma},\ \boldsymbol{e},\ \boldsymbol{d})$ 可计算如下：

$$A_{[i]}^*(\boldsymbol{\sigma},\ \boldsymbol{e},\ \boldsymbol{d})=\gamma_{[i]}(\mu_{[i]}+H_{[i]}^{2*})+\frac{\lambda}{2}\Big[(\alpha_{[i]}-\beta_{[i]})H_{[i]}^{2*}+$$

$$(\alpha_{[i]}+\beta_{[i]})(\sigma_{[i]}^2+H_{[i]}^{2*2})^{\frac{1}{2}}\Big],\ 情形⑧ \tag{6.21}$$

利用引理 6.9~引理 6.11 和式（6.19）~式（6.21），对于问题（AP），给定一个订单加工顺序 $\boldsymbol{\sigma}$，订单 $J_{[i]}(i=1,\ \cdots,\ n)$ 的最优交货期窗口开始时间 $e_{[i]}^*$ 和最优交货期窗口结束时间 $d_{[i]}^*$，以及最优目标函数值 $A_{[i]}^*(\boldsymbol{\sigma},\ \boldsymbol{e},\ \boldsymbol{d})$ 可计算如下：

$$e_{[i]}^*=\begin{cases}0, & 情形①，②，③，④，⑥\\ \mu_{[i]}, & 情形⑦\\ \mu_{[i]}+H_{[i]}^{2*}, & 情形⑤，⑧\end{cases},\quad d_{[i]}^*=\begin{cases}0, & 情形②，⑥\\ \mu_{[i]}, & 情形③，⑦\\ \mu_{[i]}+H_{[i]}^{1*}, & 情形①，④\\ \mu_{[i]}+H_{[i]}^{2*}, & 情形⑤，⑧\end{cases}$$

$$A_{[i]}^*(\boldsymbol{s},\ \boldsymbol{e},\ \boldsymbol{d})$$

$$=\begin{cases}\delta_{[i]}\mu_{[i]}+\dfrac{\lambda}{2}(\alpha_{[i]}+\beta_{[i]})\sigma_{[i]}, & 情形③\\[2mm] \gamma_{[i]}\mu_{[i]}+\dfrac{\lambda}{2}(\alpha_{[i]}+\beta_{[i]})\sigma_{[i]}, & 情形⑦\\[2mm] \dfrac{\lambda}{2}\Big[-(\alpha_{[i]}-\beta_{[i]})\mu_{[i]}+(\alpha_{[i]}+\beta_{[i]})(\sigma_{[i]}^2+\mu_{[i]}^2)^{\frac{1}{2}}\Big], & 情形②，⑥\\[2mm] \delta_{[i]}(\mu_{[i]}+H_{[i]}^{1*})+\dfrac{\lambda}{2}\Big[(\alpha_{[i]}-\beta_{[i]})H_{[i]}^{1*}+(\alpha_{[i]}+\beta_{[i]})(\sigma_{[i]}^2+H_{[i]}^{1*2})^{\frac{1}{2}}\Big], & 情形①，④\\[2mm] \gamma_{[i]}(\mu_{[i]}+H_{[i]}^{2*})+\dfrac{\lambda}{2}\Big[(\alpha_{[i]}-\beta_{[i]})H_{[i]}^{2*}+(\alpha_{[i]}+\beta_{[i]})(\sigma_{[i]}^2+H_{[i]}^{2*2})^{\frac{1}{2}}\Big], & 情形⑤，⑧\end{cases}$$

$$\tag{6.22}$$

其中，$H_{[i]}^{1*}=\dfrac{[\lambda(\beta_{[i]}-\alpha_{[i]})-2\delta_{[i]}]\sigma_{[i]}}{2\sqrt{(\lambda\alpha_{[i]}+\delta_{[i]})(\lambda\beta_{[i]}-\delta_{[i]})}}$ 以及 $H_{[i]}^{2*}=\dfrac{[\lambda(\beta_{[i]}-\alpha_{[i]})-2\gamma_{[i]}]\sigma_{[i]}}{2\sqrt{(\lambda\alpha_{[i]}+\delta_{[i]})(\lambda\beta_{[i]}-\gamma_{[i]})}}$。

通过以上讨论, 现在问题 (AP) 被简化为寻找最优加工顺序 $\boldsymbol{\sigma}$ 以极小化 $A(\boldsymbol{\sigma}, \boldsymbol{e}, \boldsymbol{d})$:

$$(AP) \min_{\boldsymbol{\sigma}} A(\boldsymbol{\sigma}, \boldsymbol{e}, \boldsymbol{d}) = \min_{\boldsymbol{\sigma}} \sum_{i=1}^{n} A_{[i]}^{*}(\boldsymbol{\sigma}, \boldsymbol{e}, \boldsymbol{d})$$

三、问题 (AP) 的求解算法

本节提出分支定界算法以寻找近似问题 (AP) 的最优解。为完成此项工作, 接下来为问题 (AP) 中的 $A(\boldsymbol{\sigma}, \boldsymbol{e}, \boldsymbol{d})$ 提出下界和上界。

1. 下界

在式 (6.22) 中, 对于情形①有 $H_{[i]}^{1*} \leqslant 0$, 对于情形④有 $H_{[i]}^{1*} \geqslant 0$, 对于情形⑤有 $H_{[i]}^{2*} \leqslant 0$, 对于情形⑧有 $H_{[i]}^{2*} \geqslant 0$。因此, 很容易验证以下不等式对于 $A_{[i]}^{*}(\boldsymbol{\sigma}, \boldsymbol{e}, \boldsymbol{d})$ 成立:

$$A_{[i]}^{*}(\boldsymbol{\sigma}, \boldsymbol{e}, \boldsymbol{d}) \geqslant \begin{cases} \lambda\beta_{[i]}\mu_{[i]}, & \text{情形②, ⑥} \\ \gamma_{[i]}\mu_{[i]}, & \text{情形⑤, ⑦, ⑧} \\ \delta_{[i]}\mu_{[i]}, & \text{情形①, ③, ④} \end{cases}$$

上述不等式意味着 $A_{[i]}^{*}(\boldsymbol{\sigma}, \boldsymbol{e}, \boldsymbol{d}) \geqslant \max\{\lambda\beta_{[i]}, \gamma_{[i]}, \delta_{[i]}\}\mu_{[i]}$, $i=1, \cdots, n$。给定一个加工顺序 $\boldsymbol{\sigma}$, 可以推导出 $A(\boldsymbol{\sigma}, \boldsymbol{e}, \boldsymbol{d}) \geqslant \sum_{i=1}^{n} \max\{\lambda\beta_{[i]}, \gamma_{[i]}, \delta_{[i]}\}\mu_{[i]}$。因此, 给定一个加工顺序 $\boldsymbol{\sigma}$, 问题 (AP) 中 $A(\boldsymbol{\sigma}, \boldsymbol{e}, \boldsymbol{d})$ 的一个下界 $A^{lb}(\boldsymbol{\sigma}, \boldsymbol{e}, \boldsymbol{d})$ 可计算为:

$$A^{lb}(\boldsymbol{\sigma}, \boldsymbol{e}, \boldsymbol{d}) = \min_{s} \sum_{i=1}^{n} \max\{\lambda\beta_{[i]}, \gamma_{[i]}, \delta_{[i]}\}\mu_{[i]} \tag{6.23}$$

利用定理 6.1 的证明中提到的成对交换策略, 可以很容易获得用于计算下界 $A^{lb}(\boldsymbol{\sigma}, \boldsymbol{e}, \boldsymbol{d})$ 的最优加工顺序。

定理 6.3 为计算式 (6.25) 中 $A^{lb}(\boldsymbol{\sigma}, \boldsymbol{e}, \boldsymbol{d})$ 的值, 可知: 最优订单加工顺序是按照非 $\dfrac{u_i}{\max\{\lambda\beta_i, \gamma_i, \delta_i\}}$ 递减顺序加工所有订单。

2. 上界

令 $\varepsilon_{[i]}^{1} = \dfrac{\lambda(\beta_{[i]} - \alpha_{[i]}) - 2\delta_{[i]}}{2\sqrt{(\lambda\alpha_{[i]} + \delta_{[i]})(\lambda\beta_{[i]} - \delta_{[i]})}}$ 以及 $\varepsilon_{[i]}^{2} = \dfrac{\lambda(\beta_{[i]} - \alpha_{[i]}) - 2\gamma_{[i]}}{2\sqrt{(\lambda\alpha_{[i]} + \gamma_{[i]})(\lambda\beta_{[i]} - \gamma_{[i]})}}$,

则可以得到 $H_{[i]}^{1*} = \varepsilon_{[i]}^{1}\sigma_{[i]}$, $H_{[i]}^{2*} = \varepsilon_{[i]}^{2}\sigma_{[i]}$, 且得到引理 6.12。

引理 6.12 对于问题（AP），给定订单加工顺序 $\boldsymbol{\sigma}$，下列不等式对于式（6.22）成立：

$$A_{[i]}^*(\boldsymbol{\sigma},\ \boldsymbol{e},\ \boldsymbol{d}) \leqslant \rho_{[i]}^3 \mu_{[i]} + \rho_{[i]}^4 \sigma_{[i]}$$

其中，$\rho_{[i]}^3 = \begin{cases} \lambda\beta_{[i]}, & \text{情形②，⑥} \\ \gamma_{[i]}, & \text{情形⑤，⑦，⑧以及} \\ \delta_{[i]}, & \text{情形①，③，④} \end{cases}$

$$\rho_{[i]}^4 = \begin{cases} (\delta_{[i]} - \lambda\beta_{[i]})\varepsilon_{[i]}^1 + \dfrac{\lambda}{2}(\alpha_{[i]} + \beta_{[i]}), & \text{情形①} \\[2mm] \dfrac{\lambda}{2}(\alpha_{[i]} + \beta_{[i]}), & \text{情形②，③，⑥，⑦} \\[2mm] (\delta_{[i]} + \lambda\alpha_{[i]})\varepsilon_{[i]}^1 + \dfrac{\lambda}{2}(\alpha_{[i]} + \beta_{[i]}), & \text{情形④} \\[2mm] (\gamma_{[i]} - \lambda\beta_{[i]})\varepsilon_{[i]}^2 + \dfrac{\lambda}{2}(\alpha_{[i]} + \beta_{[i]}), & \text{情形⑤} \\[2mm] (\gamma_{[i]} + \lambda\alpha_{[i]})\varepsilon_{[i]}^2 + \dfrac{\lambda}{2}(\alpha_{[i]} + \beta_{[i]}), & \text{情形⑧} \end{cases}$$

证明： 利用对于情形①的事实 $H_{[i]}^{1*} \leqslant 0$，对于情形④的事实 $H_{[i]}^{1*} \geqslant 0$，对于情形⑤的事实 $H_{[i]}^{2*} \leqslant 0$ 和对于情形⑧的事实 $H_{[i]}^{2*} \geqslant 0$，很容易验证下面的不等式对式（6.22）中的 $A_{[i]}^*(\boldsymbol{\sigma},\ \boldsymbol{e},\ \boldsymbol{d})$ 成立，$i = 1,\ \cdots,\ n$：

$$A_{[i]}^*(\boldsymbol{\sigma},\ \boldsymbol{e},\ \boldsymbol{d})$$

$$\leqslant \begin{cases} \delta_{[i]}\mu_{[i]} + \dfrac{\lambda}{2}(\alpha_{[i]} + \beta_{[i]})\sigma_{[i]}, & \text{情形③} \\[2mm] \gamma_{[i]}\mu_{[i]} + \dfrac{\lambda}{2}(\alpha_{[i]} + \beta_{[i]})\sigma_{[i]}, & \text{情形⑦} \\[2mm] \dfrac{\lambda}{2}[-(\alpha_{[i]} - \beta_{[i]})\mu_{[i]} + (\alpha_{[i]} + \beta_{[i]})(\sigma_{[i]} + \mu_{[i]})], & \text{情形②，⑥} \\[2mm] \delta_{[i]}(\mu_{[i]} + H_{[i]}^{1*}) + \dfrac{\lambda}{2}[(\alpha_{[i]} - \beta_{[i]})H_{[i]}^{1*} + (\alpha_{[i]} + \beta_{[i]})(\sigma_{[i]} - H_{[i]}^{1*})], & \text{情形①} \\[2mm] \delta_{[i]}(\mu_{[i]} + H_{[i]}^{1*}) + \dfrac{\lambda}{2}[(\alpha_{[i]} - \beta_{[i]})H_{[i]}^{1*} + (\alpha_{[i]} + \beta_{[i]})(\sigma_{[i]} + H_{[i]}^{1*})], & \text{情形④} \\[2mm] \gamma_{[i]}(\mu_{[i]} + H_{[i]}^{2*}) + \dfrac{\lambda}{2}[(\alpha_{[i]} - \beta_{[i]})H_{[i]}^{2*} + (\alpha_{[i]} + \beta_{[i]})(\sigma_{[i]} - H_{[i]}^{2*})], & \text{情形⑤} \\[2mm] \gamma_{[i]}(\mu_{[i]} + H_{[i]}^{2*}) + \dfrac{\lambda}{2}[(\alpha_{[i]} - \beta_{[i]})H_{[i]}^{2*} + (\alpha_{[i]} + \beta_{[i]})(\sigma_{[i]} + H_{[i]}^{2*})], & \text{情形⑧} \end{cases}$$

根据第三节里有关 $\varepsilon_{[i]}^1$ 和 $\varepsilon_{[i]}^2$ 的定义，有 $H_{[i]}^{1*} = \varepsilon_{[i]}^1 \sigma_{[i]}$ 以及 $H_{[i]}^{2*} = \varepsilon_{[i]}^2 \sigma_{[i]}$。连

同第三节里有关 $\rho_{[i]}^3$ 和 $\rho_{[i]}^4$ 的定义，可以得到：

$$A_{[i]}^*(\boldsymbol{\sigma},\,\boldsymbol{e},\,\boldsymbol{d}) \leqslant \begin{cases} \delta_{[i]}\mu_{[i]}+\dfrac{\lambda}{2}(\alpha_{[i]}+\beta_{[i]})\sigma_{[i]}, & \text{情形③} \\[2mm] \gamma_{[i]}\mu_{[i]}+\dfrac{\lambda}{2}(\alpha_{[i]}+\beta_{[i]})\sigma_{[i]}, & \text{情形⑦} \\[2mm] \lambda\beta_{[i]}\mu_{[i]}+\dfrac{\lambda}{2}(\alpha_{[i]}+\beta_{[i]})\sigma_{[i]}, & \text{情形②，⑥} \\[2mm] \delta_{[i]}\mu_{[i]}+\left[(\delta_{[i]}-\lambda\beta_{[i]})\varepsilon_{[i]}^{1*}+\dfrac{\lambda}{2}(\alpha_{[i]}+\beta_{[i]})\right]\sigma_{[i]}, & \text{情形①} \\[2mm] \delta_{[i]}\mu_{[i]}+\left[(\delta_{[i]}+\lambda\alpha_{[i]})\varepsilon_{[i]}^{1*}+\dfrac{\lambda}{2}(\alpha_{[i]}+\beta_{[i]})\right]\sigma_{[i]}, & \text{情形④} \\[2mm] \gamma_{[i]}\mu_{[i]}+\left[(\gamma_{[i]}-\lambda\beta_{[i]})\varepsilon_{[i]}^{2*}+\dfrac{\lambda}{2}(\alpha_{[i]}+\beta_{[i]})\right]\sigma_{[i]}, & \text{情形⑤} \\[2mm] \gamma_{[i]}\mu_{[i]}+\left[(\gamma_{[i]}+\lambda\alpha_{[i]})\varepsilon_{[i]}^{2*}+\dfrac{\lambda}{2}(\alpha_{[i]}+\beta_{[i]})\right]\sigma_{[i]}, & \text{情形⑧} \end{cases}$$

$$=\rho_{[i]}^3\mu_{[i]}+\rho_{[i]}^4\sigma_{[i]}\text{。}$$

$$=\begin{cases} \delta_{[i]}\mu_{[i]}+\dfrac{\lambda}{2}(\alpha_{[i]}+\beta_{[i]})\sigma_{[i]}, & \text{情形③} \\[2mm] \gamma_{[i]}\mu_{[i]}+\dfrac{\lambda}{2}(\alpha_{[i]}+\beta_{[i]})\sigma_{[i]}, & \text{情形⑦} \\[2mm] \lambda\beta_{[i]}\mu_{[i]}+\dfrac{\lambda}{2}(\alpha_{[i]}+\beta_{[i]})\sigma_{[i]}, & \text{情形②，⑥} \\[2mm] \delta_{[i]}\mu_{[i]}+(\delta_{[i]}-\lambda\beta_{[i]})H_{[i]}^{1*}+\dfrac{\lambda}{2}(\alpha_{[i]}+\beta_{[i]})\sigma_{[i]}, & \text{情形①} \\[2mm] \delta_{[i]}\mu_{[i]}+(\delta_{[i]}+\lambda\alpha_{[i]})H_{[i]}^{1*}+\dfrac{\lambda}{2}(\alpha_{[i]}+\beta_{[i]})\sigma_{[i]}, & \text{情形④} \\[2mm] \gamma_{[i]}\mu_{[i]}+(\gamma_{[i]}-\lambda\beta_{[i]})H_{[i]}^{2*}+\dfrac{\lambda}{2}(\alpha_{[i]}+\beta_{[i]})\sigma_{[i]}, & \text{情形⑤} \\[2mm] \gamma_{[i]}\mu_{[i]}+(\gamma_{[i]}+\lambda\alpha_{[i]})H_{[i]}^{2*}+\dfrac{\lambda}{2}(\alpha_{[i]}+\beta_{[i]})\sigma_{[i]}, & \text{情形⑧} \end{cases}$$

证毕。

基于引理 6.12，对于问题（AP），给定加工顺序 $\boldsymbol{\sigma}$，能推导出：

$$A(\boldsymbol{\sigma},\,\boldsymbol{e},\,\boldsymbol{d}) = \sum_{i=1}^{n} A_{[i]}^*(\boldsymbol{\sigma},\,\boldsymbol{e},\,\boldsymbol{d}) \leqslant \sum_{i=1}^{n}(\rho_{[i]}^3\mu_{[i]}+\rho_{[i]}^4\sigma_{[i]})$$

此外，对于 $\mu_{[i]}$ 和 $\sigma_{[i]}$，有 $\sigma_{[i]} = \sqrt{\sum_{k=1}^{i} v_{[k]}^2} \leqslant \sum_{k=1}^{i} v_{[k]}$ 以及 $\mu_{[i]} = \sum_{k=1}^{i} u_{[k]}$。因此，给定加工顺序 $\boldsymbol{\sigma}$，可以得到：

$$A(\boldsymbol{\sigma}, \boldsymbol{e}, \boldsymbol{d}) \leqslant \sum_{i=1}^{n} (\mu_{[i]} + v_{[i]}) \sum_{k=1}^{n} \max(\rho_{[i]}^3 + \rho_{[i]}^4)。$$

因此，给定加工顺序 $\boldsymbol{\sigma}$，问题（AP）中 $A(\boldsymbol{\sigma}, \boldsymbol{e}, \boldsymbol{d})$ 的一个上界 $A^{ub}(\boldsymbol{\sigma}, \boldsymbol{e}, \boldsymbol{d})$ 可计算为：

$$A^{ub}(\boldsymbol{\sigma}, \boldsymbol{e}, \boldsymbol{d}) = \min_{\boldsymbol{\sigma}} \sum_{i=1}^{n} (u_{[i]} + v_{[i]}) \sum_{k=i}^{n} \max(\rho_{[k]}^3, \rho_{[k]}^4) \qquad (6.24)$$

类似地，可以利用成对交换策略获得最优加工顺序以计算 $A^{ub}(\boldsymbol{\sigma}, \boldsymbol{e}, \boldsymbol{d})$。

定理 6.4 为计算式（6.24）中 $A^{ub}(\boldsymbol{\sigma}, \boldsymbol{e}, \boldsymbol{d})$ 的值，可知：最优加工顺序是按照 $\dfrac{u_i + v_i}{\max(\rho_i^3, \rho_i^4)}$ 的非递减顺序加工所有订单。

3. 分支定界算法

为了找到近似问题（AP）的最优解，本部分同样提出分支定界算法，称为算法 6.2。算法 6.2 的思想与算法 6.1 的思想相似，因此此处省略算法 6.2 的细节。然而，在这两种算法中提出的上界和下界是不同的。具体地，算法 6.2 的初始化步骤是基于式（6.24）和定理 6.4 计算每个部分序列的上界，且算法 6.2 的定界步骤是基于式（6.22）、式（6.23）计算每个部分序列的下界。

第四节　计算实验

本节进行两部分计算实验，以评估对已知正态分布的问题（P1）提出的算法 6.1 的性能，并研究对于仅具有加工时间的均值和方差的问题（P2）提出的近似算法的近似效率。计算实验在 2.49 GHz Intel Core（i5-4300M）和 4.0 GB RAM 的个人计算机上用 C++实现。

一、算法 6.1 的计算效率

本节运行计算实验以评估提出的用于求解问题（P1）的算法 6.1 的性能。在问题 P1 中，输入参数如下：①订单数量 n；②订单 $J_{[i]}(i=1, \cdots, n)$ 加工时

间的均值 u_j 和方差 v_j^2；③非负成本参数 α_j、β_j、γ_j 和 δ_j。此处使用术语 CV 表示标准偏差 v_j 与平均值 u_j 的比率。然后，本节只设置均值 u_j 的范围，测试 CV 的不同值，并计算相应的方差 v_j^2。

计算实验中的参数设置如下所示：

①测试 n 的两类情形：（i）"small" 情形，其中 $n \in \{5,\ 10,\ 15,\ 20\}$；（ii）"large" 情形，其中 $n \in \{22,\ 24,\ 26,\ 28\}$。②订单 J_j 的加工时间的均值 u_j 随机产生于均匀分布 $U[10,\ 100]$。③标准偏差 v_j 与均值 u_j 的比率 CV 取自于 $CV \in \{0.1,\ 0.25,\ 0.5\}$。④订单 J_j 的成本参数 α_j、β_j、γ_j 和 δ_j 随机产生于均匀分布 $U[1,\ 10]$。

为了确保算法 6.1 能够在合理的计算时间内运行，本节将求解每个问题实例的计算时间限制为 2 小时（7200 秒）。考虑到合理的计算时间，本节先进行一些初步测试来确定订单数量 n。根据测试结果，发现：对于问题 P1，当订单数量 n 超过 28 时所有随机生成的问题实例都无法在 2 小时内求解。因此，订单数量 n 的最大值被设置为 28。为了测试对问题 P1 提出的算法 6.1 的性能，在给定的 n 和 CV 参数配置下，随机生成 10 个问题测试实例。对于每个问题实例，实验记录找到最优解的计算时间。然后，在给定 n 和 CV 参数配置下计算平均计算时间。对问题 P1 提出的算法 6.1 的平均计算时间总结在表 6-1 中。

表 6-1 算法 6.1 的平均计算时间

N (small)	CPU（秒）			N (large)	CPU（秒）		
	$CV=0.1$	$CV=0.25$	$CV=0.5$		$CV=0.1$	$CV=0.25$	$CV=0.5$
5	0.00	0.00	0.00	22	140.65	144.47	204.74
10	0.02	0.02	0.02	24	661.84	4764.35	1127.62
15	0.81	0.66	0.68	26	3167.08	4766.63	4254.89
20	24.39	28.28	30.34	28	—	—	—

注：①—表示在给定的参数配置下存在部分问题实例需要花费多于 2 个小时的时间寻找到最优解；②small 代表小订单数量情形，而 large 代表大订单数量情形。

表 6-1 突出显示了算法 6.1 的两个观察结果。首先，对于任何给定的 CV，平均计算时间都会随着订单数量呈指数级增长。具体来说，使用算法 6.1 为订单数量较小的问题实例寻找最优解是非常有效的。然而，当订单数量增加到 28 个时，通过算法 6.1 寻找最优解是非常耗时的，并且有些情况耗时长达 2 个小时以

上。其次，对于给定的订单数量 n，不同 CV 值下的平均计算时间没有明显差异。总之，算法 6.1 的性能主要取决于订单数量，它对于小订单数量情形表现良好，而对于大订单数量情形，开发更高效的启发式方法是值得的。

二、算法 6.2 的近似效率

本节通过比较算法 6.2 生成的近似问题（AP）的解和问题 P2 的最优解来检验算法 6.2 的近似效率。为了完成这项工作，实验应用样本平均近似方法（SAA）（Mancilla 和 Storer，2012）来寻找问题 P2 的最优解，并将其当作比较基准。在 SAA 方法中，考虑两类概率分布：正态分布和指数分布，这两种分布在文献中被广泛采用（Bertsimas 等，2004；Mak 等，2014）。

下文简要展示如何应用 SAA 方法求解问题（P2）。在 SAA 方法中，存在随机加工时间 $P = \{p_1, \cdots, p_n\}$ 的 K 个实现样本 $\xi^1, \xi^2, \cdots, \xi^K$。在随机加工时间 P 的任意实现样本下，问题（P2）可以转化为等价分配问题。然后，基于 SAA 方法的思想，可以通过对随机加工时间 P 的 K 个实现样本下的等价分配问题进行平均来近似问题（P2），其表示如下：

$$(\text{P2\_SAA}) \min_{\boldsymbol{\sigma}, \boldsymbol{e}, \boldsymbol{d}} z^2(\boldsymbol{\sigma}, \boldsymbol{e}, \boldsymbol{d}) := \min_{x, e, d, E, T} \frac{1}{K} \sum_{k=1}^{K} \sum_{j=1}^{n} \left[\alpha_j E_j^k + \beta_j T_j^k + \gamma_j e_j^k + \delta_j (d_j^k - e_j^k) \right]$$

$$\text{s. t.} \quad E_j^k + p_j^k + \sum_{i=1}^{n} x_{ij} p_i^k - e_j^k \geq 0, \quad i, j = 1, \cdots, n, \ k = 1, \cdots, K$$

$$T_j^k + d_j^k - p_j^k - \sum_{i=1}^{n} x_{ij} p_i^k \geq 0, \quad i, j = 1, \cdots, n, \ k = 1, \cdots, K$$

$$x_{ij} + x_{ji} = 1, \quad i \neq j, \ i, j = 1, \cdots, n$$

$$x_{ij} + x_{jl} + x_{li} \geq 1, \quad i \neq j \neq l, \ i, j, l = 1, \cdots, n$$

$$x_{ij} = 0, \quad i = j, \ i, j = 1, \cdots, n$$

$$x_{ij} \in \{0, 1\}, \quad i \neq j, \ i, j = 1, \cdots, n$$

$$E_j^k \geq 0, \ T_j^k \geq 0, \ e_j^k \geq 0, \ d_j^k \geq 0, \quad i, j = 1, \cdots, n, \ k = 1, \cdots, K_\circ$$

在问题（P2_SAA）中，$x_{ij}(i = 1, \cdots, n, j = 1, \cdots, n)$ 是 0~1 决策变量。其中，如果订单 J_i 排列在订单 J_j 之前，则 $x_{ij} = 1$；否则，$x_{ij} = 0$。E_j^k、T_j^k、e_j^k 和 d_j^k 是随机加工时间 P 的样本 ξ^k 下的决策变量，它们分别表示最优加工顺序中样本 ξ^k 下订单 J_j 的提前时间、延迟时间、交货期窗口开始时间和结束时间。此外，第一组约束和第二组约束分别表示提前时间和延迟时间的定义；第三组到第五组约束确保一个订单只能分配到一个位置，第六组约束确保变量的完整性，最后一组约束保证变量是非负的。

在问题（P2）和问题（P2_SAA）中，以下参数是输入：①订单数量 n；②订单 J_j 加工时间 p_j 的平均值 u_j 和方差 v_j^2，$j=1, \cdots, n$；③成本参数 α_j、β_j、γ_j 和 δ_j；④近似函数 $A(\boldsymbol{\sigma}, \boldsymbol{e}, \boldsymbol{d})$ 中上界 $z^{2-ub}(\boldsymbol{\sigma}, \boldsymbol{e}, \boldsymbol{d})$ 的比例 λ；⑤SAA 方法中的样本数量 K。对于订单加工时间的平均值 u_j 和方差 v_j^2 以及成本参数 α_j、β_j、γ_j 和 δ_j，本节使用第四节第一部分中描述的相同程序来生成问题实例。近似函数 $A(\boldsymbol{\sigma}, \boldsymbol{e}, \boldsymbol{d})$ 中上界 $z^{2-ub}(\boldsymbol{\sigma}, \boldsymbol{e}, \boldsymbol{d})$ 的比例 λ 取自集合 $\lambda \in \{0, 0.1, 0.2, 0.3, 0.4, 0.5, 0.6, 0.7, 0.8, 0.9, 1\}$。为了设置 SAA 方法中的订单数 n 和样本数 K，本节运行一些初步计算测试。根据测试结果，为了在合理的计算时间和宝贵的计算结果之间进行权衡，实验将样本数量 K 设置为 $K=1000$。此外，实验发现：当订单数量 n 达到 20 时，尽管算法 6.2 的计算时间很短（平均不到 120 秒），但 SAA 方法平均需要近 6 个小时才能求解每个问题实例。因此，实验将订单数量 n 的最大值设置为 20。

为了检验算法 6.2 的近似效率，对于 n、CV 和 λ 的每个参数配置，实验随机生成 10 个问题实例。在每个问题实例下，实验记录了 SAA 方法和算法 6.2 得到的求解结果。然后，实验计算算法 6.2 产生的总成本与 SAA 方法得出的总成本的绝对平均百分比偏差（称为 APD）。从计算实验结果可得到以下两个观察结果。首先，当 SAA 方法中的加工时间服从正态分布且 $\lambda=0, 0.1, \cdots, 0.5$ 时，APD 大于 28%。其次，当 SAA 方法中的加工时间服从指数分布且 $\lambda=0, 0.1, \cdots, 0.6$ 时，APD 大于 30%。显然，在上述 λ 值下的计算结果在实践中是不可接受的。因此，本节只报告可接受的实验结果，如图 6-1、图 6-2 所示。

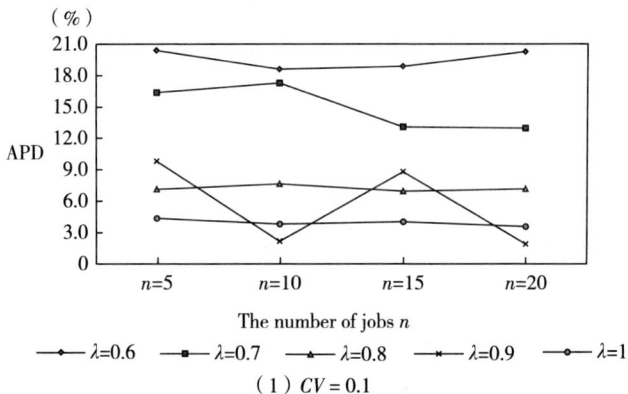

图 6-1　近似效率（正态分布）

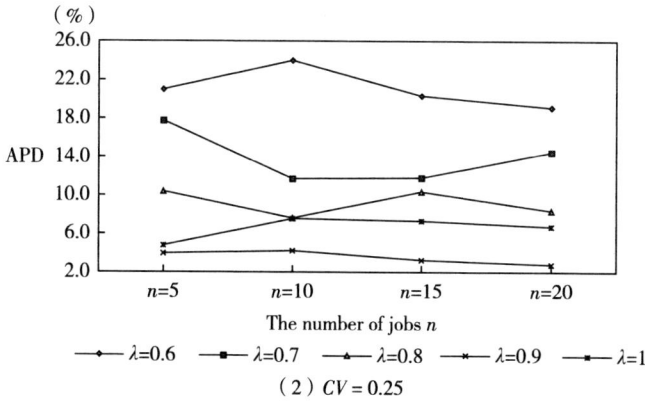

（2）CV = 0.25

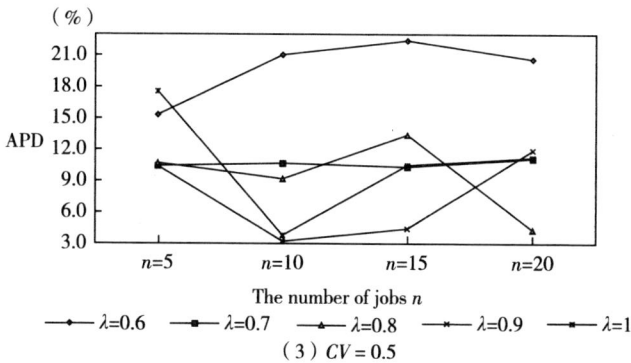

（3）CV = 0.5

图 6-1　近似效率（正态分布）（续）

图 6-1 为当 SAA 方法中加工时间服从正态分布情况下的实验结果。图 6-1 表明，对于 CV 和 λ（$\lambda = 0.6$，0.7，…，1）的所有参数配置，APD 值均小于 23%。具体而言，当 CV 较低，即 $CV = 0.1$ 时，问题近似性能在 $\lambda = 1$ 下最稳定，APD 值在 3%～6%。然而，对于 $n = 10$ 和 $n = 20$，$\lambda = 0.9$ 的性能优于 $\lambda = 1$。当 CV 为中等时，即 $CV = 0.25$，$\lambda = 1$ 下的问题近似性能比其他 λ 值下的问题逼近性能更稳定、更好，APD 值在 2%～6%。当 CV 较高时，即 $CV = 0.5$，在 $\lambda = 0.9$ 下的问题近似性能优于在其他 λ 值下的问题近似性能，APD 值在 3%～11%。然而，在 $\lambda = 0.7$ 下的性能最稳定，APD 值在 10%～12%。

（1）CV = 0.1

（2）CV = 0.25

（3）CV = 0.5

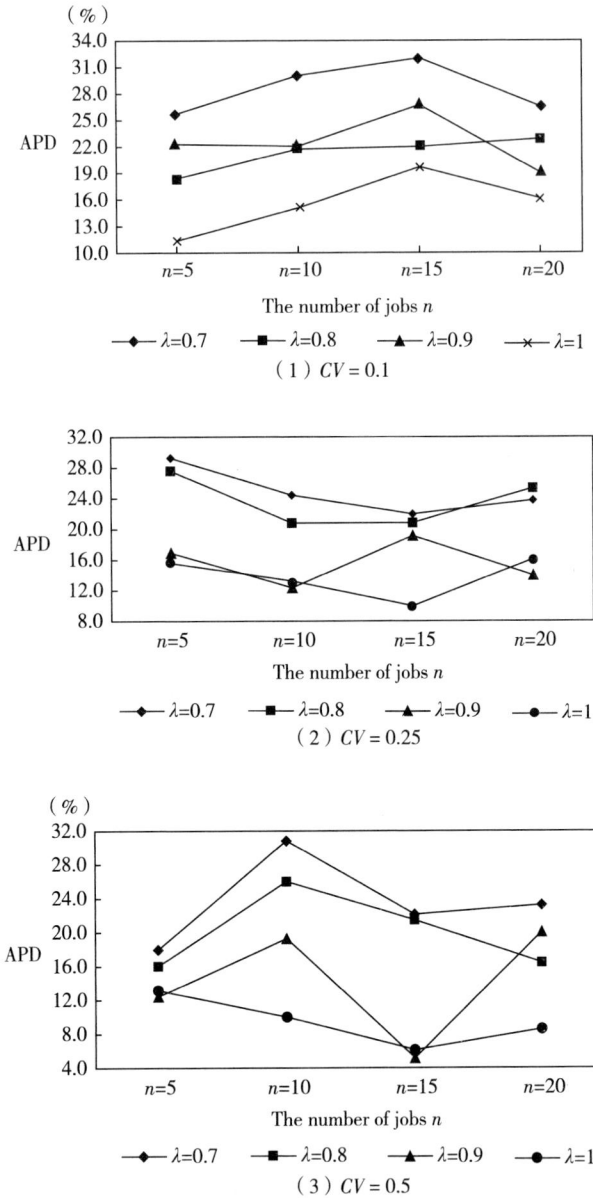

图 6-2 近似效率（指数分布）

当 SAA 方法中的加工时间服从指数分布时的实验结果见图 6-2。图 6-2 表明，对于 CV 和 λ（$\lambda = 0$，7，0.8，…，1）的所有参数配置，APD 值均小于

30%。当 CV 较低时，即 $CV=0.1$，$\lambda=1$ 下的问题近似性能优于其他 λ 值下的问题近似性能，APD 值在 10% ~ 20%。当 CV 为中等（$CV=0.25$）或较高（$CV=0.5$）时，$\lambda=1$ 下问题的近似性能通常比其他 λ 值更好，并且当 $CV=0.25$ 时 APD 值在 10% ~ 15%，当 $CV=0.5$ 时 APD 值在 6% ~ 13%，但有时 $\lambda=0.9$ 的性能比 $\lambda=1$ 的要好。

总之，基于图 6-1、图 6-2 的观察结果，可以得出以下结论：首先，问题的近似效率在很大程度上受到 λ 值的影响。一般来说，对于仅已知加工时间的平均值和方差的问题（P2），λ 取较大值时通常可以产生很好的近似效果。在图 6-1 和图 6-2 中，$\lambda=1$ 通常比 λ 的其他取值表现得更好。因此，在进行近似时，应仔细选择 λ 的值。其次，近似函数中所提出的上界和下界的质量对问题近似的性能有很大影响。在图 6-1 和图 6-2 中，与所提出的下界（当 $\lambda=0$ 时）相比，上界（当 $\lambda=1$ 时）通常可以产生更好的近似结果。因此，为更精确地进行问题近似，应开发更有效的下界和上界。再次，λ 值的选择与加工时间的平均值和方差有关。因此，在实践中应准确估计加工时间的平均值和方差。最后，如果决策者欲使用 SAA 方法寻求问题（P2）的近似最优解，那么应该严格确定具体的分布模式。

第五节 本章小结

本章在随机环境下研究了两类具有不同订单加工时间分布信息的交货期窗口问询调度问题，决策目标均在于极小化由于提前时间、延迟时间和交货期窗口问询而产生的总期望加权成本。在第一个问题中，决策者已知订单加工时间服从给定均值和方差的正态分布，而在第二个问题中决策者仅已知订单加工时间的均值和方差，但没有关于具体分布模式的信息。对于第一个问题，本章提出了分支定界算法寻找最优解；对于第二个问题，本章基于所提出的下界和上界构造了近似问题，并提出了分支定界算法以寻找近似问题的最优解。最后，本章运行了计算实验以评估所提出算法的性能。

研究结果表明：①对于第一个问题，分支定界算法的计算性能主要取决于订单的数量。②对于第二个问题，问题近似的效率主要取决于线性近似函数中上界的比例以及所提出的下界和上界的质量。

对于本章的研究，可以从多个维度对其进行拓展。第一，应该付出更多的努力为第二个问题开发更有效的上界和下界。第二，可以尝试其他算法以求解第二个问题。第三，将操作系统中的其他影响因素整合到所研究的两个问题中是有价值的，如机器维护活动。第四，制造商在实践中通常面临不同的机器环境，因此考虑多类机器环境中的问题可能非常有趣。

参考文献

[1] Aissi, H., Bazgan, C. and Vanderpooten, D. Min-max and min-max regret versions of combinatorial optimization problems: A survey [J]. European Journal of Operational Research, 2009, 197: 427-438.

[2] Alidaee, B. Optimal assignment of NOP due-dates and sequencing in a single machine shop [J]. Operations Research, 1992, 36 (4): 333-341.

[3] Alipouri, Y., Sebt, M. H., Ardeshir, A. and Zarandi, M. H. F. A mixed-integer linear programming model for solving fuzzy stochastic resource constrained project scheduling problem [J]. Operational Research, 2020, 70 (3): 403-419.

[4] Azizoglu, M. and Webster, S. Scheduling about an unrestricted common due window with arbitrary earliness/tardiness penalty rates [J]. IIE Transactions, 1997, 29 (11): 1001-1006.

[5] Baker, K. R. Minimizing earliness and tardiness costs in stochastic scheduling [J]. European Journal of Operational Research, 2014a, 236: 445-452.

[6] Baker, K. R. Setting optimal due dates in a basic safe-scheduling model [J]. Computers and Operations Research, 2014b, 41: 109-114.

[7] Baker, K. R. and Scudder, G. D. Sequencing with earliness and tardiness penalties: A review [J]. Operations Research, 1990, 38 (1): 22-36.

[8] Baker, K. R. and Trietsch, D. Safe scheduling: Setting due dates in single-machine problems [J]. European Journal of Operational Research, 2009, 196: 69-77.

[9] Baker, K. R. and Trietsch, D. Trading off due-date tightness and job tardiness in a basic scheduling model [J]. Journal of Scheduling, 2014, 18 (3): 305-309.

[10] Beicourt, M. Outsourcing-The benefits and risks [J]. Human Resource

Management Review, 2006, 16 (2): 269-279.

[11] Bertsimas, D. , Natarajan, K. and Teo, C. P. Probabilistic combinatorial optimization: Moments, semidefinite programming, and asymptotic bounds [J]. SIAM Journal on Optimization, 2004, 15 (1): 185-209.

[12] Birman, M. B. and Mosheiov, G. A note on a due-date assignment on a two-machine flow-shop [J]. Computers and Operations Research, 2004, 31: 473-480.

[13] Biskup, D. and Jahnke, H. Common due date assignment for scheduling on a single machine with jointly reducible processing times [J]. International Journal of Production Economics, 2001, 69 (3): 317-322.

[14] Browne, S. and Yechiali, U. Scheduling deteriorating jobs on a single processor [J]. Operations Research, 1990, 38 (3): 495-498.

[15] Brucker, P. Scheduling Algorithms [M]. New York: Springer, 1995: 243-244.

[16] Burns, R. N. Scheduling to minimize the weighted sum of completion times with secondary criteria [J]. Naval Research Logistics Quarterly, 1976, 23 (1): 125-129.

[17] Cai, X. and Tu, F. S. Scheduling jobs with random processing times on a single machine subject to stochastic breakdowns to minimize early-tardy penalties [J]. Naval Research Logistics, 1996, 43: 1127-1146.

[18] Chand, S. and Schneeberger, H. Single machine scheduling to minimize earliness subject to no tardy jobs [J]. European Journal of Operational Research, 1988, 34 (2): 221-230.

[19] Chen, Y. , Ma, X. , Zhang, G. and Cheng, Y. On optimal due date assignment without restriction and resource allocation in group technology scheduling [J]. Journal of Combinational Optimization, 2023, 45 (2): 64.

[20] Chen, Z-L. Scheduling and common due date assignment with earliness-tardiness penalties and batch delivery costs [J]. European Journal of Operational Research, 1996, 93: 49-60.

[21] Cheng, T. C. E. Optimal due-date determination and sequencing of n jobs on a single machine [J]. Journal of the Operational Research Society, 1984, 35 (5):

433-437.

[22] Cheng, T. C. E. Optimal due-date assignment for a single machine sequencing problem with random processing times [J]. International Journal of System Science, 1986, 17: 1139-1144.

[23] Cheng, T. C. E. Optimal common due-date with limited completion time deviation [J]. Computers and Operations Research, 1988, 15 (2): 91-96.

[24] Cheng, T. C. E. A heuristic for common due - date assignment and job scheduling on parallel machines [J]. Journal of the Operational Research Society, 1989, 40 (2): 1129-1135.

[25] Cheng, T. C. E. , Chen, Z-L. and Shakhlevich, N. V. Common due date assignment and scheduling with ready times [J]. Computers and Operations Research, 2002, 29: 1957-1967.

[26] Cheng, T. C. E. , Ding, Q. and Lin, B. M. T. A concise survey on the scheduling problems with deteriorating processing times [J]. European Journal of Operational Research, 2004, 152 (1): 1-13.

[27] Cheng, T. C. E. , and Gordon, V. S. Optimal assignment of due-dates for preemptive single - machine scheduling [J]. Mathematical and Computer Modeling, 1994, 20 (2): 33-40.

[28] Cheng, T. C. E. and Gupta, M. C. Survey of scheduling research involving due date determination decisions [J]. European Journal of Operational Research, 1989, 38: 156-166.

[29] Cheng, T. C. E. , Kang, L. Y. and Ng, C. T. Due - date assignment and parallel-machine scheduling with deteriorating jobs [J]. Journal of the Operational Research Society, 2007, 58 (8): 1103-1108.

[30] Cheng, T. C. E. and Shakhlevich, N. V. Two machine open shop problem with controllable processing times [J]. Discrete Optimization, 2007, 4 (1): 175-184.

[31] Cheng, T. C. E. , Oǧaz, C. and Qi, X. D. Due-date assignment and single machine scheduling with compressible processing times [J]. International Journal of Production Economics, 1996, 43 (1-2): 29-35.

[32] Cheng, T. , Yang, S. -J. and Yang, D. -L. Common due-window assign-

ment and scheduling of linear time-dependent deteriorating jobs and a deteriorating maintenance activity [J]. International Journal of Production Economics, 2010, 135 (1): 154-161.

[33] Çelik, S. and Maglaras, C. Dynamic pricing and lead-time quotation for a multiclass make-to-order queue [J]. Management Science, 2008, 54 (6): 1132-1146.

[34] Choi, B. C. , Leung, J. Y. T. and Pinedo, M. L. Complexity of a scheduling problem with controllable processing times [J]. Operations Research Letters, 2010, 38 (2): 123-126.

[35] Daniels, R. L. and Carrillo, J. β-Robust scheduling for single-machine systems with uncertain processing times [J]. IIE Transactions, 1997, 29 (11): 977-985.

[36] De, P. , Ghosh, J. B. and Wells, C. E. On the multiple-machine extension to a common due-date assignment and scheduling problem [J]. Journal of the Operational Research Society, 1991, 42: 419-422.

[37] De, P. , Ghosh, J. B. and Wells, C. E. Due-date assignment and early/tardy scheduling on identical parallel machines [J]. Naval Research Logistics, 1994, 41: 17-32.

[38] Duenyas, I. and Hopp W. J. Quoting customer lead times [J]. Management Science, 1995, 41 (1): 43-57.

[39] Duenyas, I. Single facility due date setting with multiple customer classes [J]. Management Science, 1995, 41 (4): 608-619.

[40] Elyasi, A. and Salmasi, N. Due date assignment in single machine with stochastic processing times [J]. International Journal of Production Research, 2013, 51 (8): 2352-2362.

[41] Gao, F. , Liu, M. , Wang, J. J. and Lu, Y. Y. No-wait two-machine permutation flow shop scheduling problem with learning effect, common due date and controllable job processing times [J]. International Journal of Production Research, 2017, 56 (6): 2361-2369.

[42] Geng, X-N. , Wang, J-B. and Bai, D. Common due date assignment scheduling for a no-wait flowshop with convex resource allocation and learning effect

[J]. Engineering Optimization, 2019, 51 (8): 1301-1323.

[43] Glover, F. Tabu search—Part I [J]. ORSA Journal on Computing, 1990, 1: 190-206.

[44] Gordon, V. S. and Strusevich, V. A. Earliness penalties on a single machine subject to precedence constraints: SLK due date assignment [J]. Computers and Operations Research, 1999, 26 (2): 157-177.

[45] Gordon, V. , Proth, J. M. and Chu, C. B. Due date assignment and scheduling: SLK, TWK and other due date assignment models [J]. Production Planning and Control, 2002b, 13 (2): 117-132.

[46] Gordon, V. , Proth, J. M. and Chu, C. B. A survey of the state-of-the-art of common due date assignment and scheduling research [J]. European Journal of Operational Research, 2002a, 139 (1): 1-25.

[47] Gordon, V. S. and Tarasevich, A. A. A note: Common due date assignment for a single machine scheduling with the rate-modifying activity [J]. Computers and Operations Research, 2009, 36: 325-328.

[48] Gupta, J. N. D. and Gupta, S. K. Single facility scheduling with nonlinear processing times [J]. Computers and Industrial Engineering, 1988, 14 (4): 387-393.

[49] Gupta, S. K. , Kunnathur, A. S. and Dandanpani, K. Optimal repayment policies for multiple loans [J]. Omega, 1987, 15 (4): 323-330.

[50] Hall, N. G. , Kubiak, W. and Sethi, S. P. Earliness-tardiness scheduling problems, II: Deviation of completion times about a restrictive common due date [J]. Operations Research, 1991, 39 (5): 847-856.

[51] Hall, N. G. and Posner, M. E. Earliness-tardiness scheduling problems, I: Weighted deviation of completion times about a common due date [J]. Operations Research, 1991, 39 (5): 836-846.

[52] Hardy, G. H. , Littlewood, J. E. and Polya, G. Inequalities [M]. Cambridge University Press, NY, 1934.

[53] He, Y. , Qi, W. and Cheng, T. C. Single-machine scheduling with trade-off between number of tardy jobs and compression cost [J]. Journal of Scheduling, 2007, 10 (5): 303-310.

[54] Hopp, W. J and Sturgis, M. L. Quoting manufacturing due dates subject to a service level constraint [J]. IIE Transactions, 2000, 32 (9): 771-784.

[55] Hsu, C-J., Yang, S-J. and Yang, D-L. Two due date assignment problems with position-dependent processing time on a single-machine [J]. Computers and Industrial Engineering, 2011, 60: 796-800.

[56] Huang, X., Yin, N., Liu, W-W. and Wang, J-B. Common due window assignment scheduling with proportional linear deterioration effects [J]. Asia-Pacific Journal of Operational Research, 2020, 37 (1): 1950031.

[57] Huynh, T. N. and Ameur, S. Due dates assignment and JIT scheduling with equal size jobs [J]. European Journal of Operational Research, 2010, 205 (2): 280-289.

[58] Iranpoor, M. Ghormi, S. M. T. F. and Zandieh, M. Due-date assignment and machine scheduling in a low machine-rate situation with stochastic processing times [J]. Computers and Operations Research, 2013, 40 (4): 1100-1108.

[59] Janiak, A. Mirror image property for the optimal solutions of two single processor scheduling problems with due intervals determination [J]. Bulletin of the Polish Academy of Sciences: Technical Sciences, 2004, 52 (2): 115-118.

[60] Janiak, A. Minimization of resource consumption under a given deadline in the two-processor flow-shop scheduling problem [J]. Information Processing Letters, 1989, 32 (3): 101-112.

[61] Janiak, A, Janiak, W. A., Krysiak, T. and Kwiatkowski, T. A survey on scheduling problems with due windows [J]. European Journal of Operational Research, 2015, 242 (2): 347-357.

[62] Janiak, A., Janiak, W. A. and Marek, M. Single processor scheduling problems with various models of a due window assignment [J]. Bulletin of the Polish Academy of Sciences: Technical Sciences, 2009, 57 (1): 95-101.

[63] Janiak, A., Kwiatkowski, T. and Lichtenstein, M. Scheduling problems with a common due window assignment: A survey [J]. International Journal of Applied Mathematics and Computer Science, 2013, 23 (1): 231-241.

[64] Janiak, A. and Winczaszek, M. A single processor scheduling problem with a common due window assignment [A]//Fleuren H, Hertog D and Kort P (Eds.),

Operations Research Proceedings [C]. Springer-Verlag, Berlin/Heidelberg, 2004.

[65] Janiak, A., Kovalyov, M. Y. and Marek, M. Soft due window assignment and scheduling on parallel machines [J]. IEEE Transactions on Systems, Man, and Cybernetics, Part A: Systems and Humans, 2007, 37 (5): 614-620.

[66] Jansen, K., Mastrolilli, M. and Solis-Oba, R. Approximation schemes for job shop scheduling problems with controllable processing times [J]. European Journal of Operational Research, 2005, 167 (2): 297-319.

[67] Jiang, R., Shen, S. and Zhang, Y. Integer programming approaches for appointment scheduling with random no-shows and service durations [J]. Operational Research, 2017, 65 (6): 1638-1656.

[68] Kaminsky, P. and Lee, Z. Analysis of on-line algorithms for due date quotation [J]. Working Paper, Department of Industrial Engineering, University of California, Berkeley, 2001.

[69] Kaminsky, P. and Lee, Z. H. Effective on-line algorithms for reliable due date quotation and large scale scheduling [J]. Journal of Scheduling, 2008, 11 (3): 187-204.

[70] Kaminsky, P. and Lee, Z. H. On-line algorithms for flow shop due date quotation [A]. University of California, Berkeley (California, USA), 2002.

[71] Kaspi, M. and Shabtay, D. Convex resource allocation for minimizing the makespan in a single machine with job release dates [J]. Computers and Operations Research, 2004, 31 (9): 1481-1489.

[72] Keskinocak, P., Ravi, R. and Tayur, S. Scheduling and reliable lead-time quotation for orders with availability intervals and lead-time sensitive revenues [J]. Management Science, 2001, 47 (2): 264-279.

[73] Kim, J. G., Kim, J. S. and Lee, D. H. Fast and meta-heuristics for common due-date assignment and scheduling on parallel machines [J]. International Journal of Production Research, 2012, 50 (20): 6040-6057.

[74] Kim, J-G. and Lee, D-H. Algorithms for common due-date assignment and sequencing on a single machine with sequence-dependent setup times [J]. Journal of the Operational Research Society, 2009, 60: 1264-1272.

[75] Koulamas, C. A unified solution approach for the due date assignment prob-

lem with tardy jobs [J]. International Journal of Production Economics, 2011, 132: 292-295.

[76] Koulams, C. A faster algorithm for a due date assignment problem with tardy jobs [J]. Operations Research Letters, 2010, 38: 127-128

[77] Kramer, F. J. and Lee, C. Y. Common due window scheduling [J]. Production and Operations Management, 1993, 2 (4): 262-275.

[78] Kuo, W-H. and Yang, D-L. A note on due-date assignment and single-machine scheduling with deteriorating jobs [J]. Journal of the Operational Research Society, 2008, 59: 857-859.

[79] Kuo, W-H. and Yang, D-L. A note on due-date assignment and single-machine scheduling with deteriorating jobs and learning effects [J]. Journal of the Operational Research Society, 2011, 62: 206-210.

[80] Lemos, R. F. and Ronconi, D. P. Heuristics for the stochastic single-machine problem with E/T costs [J]. International Journal of Production Economics, 2015, 168: 131-142.

[81] Leyvand, Y., Shabtay, D. and Steiner, G. Optimal delivery time quotation to minimize total tardiness penalties with controllable processing times [J]. IIE Transactions, 2010, 42 (3): 221-231.

[82] Li, G., Luo, M-L., Zhang, W-J. and Wang, X-Y. Single-machine due-window assignment scheduling based on common flow allowance, learning effect and resource allocation [J]. International Journal of Production Research, 2015, 53 (4): 1228-1241.

[83] Li, S. S., Ng, C. T. and Yuan, J. J. Scheduling deteriorating jobs with CON/SLK due date assignment on a single machine [J]. International Journal of Production Economics, 2011a, 131 (2): 747-751.

[84] Li, S., Ng, C. T. and Yuan, J. Group scheduling and due date assignment on a single machine [J]. International Journal of Production Economics, 2011b, 130: 230-235.

[85] Li, W-X. and Zhao, C-L. Single machine scheduling problem with multiple due windows assignment in a group technology [J]. Journal of Applied Mathematics and Computing, 2015, 48 (1-2): 477-494.

［86］Liman, S. D. , Panwalkar, S. S. and Thongmee, S. Common due window size and location determination in a single machine scheduling problem ［J］. Journal of the Operational Research Society, 1998, 49 (9): 1007-1010.

［87］Liu, J. , Wang Y. and Min, X. Single-machine scheduling with common due-window assignment for deteriorating jobs ［J］. Journal of the Operational Research Society, 2013, 64 (12): 1-11.

［88］Liu, J. and Min, X. Just-in-time on a single machine scheduling problem with deteriorating jobs ［J］. Journal of Zhejiang University (Chinese), 2010, 37 (1): 34-37.

［89］Liu, W. and Jiang, C. Due-date assignment scheduling involving job dependent learning effects and convex resource allocation ［J］. Engineering Optimization, 2020, 52 (1): 74-89.

［90］Liu, W-W. and Jiang, C. Flow shop resource allocation scheduling with due date assignment, learning effect and position-dependent weights ［J］. Asia-Pacific Journal of Operational Research, 2020, 37 (3): 2050014.

［91］Liu, W. , Yao, Y. and Jiang, C. Single - machine resource allocation scheduling with due - date assignment, deterioration effect and position - dependent weights ［J］. Engineering Optimization, 2020, 52 (4): 701-714.

［92］Liu, Z. X. , Lu, L. and Qi, X. T. Simultaneous and sequential price quotations for uncertain order inquiries with production scheduling cost ［J］. IIE Transactions, 2012, 44 (10): 820-833.

［93］Lu, Y-Y. , Li, G. , Wu, Y-B. and Ji, P. Optimal due-date assignment problem with learning effect and resource-dependent processing times ［J］. Optimization Letters, 2014, 8: 113-127.

［94］Lu, Y-Y. , Wang, T-T. , Wang, R. Q. and Li, Y. A note on due-date assignment scheduling with job-dependent learning effects and convex resource allocation ［J］. Engineering Optimization, 2021, 53 (7): 1273-1281.

［95］Lu, L. , Liu, Z. X. and Qi, X. T. Coordinated price quotation and production scheduling for uncertain order inquiries ［J］. IIE Transactions, 2013, 45 (12): 1293-1308.

［96］Lv, D-Y. and Wang, J-B. Study on proportionate flowshop scheduling with due-date assignment and position-dependent weights [J]. Optimization Letters, 2021, 15: 2311-2319.

[97] Mak, H-Y. , Rong, Y. and Zhang, JW. Appointment scheduling with limited distributional information [J]. Management Science, 2014, 61 (2): 316-334.

[98] Mancilla, C. and Storer, R. A sample average approximation approach to stochastic appointment sequencing and scheduling [J]. IIE Transactions, 2012, 44 (8): 655-670.

[99] Milkovich, G. T. , Annoni, A. J. and Manoney, T. A. The use of the Delphi procedures in manpower forecasting [J]. Management Science, 1972, 19: 381-388.

[100] Mitten, L. G. Branch-and-bound methods, general formulation and properties [J]. Operations Research, 1970, 18 (1): 24-34.

[101] Monma, C. L. , Schrijver, A. , Todd, M. J. and Wei, V. K. Convex resource allocation problems on directed acyclic graphs: Duality, complexity, special cases and extensions [J]. Mathematics of Operations Research, 1990, 15 (4): 736-748.

[102] Mor, B. Minmax common due-window assignment and scheduling on a single machine with two competing agents [J]. Journal of the Operational Research Society, 2018, 4: 589-602.

[103] Mor, B. Single-machine minmax common due-window assignment and scheduling problems with convex resource allocation [J]. Engineering Optimization, 2019, 51 (7): 1251-1267.

[104] Mor, B. and Mosheiov, G. Scheduling a maintenance activity and due-window assignment based on common flow allowance [J]. International Journal of Production Economics, 2012, 135 (1): 222-230.

[105] Mor, B. , Mosheiov, G. and Shabtay, D. A note: Minmax due-date assignment problem with lead-time cost [J]. Computers and Operations Research, 2013, 40: 2161-2164.

[106] Mosheiov, G. Scheduling jobs under simple linear deterioration [J]. Computers and Operations Research, 1994, 21 (6): 653-659.

[107] Mosheiov, G. and Oron, D. Job-dependent due-window assignment based on a common flow allowance [J]. Foundations of Computing and Decision Sciences, 2010, 35 (1): 185-195.

[108] Mosheiov, G. and Sarig, A. Due-date assignment on uniform machines [J]. European Journal of Operational Research, 2009, 193: 49-58.

[109] Mosheiov, G. and Yovel, U. Minimizing weighted earliness-tardiness and due-date cost with unit processing-time jobs [J]. European Journal of Operational Research, 2006, 172: 528-544.

[110] Ng, C. T. D. , Cheng, T. C. E. , Kovalyov, M. Y. and Lam, S. S. Single machine scheduling with a variable common due date and resource-dependent processing times [J]. Computers and Operations Research, 2003, 30 (8): 1173-1185.

[111] Nowicki, E. and Zdrzalka, S. A bicriterion approach to preemptive scheduling of parallel machines with controllable job processing times [J]. Discrete Applied Mathematics, 19595, 63 (3): 237-256.

[112] Panwalkar, S. S. , Smith, M. L. and Seidmann, A. Common due date assignment to minimize total penalty for the one machine scheduling problem [J]. Operations Research, 1982, 30 (2): 391-399.

[113] Pathumnakul, S. and Egbelu, P. J. Algorithm for minimizing weighted earliness penalty in single-machine problem [J]. European Journal of Operational Research, 2005, 161 (3): 780-796.

[114] Pereira, J. The robust (minimax regret) single machine scheduling with interval processing times and total weighted completion time objective [J]. Computers and Operations Research, 2016, 66: 141-152.

[115] Pinedo, M. Scheduling, theory, algorithms and systems development [M]. Springer, Berlin, 2016.

[116] Portougal, V. and Trietsch, D. Setting due dates in a stochastic single machine environment [J]. Applied Mathematical Modelling, 2006, 35 (8): 4017-4022.

[117] Qi, X. and Tu, F. S. Scheduling a single machine to minimize earliness penalties subject to the SLK due-date determination method [J]. European Journal of Operations Research, 1998, 105 (3): 502-508.

[118] Qian, J. and Steiner, G. Fast algorithms for scheduling with learning effects and time-dependent processing times on a single machine [J]. European Journal of Operational Research, 2013, 225: 547-551.

[119] Rolim, G. A. and Nagano, M. S. Structural properties and algorithms for earliness and tardiness scheduling against common due dates and windows: A review [J]. Computers and Industrial Engineering, 2020, 149: 106803.

[120] Rosa, B. F., Souza, M. J. F., de Souza, S. R. de France Fiho, M. F., Ales, Z. and Michelon, P. Y. P. Algorithms for job scheduling problems with distinct time windows and general earliness/tardiness penalties [J]. Computers and Operations Research, 2017, 81: 203-215.

[121] Salch, A., Gayon, J. P. and Lemaire, P. Optimal static priority rules for stochastic scheduling with impatience [J]. Operations Research Letters, 2013, 41 (1): 81-85.

[122] Scarf, H., Arrow, K. and Karlin, S. A min-max solution of an inventory problem [J]. Studies in the Mathematical Theory of Inventory and Production, 1958, 10: 201-209.

[123] Seidmann, A., Panwalkar, S. S. and Smith, M. L. Optimal assignment of due-dates for a single processor scheduling problem [J]. International Journal of Production Research, 1981, 19: 393-399.

[124] Shabtay, D. Due date assignment and scheduling a single machine with a general earliness/tardiness cost function [J]. Computers and Operations Research, 2008, 35: 1539-1545.

[125] Shabtay, D. Optimal restricted due date assignment in scheduling [J]. European Journal of Operational Research, 2016, 252: 79-89.

[126] Shabtay, D., Itskovich, Y., Yedidsion, L. and Oron, D. Optimal due date assignment and resource allocation in a group technology scheduling environment [J]. Computers and Operations Research, 2010, 37: 2218-2228.

[127] Shabtay, D. and Kaspi, M. Parallel machine scheduling with a convex resource consumption function [J]. European Journal of Operational Research, 2006, 173 (1): 92-107.

[128] Shabtay, D. and Steiner, G. Two due date assignment problems in schedu-

ling a single machine [J]. Operations Research Letters, 2006, 34 (6): 683-691.

[129] Shabtay, D. and Steiner, G. The single – machine earliness – tardiness scheduling problem with due date assignment and resource-dependent processing times [J]. Annals of Operation Research, 2008, 159 (1): 25-40.

[130] Shabtay, D. and Steiner, G. A survey of scheduling with controllable processing times [J]. Discrete Applied Mathematics, 2007a, 155 (13): 1643-1666.

[131] Shabtay, D. and Steiner, G. Optimal due date assignment and resource allocation to minimize the weighted number of tardy jobs on a single machine [J]. Manufacturing and Service Operations Management, 2007b, 9 (3): 332-350.

[132] Shabtay, D. and Steiner, G. Optimal due date assignment in multi – machine scheduling environments [J]. Journal of Scheduling, 2008a, 11: 217-228.

[134] Shabtay, D. , Steiner, G. and Yedidsion, L. Bicriteria problems to minimize maximum tardiness and due date assignment cost in various scheduling environments [J]. Discrete Applied Mathematics, 2010, 158: 1090-1103.

[134] Shabtay, D. , Steiner, G. and Zhang, R. Optimal coordination of resource allocation, due date assignment and scheduling decisions [J]. Omega, 2016a, 65: 41-54.

[135] Shehadeh, K. S. , Cohn, A. E. M. and Jiang, R. A distributionally robust optimization approach for outpatient colonoscopy scheduling [J]. European Journal of Operational Research, 2020, 283: 549-561.

[136] Slotnick, S. A. and Sobel, M. J. Manufacturing lead-time rules: Customer retention versus tardiness costs [J]. European Journal of Operational Research, 2005, 163 (3): 825-856.

[137] Soroush, H. M. Minimizing the weighted number of early and tardy jobs in a stochastic single machine scheduling problem [J]. European Journal of Operational Research, 2007, 181: 266-287.

[138] Soroush, H. Sequencing and due-date determination in the stochastic single machine problem with earliness and tardiness costs [J]. European Journal of Operations Research, 1999, 113: 450-468.

[139] Sotskov, Y. N. , Egorova, N. G. and Lai, T. –C. Minimizing total weighted flow time of a set of jobs with interval processing times [J]. Mathematical and Com-

puter Modeling, 2009, 50: 556-573.

[140] Spearman, M. L. and Zhang, R. Q. Optimal lead time policies [J]. Management Science, 1999, 45 (2): 290-295.

[141] Steiner, G. and Zhang, R. Minimizing the weighted number of tardy jobs with due date assignment and capacity-constrained deliveries [J]. Annals of Operation Research, 2011, 191: 171-181.

[142] Su, L. H. and Lien, C. Y. Scheduling parallel machines with resource-dependent processing times [J]. International Journal of Production Economics, 2009, 117 (2): 256-266.

[143] Sundararaghavan, P. S. and Kunnathur, A. S. Single machine scheduling with start time-dependent processing times: Some solvable cases [J]. European Journal of Operational Research, 1994, 78 (3): 394-403.

[144] Sun, L-H. , Cui, K. , Chen, J-H. and Wang, J. Due date assignment and convex resource allocation scheduling with variable job processing times [J]. International Journal of Production Research, 2016, 54 (12): 3551-3560.

[145] Sun, X. , Geng, X-N. and Liu, T. Due-window assignment scheduling in the proportionate flow shop setting [J]. Annals of Operations Research, 2020, 292: 113-131.

[146] Tseng, C. T. , Liao, C. J. and Huang, K. L. Minimizing total tardiness on a single machine with controllable processing times [J]. Computers and Operations Research, 2009, 36 (6): 1852-1858.

[147] van den Akker, M. and Hoogeveen, H. Minimizing the number of late jobs in a stochastic setting using a chance constraint [J]. Journal of Scheduling, 2008, 11 (1): 59-69.

[148] Wan, G. H. Single machine due window scheduling with controllable job processing times [C]. Lecture Notes in Computer Science 4616, Springer, Berlin, 2007: 279-290.

[149] Wang, D. and Li, Z. Bicriterion scheduling with a negotiable common due window and resource-dependent processing times [J]. Information Sciences, 2019, 478: 258-274.

[150] Wang, D-J. , Yin, Y. , Cheng, S-R. , Cheng, T. C. E. and Wu, C-C.

Due date assignment and scheduling on a single machine with two competing agents [J]. International Journal of Production Research, 2016, 54 (4): 1152-1169.

[151] Wang, D., Yin, Y. and Cheng, T. C. E. A bicriterion approach to common flow allowances due window assignment and scheduling with controllable processing times [J]. Naval Research Logistics, 2017, 64 (1): 41-63.

[152] Wang, D-J., Yin, Y., Xu, J., Wu, W-H., Cheng, S-R. and Wu, C-C. Some due date determination scheduling problems with two agents on a single machine [J]. International Journal of Production Economics, 2015, 168: 81-90.

[153] Wang, J-B., Hu, Y. and Zhang, B. Common due-window assignment for single machine scheduling with generalized earliness/ tardiness penalties and a rate-modifying activity [J]. Engineering Optimization, 2020, 53 (3): 496-512.

[154] Wang, J-B., Liu, L. and Wang, C. Single machine SLK/DIF due window assignment problem with learning effect and deteriorating jobs [J]. Applied Mathematical Modelling, 2013, 37 (18-19): 8394-8400.

[155] Wang, J-B. and Wang, C. Single-machine due-window assignment problem with learning effect and deteriorating jobs [J]. Applied Mathematical Modelling, 2011, 35 (8): 4017-4022.

[156] Wang, X. and Ning, Y. Uncertain chance-constrained programming model for project scheduling problem [J]. Journal of the Operational Research Society, 2017, 69 (3): 384-391.

[157] Wilson, C. Brainstorming and beyond: A user-centered design method [M]. Newnes, Boston, 2013.

[158] Xia, Y., Chen, B. T. and Yue, J. F. Job sequencing and due date assignment in a single machine shop with uncertain processing times [J]. European Journal of Operational Research, 2008, 184: 63-75.

[159] Xiao, W-Q. and Li, C-L. Approximation algorithms for common due date assignment and job scheduling on parallel machines [J]. IIE Transactions, 2002, 34 (5): 466-477.

[160] Xiong, X., Wang, D., Cheng, T. C. E. and Yin, Y. Single-machine scheduling and common due date assignment with potential machine disruption [J]. International Journal of Production Research, 2018, 56 (3): 1345-1360.

[161] Xu, K., Feng, Z. and Ke, L. Single machine scheduling with total tardiness criterion and convex controllable processing times [J]. Annals of Operations Research, 2011, 186 (1): 383-391.

[162] Yang, D-L., Lai, C-J. and Yang, S-J. Scheduling problems with multiple due windows assignment and controllable processing times on a single machine [J]. International Journal of Production Economics, 2014, 150 (April): 96-103.

[163] Yang, S-J., Hsu, C-J. and Yang, D-L. Single-machine scheduling and slack due-date assignment with aging effect and deteriorating maintenance [J]. Optimization Letter, 2012, 6: 1855-1873.

[164] Yedidsion, Y., Shabtay, D. and Kaspi, M. Complexity analysis of an assignment problem with controllable assignment costs and its applications in scheduling [J]. Discrete Applied Mathematics, 2011, 159 (12): 1264-1278.

[165] Yeung, W., Oguz, C. and Cheng, T. C. E. Minimizing weighted number of early and tardy jobs with a common due window involving location penalty [J]. Annals of Operations Research, 2001a, 108 (1-4): 33-54.

[166] Yeung, W., Oguz, C. and Cheng, T. C. E. Single-machine scheduling with a common due window [J]. Computers and Operations Research, 2001b, 28 (2): 157-175.

[167] Yin, Y., Cheng, T. C. E., Wu, C. C. and Cheng, S. R. Single-machine common due-date scheduling with batch delivery costs and resource-dependent processing times [J]. International Journal of Production Research, 2013, 51 (17): 5083-5099.

[168] Yin, Y., Cheng, T. C. E., Wu, C. C. and Cheng, S. R. Single-machine batch delivery scheduling and common due-date assignment with a rate-modifying activity [J]. International Journal of Production Research, 2014a, 52 (19): 5583-5596.

[169] Yin, Y., Cheng, T. C. E., Yang, X. and Wu, C-C. Two-agent single-machine scheduling with unrestricted due date Assignment [J]. Computers and Industrial Engineering, 2015, 79: 148-155.

[170] Yin, Y., Li, D., Wang, D. and Cheng, T. C. E. Single-machine serial-batch delivery scheduling with two competing agents and due date assignment [J].

Annals of Operations Research, 2021, 298: 497-523.

［171］Yin, Y., Wang, W., Wang, D. and Cheng, T. C. E. Multi-agent single-machine scheduling and unrestricted due date assignment with a fixed machine unavailability interval ［J］. Computers and Industrial Engineering, 2017, 111: 202-215.

［172］Yin, Y., Wu, W. H., Cheng, T. C. E. and Wu, C. C. Due-date assignment and single-machine scheduling with generalised position-dependent deteriorating jobs and deteriorating multi-maintenance activities ［J］. International Journal of Production Research, 2014b, 52 (8): 2311-2326.

［173］Yue, J. Distribution free optimization procedures with business application ［D］. Washington State University, 2000.

［174］Yue, Q. and Wan, G. Order scheduling with controllable job processing times, common due date and a processing deadline ［J］. Journal of Systems Science and Systems Engineering, 2017, 26 (2): 199-218.

［175］Yue, Q. and Wan, G. Single machine SLK/DIF due window assignment problem with job-dependent linear deterioration effects ［J］. Journal of the Operational Research Society, 2016, 67: 872-883.

［176］Yue, Q. and Zhou, S. Due-window assignment scheduling problem with stochastic processing times ［J］. European Journal of Operational Research, 2021, 290 (2): 453-468.

［170］Zhao, C. L. and Tang, H. R. Due-window assignment for a single machine scheduling with both deterioration and positional effects ［J］. Asia-Pacific Journal of Operational Research, 2015, 32 (3): 1-11.

［177］Zhao, C. L. and Tang, H. Y. A note on single machine scheduling and due date assignment with general position-dependent processing times ［J］. International Journal of Production Research, 2014, 52 (9): 2807-2814.

［178］陈东, 赵传立. 带有交货期窗口和工件可拒绝的单机排序问题 ［J］. 重庆师范大学学报（自然科学版）, 2013, 30: 17-21.

［179］程琦. 交货期可指派的新型排序问题研究 ［D］. 南昌: 东华理工大学硕士学位论文, 2014.

［180］范雁鹏, 赵传立. 带有交货期和加工时间可控的单机排序问题 ［J］.

重庆师范大学学报（自然科学版），2013，30（3）：5-8.

[181] 方保荣，徐汉忠．用单亲遗传算法解具有窗口式交货期的多机加工排序问题［J］．系统工程理论方法应用，2001，10（4）：307-310.

[182] 韩国勇，赵洪銮，刘浩，刘振栋，张志军．交货期窗口待定的有界同时加工排序问题的最优算法［J］．山东大学学报（理学版），2012，47（3）：77-86.

[183] 黄德才，朱艺华，王万良．带公共交货期窗口的提前/拖期非等同多机调度问题［J］．系统工程理论与实践，2001，4：65-68.

[184] 贾春福，徐长白，徐伟．具有相同加工时间单机调度最优交货期和最优排序的确定［J］．南开大学学报（自然科学版），2001，34（1）：89-91.

[185] 姜昆，耿新娜，王吉波．具有资源约束的工期指派排序问题［J］．数学的实践与认识，2018，48（19）：46-52.

[186] 李中亚．带相同交货期和差异尺寸的提前/延迟批调度研究［D］．合肥：中国科学技术大学硕士学位论文，2014.

[187] 胡运权．运筹学教程［M］．北京：清华大学出版社，2012.

[188] 李明．详解 Matlab 在最优化计算中的应用［M］．北京：电子工业出版社，2011.

[189] 李士勇．智能优化算法原理与应用［M］．哈尔滨：哈尔滨工业大学出版社，2012.

[190] 刘广远，贺一，温万惠．禁忌搜索算法及其应用［M］．北京：科学出版社，2014.

[191] 刘丽丽，任韩，唐国春．有公共交货期的单机分批排序问题［J］．重庆师范大学学报（自然科学版），2017，34（2）：1-5.

[192] 刘璐．不同交货期窗口下加工时间可变的并行机调度模型及应用研究［D］．沈阳：东北大学硕士学位论文，2018.

[193] 骆思雯，王吉波，黄雪．带有退化效应和公共交货期窗口的排序问题研究［J］．数学的实践与认识，2021，51（24）：126-132.

[194] 王静．交货期问询引发订单不确定性的在线生产排序算法［J］．复旦大学学报（自然科学版），2014，53（5）：584-590.

[195] 王磊，张玉忠，王国庆．带交货期的工件族生产与配送的排序问题［J］．运筹与管理，2011，20（3）：77-80.

［196］余英，邓从政，曾春花．具有安装时间和共同交货期的单机排序问题［J］．重庆师范大学学报（自然科学版），2015，32（1）：16-21.

［197］余英，程明宝，镇璐．具有 CON/SLK 交货期指派的一类单机排序问题［J］．数学的实践与认识，2017，47（3）：17-24.

［198］岳青，万国华．考虑公共交货期窗口问询的退化工件排序问题［J］．工业工程与管理，2015，20（6）：42-47.

［199］张玉忠，张龙．优化交货期窗口的两阶段供应链排序问题［J］．运筹学学报，2016，20（4）：30-38.

［200］张蕾，赵传立．带有维修活动和交货期窗口的单机排序问题［J］．重庆师范大学学报（自然科学报），2017，34（3）：12-19.

［201］赵传立，张蕾．带有交货期窗口和加工时间可控的排序问题［J］．沈阳师范大学学报（自然科学版），2016，34（4）：402-408.

［202］赵崴羽，罗成新．在退化维修活动下具有多窗口及退化效应的单机排序问题［J］．重庆师范大学学报（自然科学版），2016，34（3）：6-11.

［203］赵升华，罗成新．带有学习及退化效应和资源分配的交货期指派的单机排序问题［J］．重庆师范大学学报（自然科学版），2014，31（1）：20-24.